Kommunales Verfassungsrecht NRW

4. vollständig überarbeitete Auflage

Die Studieninstitute
für kommunale Verwaltung in NRW

Die Studieninstitute
für kommunale Verwaltung in NRW

Anika Ehlers | Stefan Glock | Welf Sundermann

Kommunales Verfassungsrecht NRW

4. vollständig überarbeitete Auflage

Maximilian Verlag
Hamburg

Bibliografische Information der Deutschen Nationalbibliothek
Die Deutsche Nationalbibliothek verzeichnet diese Publikation
in der Deutschen Nationalbibliografie; detaillierte bibliografische
Daten sind im Internet über https://portal.dnb.de abrufbar.

Redaktionsstand: 01.06.2022

ISBN 978-3-7869-1449-5

Produktion: WS – WerbeService Linke, 76185 Karlsruhe
Umschlaggestaltung: Marisa Tippe
Druck und Weiterverarbeitung: Plump Druck & Medien GmbH

Printed in Germany

Inhalt

Hinweis:

Folgende Randnummern sind derzeit nicht besetzt: 279, 294, 295

VORWORT DER AUTOREN

Liebe Leserinnen, liebe Leser,

die gute Aufnahme unseres Lehrbuches bei den Leserinnen und Lesern sowie die doch erheblichen Änderungen im Kommunalverfassungsrecht des Landes Nordrhein-Westfalen seit der letzten Auflage machten eine umfängliche Neubearbeitung des Buches erforderlich. Die Lehr- und Stoffverteilungspläne der Leitstelle der Studieninstitute bilden dabei weiterhin die Grundlage für die einzelnen Kapitel. Wenn bei einigen Modulen Vertiefungen und Erweiterungen in der Abhandlung und Darstellung aus unserer Sicht sinnvoll waren, sind diese als "Exkurs" ausgewiesen.
Wir hoffen, dass auch die neue Auflage eine hilfreiche Begleitung für die Ausbildung und Prüfung sein kann.

Münster, Juni 2022

Anika Ehlers
Stefan Glock
Welf Sundermann

VORWORT DER 1. AUFLAGE

dieser Band in der Lehrbuchreihe der Studieninstitute für kommunale Verwaltung in Nordrhein-Westfalen basiert auf einem für das Studieninstitut Westfalen-Lippe entwickelten, zum institutsinternen Gebrauch bestimmten Skript. An dem Skript haben mit uns Annette Cadura, Georg Hein und insbesondere auch die Kollegen Wolfgang Heuermann und Jürgen Kupferschmidt mitgeschrieben. Ihnen gilt an dieser Stelle unser Dank, dass wir ihre Texte für dieses Buch verwenden durften. So konnte das vorliegende Werk in relativ kurzer Zeit erstellt werden.

Wir hoffen, dass das Buch dem Verwaltungsnachwuchs bei der Erarbeitung des Faches Kommunalrecht nützlich ist und gut auf die Klausuren und Prüfungen vorbereitet. Anregungen, Hinweise und Wünsche sind uns jederzeit willkommen (ehlers@stiwl.de).

Münster, Juni 2018

ZU DEN VERFASSERN

Anika Ehlers
Jahrgang 1983
Oberverbandsrätin
Studium der Rechtswissenschaften an der Christian-Albrechts-Universität zu Kiel. Seit 2010 hauptamtliche Dozentin am Studieninstitut Westfalen-Lippe für die Fächer Kommunales Verfassungsrecht, Methodik der Rechtsanwendung, Staats- und Europarecht sowie Bürgerliches Recht. Als Volljuristin mehrere Jahre Justitiarin des Studieninstituts. Seit 2020 Leiterin des Fachbereichs Ausbildung am Standort Münster.

Stefan Glock
Jahrgang 1972
Rechtsanwalt und Fachanwalt für Verwaltungsrecht und Fachanwalt für Bau- und Architektenrecht
Studium der Rechtswissenschaften an der Westfälischen-Wilhelms-Universität in Münster. Rechtsanwalt seit 2001. Seit 2010 Lehrbeauftragter am Studieninstitut Westfalen-Lippe für das Fach Kommunales Verfassungsrecht.

Welf Sundermann
Jahrgang 1945
Verwaltungsdirektor a.D.
Nach der Ausbildung zum gehobenen Dienst Studium der öffentlichen Verwaltung an der Verwaltungsakademie in Münster. Zwanzig Jahre Praxis bei der Stadtverwaltung Gütersloh (Stellv. Leiter des Rechtsamtes, Beauftragter für Stadtentwicklungsplanung).
1981 Wechsel an das Studieninstitut für kommunale Verwaltung in Ostwestfalen-Lippe (heute Studieninstitut Westfalen-Lippe) mit Sitz in Bielefeld. Stellv. Studienleiter und Dozent für Staatsrecht, Allgemeines Verwaltungsrecht und Kommunalrecht. Jahrzehntelang Vorsitzender und Mitglied von Prüfungskommissionen. Autor mehrerer Lehrbücher und zahlreicher Fachaufsätze zum kommunalen Verfassungsrecht.

ABKÜRZUNGSVERZEICHNIS

a.A.	andere Ansicht/anderer Auffassung
a.a.O.	am angegebenen/ angeführten Ort
Abs.	Absatz
a.E.	am Ende
AGTierGesG TierNebG NRW	Ausführungsgesetz zum Tiergesundheitsgesetz und zum TierischeNebenprodukte-Beseitigungsgesetz Nordrhein-Westfalen
ARD	Arbeitsgemeinschaft der öffentlich-rechtlichen Rundfunkanstalten der Bundesrepublik Deutschland
Aufl.	Auflage
BAG	Bundesarbeitsgericht
BauGB	Baugesetzbuch
BauO NRW	Bauordnung für das Land NRW (Landesbauordnung)
BeamtStG	Beamtenstatusgesetz
BeamtVG	Beamtenversorgungsgesetz
BekanntmVO	Bekanntmachungsverordnung
BFH	Bundesfinanzhof
BGB	Bürgerliches Gesetzbuch
BGH	Bundesgerichtshof
BHKG	Gesetz über den Brandschutz, die Hilfeleistung und den Katastrophenschutz
BKA	Bundeskriminalamt
BM	Bürgermeister
BR	Bezirksregierung
bspw.	beispielsweise
BVerfG	Bundesverfassungsgericht
BVerfGE	Bundesverfassungsgerichtsentscheidungen
BVerwG	Bundesverwaltungsgericht
BSG	Bundessozialgericht
BZA	Bezirksausschuss
BZV	Bezirksvertretungen
d.h.	das heißt
DigiSiVO	Digitalsitzungsverordnung
DLT	Deutscher Landkreistag
DStGB	Deutscher Städte- und Gemeindebund
DVBl.	Deutsches Verwaltungsblatt
DVP	Deutsche Verwaltungspraxis
EingrVO	Eingruppierungsverordnung
EntschVO	Entschädigungsverordnung
etc.	et cetera (Latein:"und so weiter")
f./ ff.	folgende
Gem.	Gemäß
GemKHBVO	Gemeindekrankenhausbetriebsverordnung

GeschO	Geschäftsordnung
GG	Grundgesetz
ggf.	gegebenenfalls
GkG NRW	Gesetz über kommunale Gemeinschaftsarbeit
GO NRW	Gemeindeordnung
grds.	grundsätzlich
GVBl.	Gesetz- und Verordnungsblatt
Hs.	Halbsatz
i.d.R.	in der Regel
IfSBG-NRW	Infektionsschutz- und Befugnisgesetz
inkl.	inklusive
i.S.d.	im Sinne des
i.S.v.	im Sinne von
i.V.m.	in Verbindung mit
JustG NRW	Justizgesetz NRW
KAG	Kommunalabgabengesetz
Kap.	Kapitel
KonnexAG	Konnexitätsausführungsgesetz
KrO NRW	Kreisordnung
KulturGB NRW	Kulturgesetzbuch Nordrhein-Westfalen
KWahlG	Kommunalwahlgesetz
KWahlO	Kommunalwahlordnung
LAbfG	Landesabfallgesetz
LBG NRW	Landesbeamtengesetz
LJG-NRW	Landesjagdgesetz
LNatSchG NRW	Landesnaturschutzgesetz
LOG NRW	Landesorganisationsgesetz
LStatG NRW	Statistikgesetz Nordrhein-Westfalen
LVerbO	Landschaftsverbandsordnung
LVerf NRW	Landesverfassung Nordrhein-Westfalen
NJW	Neue Juristische Wochenschrift
Nr.	Nummer
NRW	Nordrhein-Westfalen
NVwZ	Neue Zeitschrift für Verwaltungsrecht
NWVBl.	Nordrhein-Westfälische Verwaltungsblätter
o.a.	oben angegeben
OBG	Ordnungsbehördengesetz
o.g.	oben genannt
OVG NRW	Oberverwaltungsgericht für das Land Nordrhein-Westfalen
POG NRW	Polizeiorganisationsgesetz
rd.	rund
Rdnr. / Rn	Randnummer
S.	Satz (bei Fundstellen); Seite (in Fußnoten)
SchulG	Schulgesetz
SGB VIII	Sozialgesetzbuch VIII

AG-KJHG	Erstes Gesetz zur Ausführung des Kinder- und Jugendhilfegesetzes
s.o.	siehe oben
sog.	sogenannte
SpkG	Sparkassengesetz
StrWG NRW	Straßen- und Wegegesetz Nordrhein-Westfalen
TierseuchenVO	Tierseuchenverordnung
u.a.	und andere
u.Ä.	und Ähnliche
usw.	und so weiter
v.a.	vor allem
VA	Verwaltungsakt
VerfGH NRW	Verfassungsgerichtshof Nordrhein-Westfalen
VGHG NW	Verfassungsgerichtshofgesetz Nordrhein-Westfalen
VG	Verwaltungsgericht
Vgl.	vergleiche
VR	Verwaltungsrundschau
VwGO	Verwaltungsgerichtsordnung
VwVfG	Verwaltungsverfahrensgesetz
WDR	Westdeutscher Rundfunk
ZDF	Zweites Deutsches Fernsehen
z.B.	zum Beispiel
z.T.	zum Teil

TEIL 1: EINLEITUNG

In der zu Beginn des Lehrgangs am Studieninstitut ausgegebenen Fächerübersicht ist u.a. 1
das Unterrichtsfach „Kommunales Verfassungsrecht“ bzw. „Kommunalrecht“ eingetragen.

Die Erklärung der freien Enzyklopädie *Wikipedia* zu dem Suchbegriff „Kommunalrecht“ 2
beginnt mit folgenden Sätzen:

Das deutsche Kommunalrecht regelt die Rechtsstellung kommunaler Gebietskörperschaften [...] [, die] zur mittelbaren Staatsverwaltung zählen. Grundlage des Kommunalrechts ist die kommunale Selbstverwaltung. [...] In den deutschen Flächenstaaten [...] regeln Gemeindeordnungen [...] den Aufbau der Gemeinden und ihre Stellung innerhalb der Verwaltung. Die Grundlage des Kommunalrechts findet sich im Grundgesetz und in den Landesverfassungen. Die Ausgestaltung des Kommunalrechts erfolgt durch Landesrecht [...] sowie Satzungen und Rechtsverordnungen.[1]

In diesem Zusammenhang stellen sich u.a. folgende Fragen: 3

- Was sind kommunale Gebietskörperschaften?
- Was ist mittelbare Staatsverwaltung?
- Was ist kommunale Selbstverwaltung und was sind die Gemeindeordnungen?
- Was ist mit dem Aufbau und der Stellung einer Gemeinde gemeint?
- Was ist „Landesrecht“ und was sind Satzungen und Rechtsverordnungen?

Diese und weitere Fragen will dieses Lehrbuch beantworten.

I. RECHTSQUELLEN

Wikipedia spricht in der Begriffsdefinition von Grundgesetz, Landesverfassungen, Landes- 4
recht, Satzungen und Rechtsverordnungen.
Nach Art. 20 Abs. 3 Grundgesetz (GG) sind die Exekutive und die Judikative an Gesetz und Recht gebunden (Rechtsstaatsprinzip). Aus dieser Regelung im GG folgt u.a., dass die Bundesrepublik Deutschland eine Rechtsordnung hat. Diese Rechtsordnung umfasst alle rechtlichen Normen, geschriebene und ungeschriebene (z.B. Gewohnheitsrecht). An dieser Stelle interessieren die geschriebenen Normen. Sie lassen sich danach unterscheiden, wer die Normen erlassen hat.

Zunächst ist zu klären, wer in einem Staat das Recht hat, Gesetze zu erlassen. In der Bundes- 5
republik Deutschland wird die Staatsgewalt durch drei voneinander getrennte Gewalten

[1] URL: https://de.wikipedia.org/wiki/Kommunalrecht_(Deutschland), Stand: 04.02.2018.

ausgeübt: Die gesetzgebende Gewalt (Legislative), die vollziehende Gewalt (Exekutive) und die rechtsprechende Gewalt (Judikative), vgl. Art. 20 Abs. 2 GG. Die Legislative, also die gesetzgebende Gewalt, erlässt formelle Gesetze. Der Begriff „formell" kommt von Form oder förmlich. Das bedeutet, diese Gesetze haben ein ordnungsgemäßes Gesetzgebungsverfahren durchlaufen. Die Art. 70-79 GG regeln z.B. die Zuständigkeit, das Verfahren und die Form, die beim Erlass von Gesetzen zu beachten sind. Nur wenn diese eingehalten wurden, ist ein formelles Gesetz zustande gekommen.

6 Auf Bundesebene ist die Legislative der Bundestag. An den Gesetzen wirkt außerdem der Bundesrat mit. Aber nicht nur auf Bundesebene gibt es eine Legislative. Ebenso ist auch jedes Land der Bundesrepublik Deutschland (Bundesland) ein eigener Staat (Bundesstaat) und hat drei Gewalten. Die Legislative ist auch dort das Parlament des Landes – der Landtag[2]. Er erlässt die formellen Landesgesetze.
Das wichtigste formelle Gesetz ist auf Bundes- und Landesebene die Verfassung. Die Verfassung auf Bundesebene heißt Grundgesetz; auf Landesebene ist dies die Landesverfassung NRW. An die Verfassungen werden noch höhere formelle Anforderungen gestellt (vgl. Art. 79 GG, Art. 69 LVerf NRW). Sie regeln die Grundlagen des Staates und gehen den anderen formellen Gesetzen im Rang vor.

7 Es gibt formelle Gesetze auf Landes- und Bundesebene. Das im Rang höchste formelle Gesetz ist jeweils die Verfassung.

8 Die Legislative ist nicht die einzige Staatsgewalt, die Rechtsnormen erlassen darf. In Art. 80 GG, Art. 70 LVerf NRW wird auch der Exekutive, der ausführenden Gewalt, ein Gesetzgebungsrecht zugesprochen. Sie darf unter strengen Voraussetzungen und nur wenn sie dazu von der Legislative ermächtigt ist, Rechtsverordnungen erlassen. Rechtsverordnungen sind materielle Gesetze, denn sie haben inhaltlich den Charakter von Gesetzen. Jedoch durchlaufen sie kein formelles Gesetzgebungsverfahren. Sie stehen im Geltungsrang unter den formellen Gesetzen. Auch Rechtsverordnungen gibt es auf Landes- und Bundesebene. Die Exekutive besteht in Bund und Ländern jeweils aus der Regierung und der Verwaltung.

9 Es gibt Rechtsverordnungen auf Landes- und Bundesebene. Sie sind materielle Gesetze und stehen im Rang unter den formellen Gesetzen.

10 Auch unterhalb der Rechtsverordnungen finden sich Normen: Die Satzungen. Satzungen sind ebenfalls materielle, also inhaltliche Gesetze, die jedoch nur in einem abgegrenzten Bereich gelten. Satzungen werden z.B. von Gemeinden erlassen, die auf diese Weise ihre örtlichen Angelegenheiten regeln („Ortsrecht").

---

2 Andere Bezeichnungen in den Stadtstaaten: Berlin: Abgeordnetenhaus; Bremen und Hamburg: Bürgerschaft.

Auch Satzungen sind materielle Gesetze. Sie stehen im Rang unter den Rechtsverordnungen. 11

Für den Fall, dass auf einen Sachverhalt verschiedene Rechtsnormen anwendbar sind, die einander widersprechen (Normenkollision), gibt es Regeln für den **Geltungsvorrang** von Normen: 12

- ➔ Bundesrecht bricht Landesrecht (Art. 31 GG).
- ➔ Innerhalb einer Ebene (Bund oder Land) geht das ranghöhere Recht dem widersprechenden rangniedrigeren Recht vor (Art. 20 Abs. 3 GG).
- ➔ Zwischen ranggleichen Normen gilt: Das spezielle geht dem generellen Recht vor und das neuere geht dem älteren Recht vor.

Daneben existiert eine weitere Regel. Sie betrifft das Europarecht: 13

- ➔ Europarecht ist vor dem Recht der Bundesrepublik Deutschland anzuwenden (Art. 23 Abs. 1 GG). Es führt zwar nicht zur Unwirksamkeit des Rechtes der Mitgliedsstaaten, verdrängt dieses aber.

Durch diese Regelung wird ein **Anwendungsvorrang** des Europarechts vor dem nationalen Recht festgelegt. Dadurch steht das Europarecht über allem nationalen Recht.

Es gibt übergeordnetes Europarecht, welches vorrangig anzuwenden ist. 14

15 Aus allen geschriebenen Normen unserer Rechtsordnung ergibt sich folgendes Schema:

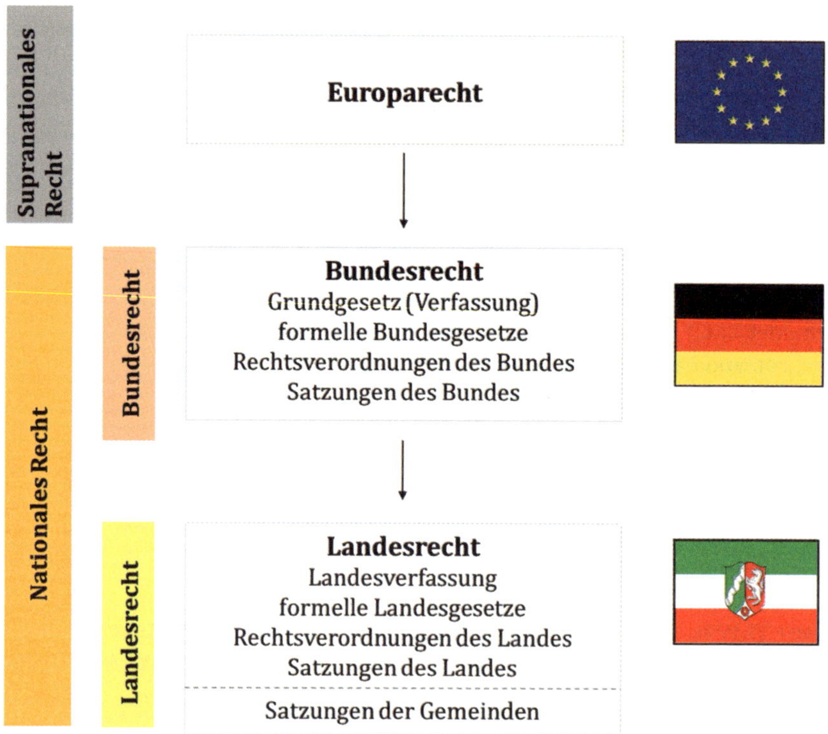

II. RECHTSQUELLEN DES KOMMUNALRECHTS

16 Für das Kommunalrecht existiert eine Vielzahl von gesetzlichen Regelungen der verschiedenen Rechtsquellen. Die wichtigste gesetzliche Grundlage des Kommunalrechts steht

im **Grundgesetz.**

Dort regelt Art. 28 Abs. 2 S. 1 GG die Existenz und die Rechte von Gemeinden. Der Inhalt dieser Norm findet sich nahezu identisch auch

in der **Landesverfassung.**

Art. 78 LVerf NRW greift die Regelung des Art. 28 Abs. 2 S. 1 GG auf. Die Landesverfassung NRW geht dabei auf die Besonderheiten des Landes NRW ein. Das Gesetz, mit dem im Kommunalrecht am meisten gearbeitet wird, ist die

Gemeindeordnung (GO NRW).

Die GO NRW ist das „Verfassungsgesetz" für die Gemeinden. Sie trifft Regelungen über die 17
Aufgaben der Gemeinden, das Gemeindegebiet, die Rechte und Pflichten von Einwohnern und Bürgern, den Aufbau der Gemeindeverwaltung mit Rat und Bürgermeister, den Gemeindehaushalt, die wirtschaftliche Betätigung und die Aufsicht über die Gemeinden. Die Gesetzgebungskompetenz für die Gemeindeordnungen liegt gem. Art. 70 Abs. 1 GG bei den Ländern. Die GO NRW ist somit ein Gesetz, das der nordrhein-westfälische Landtag verabschiedet hat.
Das „Verfassungsgesetz" für die Kreise ist die

Kreisordnung (KrO NRW).

Für die nur in NRW vorhandenen Landschaftsverbände gilt als „Verfassungsgesetz" die

Landschaftsverbandsordnung (LVerbO).

Wie die GO NRW für die Gemeinden, so regeln die KrO NRW und die LVerbO die Aufgaben, 18
Rechte und Stellung dieser kommunalen Körperschaften im Land NRW. Auch weitere Landesgesetze, wie z.B. das Kommunalwahlgesetz (KWahlG) sind relevant.
Diese Gesetze werden ergänzt durch die von den Kommunen selbst geschaffenen

Satzungen.

Jede Gemeinde und jeder Kreis regelt sein eigenes „Ortsrecht", also das Recht, das nur in 19
dem eigenen Gebiet gelten soll, selbst durch Satzungen (vgl. § 7 Abs. 1 GO NRW/§ 5 Abs. 1 KrO NRW). Dadurch entstehen in unterschiedlichen Bereichen weitere kommunalrechtliche Regelungen (z.B. Baumschutzsatzung, Hundesteuersatzung etc.).

TEIL 2: DIE KOMMUNE

Kommunalrecht ist das „Recht der Kommunen". Was verbirgt sich hinter dem Begriff Kommunen?

I. DAS WESEN DER GEMEINDE

20 Der Begriff „Kommune" bedeutet *gemeinschaftlich*[3]. Er wird synonym mit den Begriffen „Gemeinde" […] und „Stadt" verwendet[4]. Gemeinden und Städte sind somit Kommunen.

Der Begriff „Gemeinde" wird im Lexikon wie folgt definiert:

> *„[Eine Gemeinde ist] eine politische und administrative Einheit mit eigenem Territorium. Die Gemeinden sind Träger der kommunalen Selbstverwaltung [ ]. Gemeinden, kreisfreie Städte und kreisangehörige Städte werden unter dem Begriff Kommune zusammengefasst.* ***Als Gebietskörperschaften sind die Kommunen juristische Personen öffentlichen Rechts*** *mit eigener Verfassung, eigenem Haushalt und Dienstherrnfähigkeit."*[5]

1. Rechtspersönlichkeiten

21 Die juristische Person des öffentlichen Rechts ist eine Rechtsperson. Ganz allgemein bezeichnet man als Rechtspersonen – oder Rechtssubjekte – Personen, die Inhaber von Rechten und Pflichten sein können. Das heißt jeder, der etwas tun darf oder etwas zu tun verpflichtet ist, ist eine Rechtsperson.

Es werden zwei Arten von Rechtspersonen unterschieden: Die natürlichen und die juristischen Personen.

22 **Natürliche Personen** sind die Menschen. Jeder Mensch hat Rechte, aber auch Pflichten. Dies nennt man die Rechtsfähigkeit. Gem. § 1 BGB beginnt die Rechtsfähigkeit bei den Menschen mit der Vollendung der Geburt. Sie endet mit dem Hirntod. In dieser Zeit gelten für sie z.B. die Grundrechte - wie die körperliche Unversehrtheit, das Recht auf Eigentum, das Recht auf Religionsfreiheit etc. Aber sie dürfen ab einem bestimmten Alter auch Verträge schließen, heiraten, anderen etwas vererben, vor Gericht klagen. Im Gegenzug sind sie verpflichtet, Steuern, Gebühren und Beiträge zu zahlen. Alle müssen sich an gesetzliche Bestimmungen halten und dürfen z.B. keine Straftaten begehen.

23 **Juristische Personen** sind Vereinigungen von i.d.R. natürlichen Personen, die vom Gesetz

[3] URL: https://de.wikipedia.org/wiki/Kommune Stand: 04.02.2018.
[4] URL: https://www.duden.de/rechtschreibung/Kommune Stand: 04.02.2018.
[5] URL: http://wirtschaftslexikon.gabler.de/Definition/gemeinde.html Stand: 04.02.2018.

als Rechtspersönlichkeit anerkannt werden. Juristische Personen sind z.B. eingetragene Vereine (e.V.), Gesellschaften mit beschränkter Haftung (GmbHs), Aktiengesellschaften (AGs), Gemeinden, Universitäten, Kirchen etc. Juristische Personen haben auch einige der oben genannten Rechte und Pflichten. Auch sie können z.B. Eigentum erwerben, Verträge schließen, vor Gericht klagen. Da die juristischen Personen im Unterschied zu den natürlichen Personen selbst jedoch nur rechtlich, aber nicht tatsächlich handeln können, bedienen sie sich natürlicher Personen, die als Organe für sie handeln (Organwalter), z.B. Verträge schließen, Kündigungen aussprechen etc. Solche zur Hilfe eingesetzten natürlichen Personen sind die Vorstandsmitglieder im Verein, der Geschäftsführer der GmbH oder aber der Bürgermeister in der Gemeinde.

Bei den juristischen Personen wird differenziert zwischen juristischen Personen **des Pri-** 24
vatrechts (z.B. Vereine, GmbHs, AGs) und juristischen Personen **des öffentlichen Rechts** (Körperschaften, Anstalten und Stiftungen). Eine juristische Person des Privatrechts ist nur im privaten Bereich tätig – also auf Gleichordnungsebene im Bereich Bürger zu Bürger. Auf freiwilliger Basis schließen die Personen des Privatrechts miteinander Verträge.
Wenn von juristischen Personen des öffentlichen Rechts die Rede ist, dann ist der Staat mit im Spiel. Es handelt sich um die Über/ Unterordnungsebene Staat zum Bürger. Die juristischen Personen des öffentlichen Rechts nehmen staatliche Aufgaben wahr und handeln hoheitlich. Was sie anordnen, hat der Bürger zu befolgen.

Das Schaubild gibt einen Überblick über die zu unterscheidenden Rechtspersönlichkeiten: 25

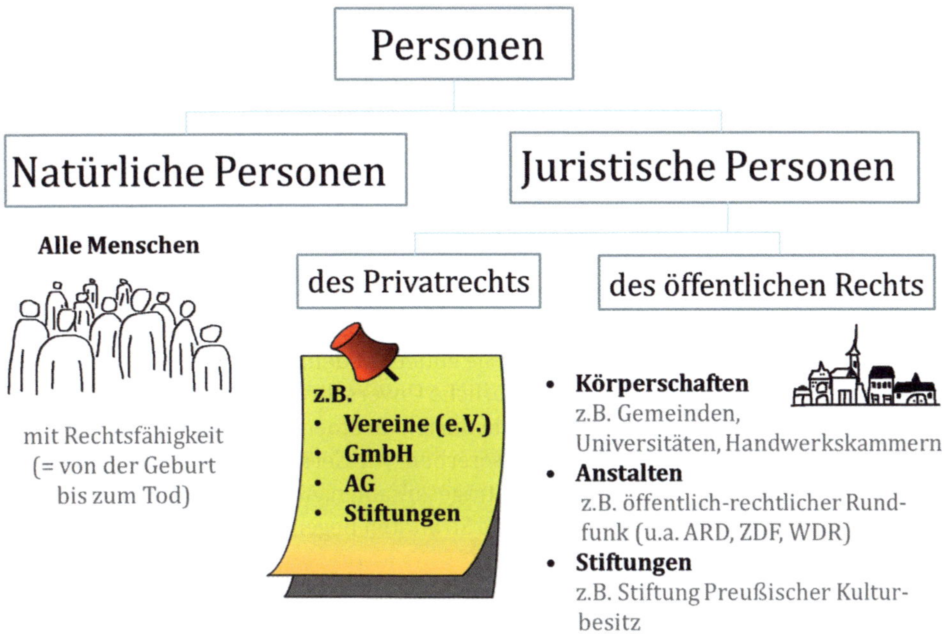

Das rechte untere Kästchen des Schaubilds beinhaltet die juristischen Personen des öffentlichen Rechts, zu denen auch die Gemeinde gehört. Laut § 1 Abs. 2 GO NRW ist die Gemeinde eine Gebietskörperschaft. Sie gehört also zu dem oberen Begriff der Körperschaften.

2. Körperschaften

26 Körperschaften sind als *„mitgliedschaftlich verfasste, aber unabhängig vom Mitgliederbestand existierende und mit Hoheitsgewalt ausgestattete Träger öffentlicher Verwaltung definiert.*[6]

27 

> Das wichtigste Merkmal einer Körperschaft ist, dass sie Mitglieder hat. „Vom Mitgliederbestand unabhängig" bedeutet, egal ob Mitglieder ausscheiden oder neue hinzukommen, die Körperschaft bleibt bestehen.

Es gibt vier verschiedene Körperschaftsformen:

28 - **Gebietskörperschaften:** Gemeinden und Kreise, die Länder, der Bund. Der „Körper", auf den sich der Begriff bezieht, sind die Mitglieder im Gebiet, z.B. die Einwohner der Gemeinde.

29 - **Verbandskörperschaften:** z.B. Landschaftsverbände, Zweckverbände, Kreise. Von einer Verbandskörperschaft spricht man, wenn mehrere Gebietskörperschaften als Mitglieder zu einem Verband zusammengeschlossen sind. Der Verband selber ist eine juristische Person.

30 - **Personalkörperschaften:** z.B. Ärztekammer, Industrie- und Handelskammer. Hier wird die Mitgliedschaft nicht an eine Fläche, sondern an ein Fachgebiet angeknüpft, nämlich den Beruf einer bestimmten Personengruppe.

31 - **Realkörperschaften:** z.B. Wasser- u. Bodenverbände. Die Mitgliedschaft knüpft an reale Dinge an, z.B. an den Grundbesitz.

---

6 Maurer, Allgemeines Verwaltungsrecht, 17. Auflage (2009), § 23 Rdnr. 37 ff.

Die **Gemeinde** kann nicht im „natürlichen Sinne“ wie ein Mensch handeln, aber sie hat Rechte und Pflichten. Deshalb ist sie als Rechtsperson anerkannt **(juristische Person)**. Sie nimmt Verwaltungsaufgaben wahr und handelt hoheitlich aus einer dem Bürger übergeordneten Position heraus **(öffentliches Recht)**. Ihre Befugnisse beziehen sich auf das Gemeindegebiet. Wer dort wohnt, ist Mitglied der Gemeinde **(Gebietskörperschaft)**. 32

3. Gemeindearten

Die Begriffsdefinition „Gemeinde“ besagt, dass Gemeinden, kreisfreie Städte und kreis- 33
angehörige Städte unter dem Begriff Gemeinden zusammengefasst werden.

In NRW gibt es 373 kreisangehörige Städte und Gemeinden und 23 kreisfreie Städte. Worin unterscheiden sich diese voneinander und wovon hängt es ab, ob es sich um eine Gemeinde oder um eine Stadt handelt?

Den Begriff **„Stadt“** findet man in **§ 4 GO NRW**. § 4 Abs. 1 GO NRW nennt zwei Typen von kreisangehörigen Städten, die unterschieden werden: Die Großen kreisangehörigen Städte, deren Voraussetzungen in Abs. 3 geregelt sind, und die Mittleren kreisangehörigen Städte, die in Abs. 2 konkretisiert werden:

a) Große kreisangehörige Städte

In NRW gibt es 35 Große kreisangehörige Städte, z.B. Bocholt, Neuss, Paderborn, 34
Recklinghausen oder Siegen. Eine Große kreisangehörige Stadt hat in der Regel mehr als 60.000 Einwohner. Bei dieser Einwohnerzahl wird sie von Amts wegen (d.h. offiziell, ohne Antrag) zur Großen kreisangehörigen Stadt erklärt. Auf Antrag kann aber auch eine Stadt mit mehr als 50.000 Einwohnern schon zur Großen kreisangehörigen Stadt bestimmt werden (vgl. § 4 Abs. 3 GO NRW). Sinkt die Einwohnerzahl unter 45.000, so wird eine Stadt von Amts wegen zu einer Mittleren kreisangehörigen Stadt zurückgestuft (§ 4 Abs. 4 GO NRW).

b) Mittlere kreisangehörige Städte

Es gibt in NRW 131 Mittlere kreisangehörige Städte, z.B. Coesfeld, Gummersbach, Hattin- 35
gen, Rietberg, Soest. Eine Mittlere kreisangehörige Stadt hat in der Regel mehr als 25.000 Einwohner. Bei dieser Einwohnerzahl wird sie ohne Antrag zur Mittleren kreisangehörigen Stadt erklärt. Auf Antrag kann aber auch eine Stadt mit mehr als 20.000 Einwohnern zur Mittleren kreisangehörigen Stadt bestimmt werden (vgl. § 4 Abs. 2 GO NRW). Der Antrag ist dann darauf gerichtet, gem. § 13 Abs. 2 S. 2 i.V.m. § 4 Abs. 2 S. 1 GO NRW zusätzliche Aufgaben wahrnehmen zu wollen und dadurch zur Mittleren kreisangehörigen Stadt zu werden. Sinkt die Einwohnerzahl unter 15.000, so wird die Gemeinde von Amts wegen aus dem Verzeichnis gestrichen (§ 4 Abs. 5 GO NRW).

36 Eine Regelung zum **Stadtrecht** findet sich neben § 4 GO NRW auch in § 13 Abs. 2 GO NRW. Der S. 2 nimmt Bezug auf das Stadtrecht aus § 4 GO NRW: Wenn eine Mittlere kreisangehörige Stadt nicht mehr die Einwohnerzahlen von § 4 GO NRW erfüllt, und damit die zusätzlichen Aufgaben einer Stadt wegfallen, so darf sie sich trotzdem weiterhin als „Stadt" bezeichnen. Das Stadtrecht bleibt ihr somit unabhängig von der Entwicklung ihrer Einwohnerzahl erhalten („einmal Stadt- immer Stadt").

c) Übrige kreisangehörige Städte und Gemeinden

37 Es gibt neben den Mittleren und Großen kreisangehörigen Städten 84 Städte in NRW, die die Einwohnerzahlen von § 4 GO NRW nicht erfüllen, z.B. Ennigerloh, Hallenberg, Heimbach, Horstmar, Lengerich, Marienmünster, Werther. Nach **§ 13 Abs. 2 S. 1 GO NRW** führen diejenigen Gemeinden die Bezeichnung „Stadt", denen diese Bezeichnung **nach dem bisherigen Recht zusteht**. Damit sind Städte gemeint, die in der Vergangenheit schon ein Stadtrecht verliehen bekommen haben. Sie behalten dieses Stadtrecht auch in Zukunft – egal wie viele Einwohner sie haben. Man nennt dies auch das **Historische Stadtrecht**.

Wie viele Einwohner haben die „historischen" Städte aus § 13 Abs. 2 GO NRW maximal?

Maximal 25.000, denn bei mehr als 25.000 Einwohnern an den genannten Stichtagen würden sie von Amts wegen zur Mittleren kreisangehörigen Stadt bestimmt, vgl. § 4 Abs. 2 GO NRW.

38 § 13 Abs. 2 GO NRW ist zu entnehmen, dass das Stadtrecht kein echtes Recht, sondern nur eine **Bezeichnung** ist. Das Stadtrecht ist lediglich ein Namenszusatz. Alle kreisangehörigen Städte bleiben damit zugleich auch Gemeinden.
Gem. § 13 Abs. 2 S. 3 GO NRW hat jede kreisangehörige Stadt, in der die Kreisverwaltung ihren Sitz hat, zudem das Recht, die Bezeichnung „Kreisstadt" zu führen. Auch hierbei handelt es sich nur um einen Namenszusatz.

Den Rest in NRW bilden die 125 kreisangehörigen Gemeinden, z.B. Steinhagen, Lotte, Kreuzau, Schermbeck und Wenden.

39 Jede Art von Stadt und Gemeinde nimmt in ihrem Gemeindegebiet Aufgaben wahr. Gem. **§ 39 GO NRW** kann das Gemeinde-/ Stadtgebiet in Bezirke unterteilt werden (vgl. dazu Teil 6). Jede kreisangehörige Stadt oder Gemeinde gehört - wie der Name schon sagt - einem Kreis an. Der Kreis übernimmt für alle ihm angehörigen Städte und Gemeinden übergeordnete Aufgaben (Näheres dazu unter II. 1.).

Exkurs: Eine Besonderheit unter den kommunalen Körperschaften in NRW stellt die **Städteregion Aachen** dar. 2009 wurde durch das sog. Aachen-Gesetz *aus den Gemeinden des Kreises Aachen und der Stadt Aachen als neuer Gemeindeverband die Gebietskörperschaft Städteregion Aachen gebildet* (§ 1 Abs. 1 Aachen-Gesetz). Dabei erhielt die Städteregion die Rechtsstellung eines Kreises und die Stadt Aachen behielt die Rechtsstellung einer kreisfreien Stadt. Mit diesem bislang einzigartigen Gebilde soll eine effektivere Wahrnehmung der kommunalen Aufgaben in der dortigen Grenzregion des Landes NRW ermöglicht werden.

Von den verschiedenen kreisangehörigen Städten und Gemeinden sind die kreisfreien Städte zu unterscheiden.

d) Kreisfreie Städte

In NRW kommen zu den 373 kreisangehörigen Städten und Gemeinden 23 kreisfreie 40
Städte hinzu, z.B. Bielefeld, Dortmund, Duisburg, Essen, Hamm, Köln, Mönchengladbach, Münster und Wuppertal. Jede dieser Städte ist eine Großstadt. Das bedeutet, sie hat mehr als 100.000 Einwohner; Köln hat sogar über 1.000.000 Einwohner. Wie der Name verrät, gehören die kreisfreien Städte keinem Kreis an. Sie sind so groß, dass sie die Aufgaben ihres Gebietes und auch die überörtlichen Aufgaben selbst wahrnehmen können. Aufgrund ihrer Einwohnerzahl und ihrem städtischen Gepräge passen sie nicht zu den anderen Städten und Gemeinden ihrer Umgebung. Deshalb werden sie nicht mit diesen zu einem Kreis zusammengefasst. Sie stehen selbstständig neben den Kreisen.

Die Einteilung der kreisfreien Städte erfolgte im Rahmen der großen Gebietsreform von 1970-1975 in NRW. Die Kriterien, welche Anforderungen eine kreisfreie Stadt erfüllen musste, standen in dem „Konzept zur kommunalen Neugliederung". Kriterien waren z.B. die Einwohnerzahl, das kulturelle Angebot, das Stadtkonzept, das Zukunftskonzept, die infrastrukturelle Bedeutung der Stadt für NRW usw. Die Einteilung fand einmalig statt. Es gibt also kein Antragsrecht großer Städte auf Erhebung zu einer kreisfreien Stadt.

Um auch bei kreisfreien Städten den örtlichen Charakter der einzelnen Bezirke beizubehalten, sind in den §§ 35- 38 GO NRW spezielle Regelungen verankert (vgl. dazu Teil 6).

Das nachfolgende Schaubild zeigt die verschiedenen Gemeinden im Überblick: 41

Kreisangehörige Städte und Gemeinden			Kreisfreie Städte

Übrige kreisangehörige Städte und Gemeinden	**Mittlere** kreisangehörige Städte	**Große** kreisangehörige Städte	Durch Gesetz zur kreisfreien Stadt erklärt
< 25.001 bzw. < 20.001	**25.001** bzw. 20.001 + Antrag	**60.001** bzw. 50.001 + Antrag	

4. Persönlichkeitsrechte

42 Jedem Menschen stehen grundsätzliche Rechte zu, die uns Freiheiten gewähren und diese schützen, z.B. die Menschenwürde, die freie Entfaltung der Persönlichkeit, das Namensrecht oder das Recht am eigenen Bild. Auch juristische Personen haben Persönlichkeitsrechte. Für die Städte und Gemeinden sind die Persönlichkeitsrechte zum Teil in der Gemeindeordnung geregelt:

a) Name und Bezeichnung

43 § 13 Abs. 1 GO NRW bestimmt, dass Gemeinden ihren bisherigen Namen führen. Eine Namensänderung ist gem. § 13 Abs. 1 S. 2 GO NRW möglich, wenn drei Viertel der Mitglieder des Rates eine solche Änderung beschließen und das für Kommunales zuständige Ministerium die Änderung genehmigt. Da der Name eines Ortes eng mit dessen geschichtlicher und kultureller Identität verbunden ist, sind Namensänderungen in der Praxis eher selten.

> Beispiel für eine Namensänderung: Der „Erft-Kreis" hat sich in „Rhein-Erft-Kreis" umbenannt (Rechtsgrundlage ist für Kreise § 12 Abs. 1 KrO NRW); die Gemeinde „Herzebrock" hat sich den Namen „Herzebrock-Clarholz" gegeben.

44 Gem. § 13 Abs. 3 GO NRW können Gemeinden auch andere Bezeichnungen führen, die auf der Geschichte, Eigenart oder Bedeutung der Gemeinde beruhen. Auch hierfür bedarf es einer Dreiviertelmehrheit der Mitglieder des Rates und der Genehmigung des für Kommunales zuständigen Ministeriums.

> Beispiele für genehmigte Namenszusätze: Klingenstadt Solingen, Die Mähdrescherstadt Harsewinkel, Stadt der FernUniversität Hagen, Sennegemeinde Hövelhof, Blütenstadt Leichlingen, NRW-Klimakommune Saerbeck, Hansestadt Warburg

45 Per Runderlass hat das Kommunalministerium erläutert, dass jetzt auch die Übersetzung des Gemeindenamens in eine lokale oder regionale Mundart als „andere Bezeichnung" i.S. v. § 13 Abs. 3 GO NRW zu verstehen ist. So hat die Gemeinde Rödinghausen im Kreis Herford als erste Gemeinde in NRW die Genehmigung erhalten, die niederdeutsche Übersetzung „Ränghiusen" als Bezeichnung zu führen. Ein Ratsbeschluss mit Dreiviertelmehrheit aller Mitglieder, die Genehmigung des Kommunalministeriums und eine Regelung in der Hauptsatzung sind auch hierfür die formellen Voraussetzungen.

46 Aus dem Namensrecht § 13 Abs. 1 GO NRW wird ein Recht der Gemeinden abgeleitet, sich gegen die missbräuchliche Verwendung des Gemeindenamens wehren zu dürfen. Verwendet ein Dritter den Gemeindenamen in einer Art, die die Gemeinde oder ihren Ruf verletzt, so kann sie die Verwendung gerichtlich unterbinden lassen (Abwehranspruch aus § 12 BGB).

> Fall: Eine Brauerei in der Stadt Dortmund hängt folgende Leuchtreklame auf: „Dortmund grüßt mit H...-Bier!" Die Stadt Dortmund erhebt eine Unterlassungsklage gegen die Brauerei. Zu Recht?

Der Bundesgerichtshof (BGH) hat in diesem Fall[7] entschieden, dass die Bezeichnung „Dortmund" in der Reklame von einem objektiven Betrachter mit der Stadt Dortmund in Verbindung gebracht wird. Es wird der Anschein erweckt, als empfehle die Stadt die angeworbene Biersorte. Aufgrund dieser Verwechslungsgefahr lag eine missbräuchliche Verwendung des Stadtnamens vor.

Viele Branchen verwenden den Namen ihrer Stadt und benutzen diesen zu Werbezwecken (z.B. Stadtbäckerei, Stadtwerke, Stadtparfümerie, Stadtfleischerei usw.). In jedem dieser Fälle kann eine Gemeinde bei missbräuchlicher Verwendung des Namens auf Unterlassung eines Namensmissbrauchs klagen. Auch bei der Verwendung des Gemeindenamens im Internet ist dieser geschützt.

b) Siegel

Neben dem Namensrecht regelt die GO NRW in § 14 Abs. 1 die Führung eines Dienstsiegels. 47
Das Dienstsiegel einer Gemeinde ist ein Symbol, mit dem sie ihre Dokumente rechtsverbindlich kennzeichnen kann. Damit kann eine Gemeinde z.B. amtliche Beglaubigungen vornehmen. Gestattet sind Siegel (Metall, welches Eindrücke im Papier hinterlässt) und Gummistempel (Aufdruck durch Farbe). Eine Veränderung des Siegels bedarf gem. § 14 Abs. 3 GO NRW der Genehmigung der Aufsichtsbehörde.

c) Wappen / Flagge

Gem. § 14 Abs. 2 GO NRW führen Gemeinden Wappen und Flaggen. Das Gemeindewappen 48
steht wie der Name unter dem Schutz eines Versagungsrechts bei missbräuchlicher Verwendung. Demgegenüber ist die Flagge nicht vom Persönlichkeitsrecht der Gemeinde geschützt. Die Veränderung des Wappens oder der Flagge bedarf gem. § 14 Abs. 3 GO NRW der Genehmigung der Aufsichtsbehörde.

II. WEITERE KOMMUNALE KÖRPERSCHAFTEN

Gem. Art. 1 Abs. 1 S. 2 LVerf NRW gliedert sich das Land NRW in Gemeinden **und Gemein-** 49
deverbände. Neben den verschiedenen Arten von Gemeinden, gibt es auch mehrere Arten von Gemeindeverbänden.
Der Begriff „Gemeindeverband" legt bereits nahe, dass es sich um einen Verband, also einen Zusammenschluss von Gemeinden handelt. Beim Begriff der Körperschaften werden vier verschiedene Körperschaftsformen unterschieden. Eine davon ist die **Verbandskörperschaft**. Sie wird beschrieben als eine Form, bei der mehrere Gebietskörperschaften – also z.B. Gemeinden oder Städte – zu einem Verband zusammengeschlossen sind. Die bekannteste Form der Gemeindeverbände ist der Kreis.

---

[7] BGH NJW 1963, 2267.

1. Kreise

50 In NRW gibt es 31 Kreise, z.B. Kreis Düren, Kreis Gütersloh, Märkischer Kreis, Kreis Mettmann und Kreis Recklinghausen.
Die Bezeichnung „Kreis“ ist eher untypisch. In fast allen Bundesländern heißen die Kreise „Landkreise“. Nur in NRW und Schleswig-Holstein werden sie „Kreise“ genannt. Die Kreise haben jeweils ein Kreisgebiet, welches mehrere Gemeinden und kreisangehörige Städte umfasst. Für diese nimmt der Kreis kommunale Aufgaben wahr, die er zentral viel effektiver erfüllen kann oder deren Erledigung über die Gemeindegrenzen hinaus einheitlich erfolgen soll. Ob und welche Aufgaben der Kreis für die Gemeinden übernimmt, hängt von deren Leistungsfähigkeit ab. Für kleinere Gemeinden übernimmt der Kreis deshalb mehr Aufgaben als für größere kreisangehörige Städte. So organisiert der Kreis einen finanziellen Ausgleich im Kreisgebiet und schafft gleichwertige Verhältnisse. Kreisaufgaben sind stets **überörtliche Aufgaben**, wie z.B. die Organisation des ÖPNV, Rettungswesen, Führerscheinwesen, Kreisstraßen, Berufskollegs und für die übrigen kreisangehörigen Gemeinden auch Bauaufsicht und Jugendbetreuung.
Der Kreis hat in einer der kreisangehörigen Städte seinen Sitz. Diese wird „Kreisstadt“ genannt, vgl. § 13 Abs. 2 S. 3 GO NRW. Die Organe des Kreises sind der Kreistag, der Kreisausschuss und der Landrat. Der Landrat steht an der Spitze des Kreises. Daneben hat er aber eine weitere Funktion: Er ist gleichzeitig auch Behörde des Landes und wird im Auftrag des Landes tätig. Für dieses nimmt er die Aufsicht über die Gemeinden und Städte in seinem Kreisgebiet wahr. Dadurch hat der Landrat eine Doppelstellung und kann sowohl für den Kreis als auch für das Land handeln (vgl. hierzu Exkurs unter Rn 149 ff.).

2. Landschaftsverbände

51 Eine weitere Gemeindeverbandsform und Verbandskörperschaft sind die Landschaftsverbände. Im nördlichen Teil von NRW (Westfalen) gibt es den LWL (Landschaftsverband Westfalen-Lippe) mit Sitz in Münster und im südlichen Teil von NRW (Nordrhein) gibt es den LVR (Landschaftsverband Rheinland) mit Sitz in Köln.
Die Landschaftsverbände sind eine Besonderheit von NRW. Sie nehmen in diesem Bundesland wichtige kommunale Aufgaben wahr.
Dabei handelt es sich um regionale Aufgaben, die die beiden Landschaftsverbände für ihre Träger, also ihre Mitglieder, erfüllen. Die Träger sind die Kreise und die kreisfreien Städte des jeweiligen Verbandgebietes. Die Landschaftsverbände besitzen die Zuständigkeit für ihre speziellen Aufgabenbereiche. Dies sind Aufgaben in der Behinderten-, Sozial- und Jugendhilfe, in der Psychiatrie, der Kultur und der Kommunalwirtschaft (vgl. § 5 LVerbO; § 1 Abs. 2 und § 3 Abs. 4 KulturGB NRW).

> Die **Kreise** übernehmen **überörtliche Aufgaben** für ihre Städte und Gemeinden. 52
> Die **Landschaftsverbände** übernehmen **regionale Aufgaben** für die sie tragenden kreisfreien Städte und Kreise.

3. Zweckverbände

Die kommunalen Zweckverbände sind ebenfalls Gemeindeverbände. Wenn mehrere Ge- 53
meinden, kreisfreie Städte oder Kreise eine Aufgabe gemeinsam wahrnehmen wollen, können sie zu diesem Zweck einen Zweckverband gründen. Der Zweckverband wird zur Erledigung von bestimmten Aufgaben gegründet. Ein Zweckverband ist eine Form, in der Kommunen zusammenarbeiten können. Gesetzliche Grundlage der Zweckverbände ist das *Gesetz über kommunale Gemeinschaftsarbeit*- kurz *GkG NRW*. In NRW gibt es Zweckverbände u.a. in den Bereichen Abwasserversorgung, Wasserversorgung, öffentlicher Personennahverkehr, Rettungsdienst etc. Auch einige der Studieninstitute in NRW sind als Zweckverbände organisiert.

4. Exkurs: Der Regionalverband Ruhr

Der Regionalverband Ruhr beruht auf dem „Gesetz über den Regionalverband Ruhr" (RVRG) 54
vom 3.2.2004 und steht in der Nachfolge des Kommunalverbandes Ruhrgebiet (1979 - 2004), der wiederum den Siedlungsverband Ruhrkohlenbezirk (seit 1920) zum Vorläufer hatte. Er dürfte damit der älteste Kommunalverband in Deutschland sein.
Im bevölkerungsreichen Ruhrgebiet mit seinen großen, vielfach aneinandergrenzenden kreisfreien Städten (11 von 23) hat es seit hundert Jahren das Bedürfnis nach grenzüberschreitender Planung und Aufgabenerfüllung gegeben, für die ein Gemeindeverband regionalen Zuschnitts neben den Landschaftsverbänden die richtige Lösung bildete.
Nach § 2 Abs. 1 RVRG ist der Regionalverband Ruhr „ein Gemeindeverband und dient dem Gemeinwohl der Metropole Ruhr".
Seine Aufgaben bestehen u.a. aus der Erstellung und Aktualisierung von Masterplänen, der Sicherung und Weiterentwicklung der Verbandsgrünflächen, der regionalen Wirtschaftsförderung und einem regionalen Standortmarketing. Neben solchen Pflichtaufgaben kann der Verband weitere Aufgaben mit regionaler Bedeutung erfüllen (freiwillige Aufgaben) und Aufgaben auf Antrag der Mitgliedskörperschaften für das gesamte Verbandsgebiet übernehmen.

5. Exkurs: Landesverband Lippe

Eine kommunale Körperschaft eigener Art ist der Landesverband Lippe. Er entstand, als 55
das Land Lippe 1947 nach 800jähriger Selbstständigkeit als Grafschaft, Fürstentum und Freistaat seine Selbstständigkeit verlor und Teil des Landes Nordrhein-Westfalen wurde.

Seine Aufgaben bestehen in der Förderung der kulturellen Belange und der Wohlfahrt der Bewohner seines Bezirks. So ist er Träger eigener Kultureinrichtungen (z.B. Lippisches Landesmuseum Detmold, Lippische Landesbibliothek Detmold, Hermannsdenkmal, Externsteine). Er fördert regionale Orchester, Chöre, Kunst- und Kulturvereine und er fördert als Kooperationspartner das Landestheater Detmold. Sein soziales Engagement äußert sich u.a. in der Waisenhauskasse des Landesverbandes, die Zuwendungen an bedürftige Waisenkinder gewährt. Das Stift St. Marien steht unter der Rechtsaufsicht des Verbandes und bietet Seniorinnen und Senioren ein angenehmes Wohnumfeld im Zentrum von Lemgo. Der Landesverband ist im Übrigen ein großer öffentlicher Wald- und Immobilienbesitzer. Die Einnahmen aus der Wald- und Forstwirtschaft tragen zur Finanzierung seiner Aufgaben bei.

55a Das Zusammenwirken aller kommunalen Körperschaften unter Beteiligung des Landes beschreibt § 1 Abs. 2 KulturGB NRW:
„Die Verantwortung für die Förderung von Kunst und Kultur in Nordrhein-Westfalen wird von den Städten, Gemeinden und Kreisen einschließlich der Städteregion Aachen, den Landschaftsverbänden Rheinland und Westfalen-Lippe, dem Regionalverband Ruhr und dem Landesverband Lippe (Gemeinden und Gemeindeverbände) gemeinsam mit dem Land getragen."

TEIL 3: DIE KOMMUNE IM STAATSAUFBAU

Um das Kommunalrecht in den Gesamtkontext des Staates einordnen zu können, muss man verstehen, wo die Kommunen im Staatsaufbau der Bundesrepublik Deutschland zu finden sind und in welcher Beziehung sie zu Bund und Ländern stehen. § 1 GO NRW sagt *„die Gemeinden sind die Grundlage des demokratischen Staatsaufbaues"*. Die grundlegenden Regelungen zur territorialen und organisatorischen Gliederung der Bundesrepublik Deutschland und des Landes NRW finden sich jedoch in den Verfassungen, also im GG und der LVerf NRW.

Bei dem Aufbau der Bundesrepublik Deutschland ist zwischen dem **Staatsaufbau** und dem **Verwaltungsaufbau** zu differenzieren:

I. STAATSAUFBAU

Das Grundgesetz legt in Art. 20 Abs. 1 GG fest, dass die Bundesrepublik Deutschland ein 56
Bundesstaat ist. Das bedeutet, dass sie in mehrere Teilstaaten untergliedert ist (Länder). Jedes einzelne Land ist auch ein eigenständiger Staat mit einem Staatsgebiet, Staatsvolk und Staatsgewalt. Das Organisationsprinzip, welches sich hinter dem Begriff Bundesstaat verbirgt, nennt sich Föderalismus. Föderalismus bedeutet, dass die einzelnen Gliedstaaten (Bundesländer) über eine größtmögliche Eigenständigkeit verfügen sollen, aber zu einer übergreifenden Gesamtheit (dem Bund) zusammengeschlossen sind. Dieses sind die beiden Glieder des **zweigliedrigen Staatsaufbaus: Der Bund und die Länder.**

Um ein Staat zu sein, muss neben dem Staatsvolk und dem Staatsgebiet auch eigene Staats- 57
gewalt existieren. Diese besitzen der Bund und die Länder. In Bund und Ländern wird die Staatsgewalt durch drei Gewalten ausgeübt: Die Legislative, Exekutive und Judikative (Gewaltenteilung).
Sowohl der Bund als auch die Länder haben eine gesetzgebende Gewalt, d.h. beide können Gesetze erlassen. Das GG regelt, dass grundsätzlich die Länder für die Gesetzgebung zuständig sind. Nur in ausdrücklich vorgesehenen Fällen ist der Bund zuständig (vgl. Art. 30, 70-74 GG).
Gleiches gilt auch für die Judikative und die Exekutive. Die Judikative besteht aus den Landes- und Bundesgerichten. Der Weg bei gerichtlichen Rechtstreitigkeiten beginnt bei den Gerichten der Länder.
Die Exekutive besteht in beiden Ebenen aus der Regierung und der Verwaltung. Hier sind ebenfalls grundsätzlich die Länder für die Verwaltung verantwortlich. Nur in ausdrücklich vorgesehenen Fällen ist der Bund zuständig (vgl. Art. 83 GG).

In diesem zweigliedrigen Staatsaufbau sind die Kommunen bislang nicht erwähnt. Ihre 58
Existenz ergibt sich nicht aus dem Bundesstaatsprinzip. Danach ist die Bundesrepublik Deutschland lediglich in zwei Ebenen untergliedert.
Die Kommunen sind somit keine selbstständigen Glieder, sondern sie sind ein Teil der

Länder (vgl. Art. 106 Abs. 9 GG, Art. 1 Abs. 1 S. 2 LVerf NRW). Art. 1 Abs. 1 S. 2 LVerf NRW sagt „Das Land gliedert sich in Gemeinden und Gemeindeverbände." Die Kommunen sind somit in die Verwaltungsorganisation der Länder integriert und übernehmen dort einen Teil der Landesverwaltung. Sie haben keine Staatsqualität, weil es an einer eigenen Staatsgewalt fehlt. Kommunen haben weder eine gesetzgebende Gewalt (Legislative) noch gibt es kommunale Gerichte (Judikative). Sie bekommen ihre „Gewalt" nur vom Bund und von den Ländern übertragen.

II. VERWALTUNGSAUFBAU

59 Von dem Staatsaufbau ist der Verwaltungsaufbau zu unterscheiden. Betrachtet man den Verwaltungsaufbau in Deutschland, so befinden sich die kommunalen Körperschaften nur innerhalb der exekutiven Staatsgewalt und dort nur in dem Bereich Verwaltung (siehe Schaubild Rn 66).
Der Aufbau der Verwaltung ist in Bund und Ländern ähnlich: Es gibt Behörden, die unmittelbar die Verwaltung bilden, und es gibt „Hilfspersonen", die neben eigenen Aufgaben auch Verwaltungsaufgaben für den Staat übernehmen. Die Behörden des Staates stellen die unmittelbare Staatsverwaltung dar, die Hilfspersonen hingegen bilden die mittelbare Staatsverwaltung. Diese beiden Bereiche gilt es beim Verwaltungsaufbau zu unterscheiden (vgl. Art. 87 GG).

60 Zur **unmittelbaren Verwaltung** gehören die verschiedenen Behörden des Bundes bzw. auf Landesebene die Behörden der Länder. Die Behörden sind keine eigenständigen Rechtspersönlichkeiten, sondern bloße Verwaltungseinheiten, die unmittelbar zum Bund oder Land gehören.

61 Demgegenüber nehmen bei der **mittelbaren Verwaltung** eigenständige Rechtspersönlichkeiten Verwaltungsaufgaben wahr. Diese Verwaltungseinheiten sind selbstständig. Bei den Rechtspersönlichkeiten handelt es sich um juristische Personen des öffentlichen Rechts, nämlich Körperschaften, Anstalten und Stiftungen (vgl. Schaubild Teil 2 I 1).

62 Bei den **Körperschaften** finden sich die Gemeinden, Städte und Kommunalverbände wieder. Sie nehmen in der mittelbaren Staatsverwaltung auf Landesebene Aufgaben für den Staat in eigener Verantwortung wahr. Dies sagt auch § 15 LOG NRW: *Die Gemeinden und Gemeindeverbände wirken bei der Landesverwaltung [...] mit.*

Die Regelung von § 1 GO NRW *„die Gemeinden sind die Grundlage des demokratischen Staatsaufbaues"* ist damit erklärt und verständlich.

Neben den Körperschaften gehören auch die Anstalten und Stiftungen zu der mittelbaren Verwaltung des Staates.

Anstalten:

Auch Anstalten erfüllen öffentliche Aufgaben. Während Körperschaften Mitglieder haben, 63
haben Anstalten jedoch **Benutzer**. Sie erfüllen ihre öffentliche Aufgabe, indem sie den Benutzern zur Verfügung stehen. Beispiele für Anstalten des öffentlichen Rechts sind Rundfunkanstalten (ZDF, ARD, WDR), die Sparkassen und die Landesbanken (z.B. „NRW.BANK"). Träger der Anstalten können der Bund, die Länder oder die Kommunen sein.

Stiftungen:

Öffentlich rechtliche Stiftungen werden gegründet, um einen bestimmten Zweck zu erfül- 64
len. Dafür zahlt der Stifter Gelder in die Stiftung ein oder stellt ihr Sachen zur Verfügung (z.B. bei Museen). Bei den Stiftungen, die zur mittelbaren Staatsverwaltung gehören, ist der Zweck eine Aufgabe der öffentlichen Verwaltung. Der Zweck kommt jemandem zugute. Dieser wird der Nutznießer der Stiftung. In Abgrenzung zu den Körperschaften und Anstalten hat die Stiftung also **Nutznießer**. Stiftungen sind oft gemeinnützig. Beispiele sind die HIV-Stiftung, die Contergan-Stiftung oder die Stiftung preußischer Kulturbesitz, die viele historische Museen und Archive in Deutschland unterhält.

Beliehene:

Als Sonderform sind außerdem noch die Beliehenen zu nennen. Auch sie übernehmen 65
Aufgaben der mittelbaren Staatsverwaltung. Unter Beliehenen versteht man private Unternehmen oder aber natürliche Personen, denen Hoheitsrechte übertragen werden. Dadurch kann die Verwaltung private Fachleute und private Kapazitäten zur Erfüllung von staatlichen Aufgaben nutzen. Personen, die eigentlich zum Privatrecht gehören, bekommen durch einen Beleihungsakt Staatsgewalt übertragen. Die übertragenen Aufgaben nehmen die Beliehenen selbstständig wahr. Sie bekommen auch Entscheidungskompetenzen übertragen. Die Beliehenen werden dadurch Teil der Verwaltung und handeln auf der Grundlage des öffentlichen Rechts. Diese Möglichkeit des Staates, sich zu entlasten, kennt man auch unter dem Stichwort *Privatisierung*. Beispiele für Beliehene sind der TÜV, Bezirksschornsteinfeger und Notare.

66 Der **Aufbau der Verwaltung in Deutschland** lässt sich mit folgendem Schaubild zusammenfassen:

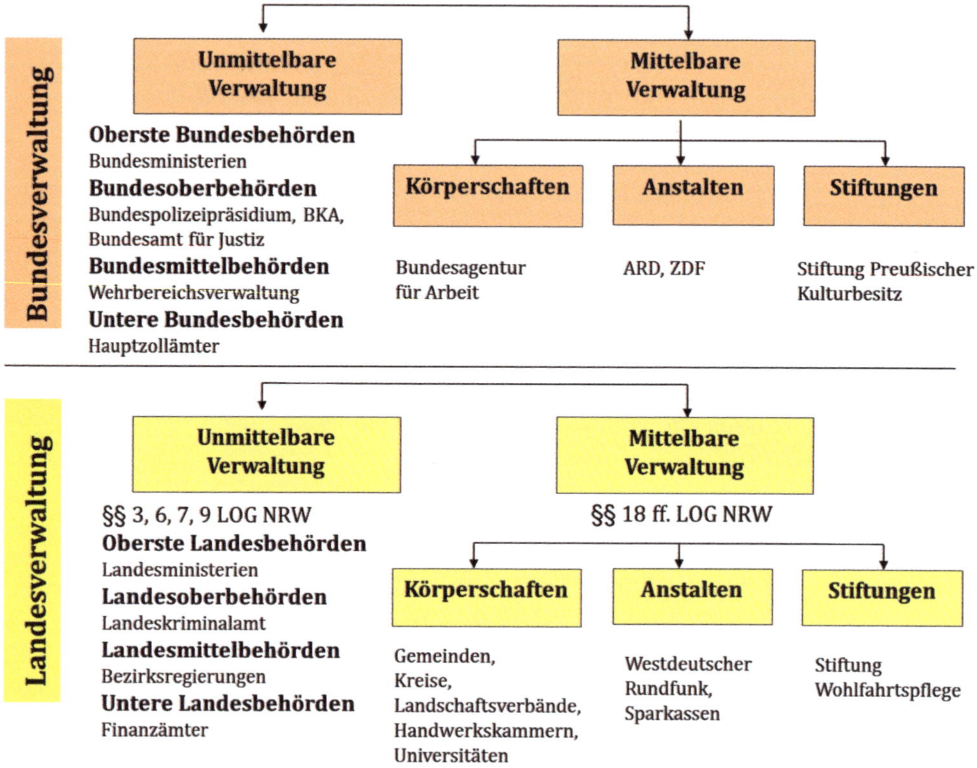

III. DIE LANDESVERWALTUNG IN NRW

67 Das Landesorganisationsgesetz (LOG NRW) beschreibt den Aufbau der Landesverwaltung. Dazu benennt es in Abschnitt II die Behörden und Einrichtungen des Landes NRW. Gem. § 2 LOG NRW sind die Behörden des Landes die obersten Landesbehörden, die Landesoberbehörden, die Landesmittelbehörden und die unteren Landesbehörden. Diese bilden zusammen die unmittelbare Verwaltung des Landes NRW.

68 Gem. § 3 LOG NRW sind die Obersten Landesbehörden die Landesregierung, der Ministerpräsident und die Landesministerien.

69 Welche Behörden Landesoberbehörden sind, ist in § 6 LOG NRW geregelt. Er nennt z.B. das Landesamt für Besoldung und Versorgung, das Landeskriminalamt (LKA) und das Landesamt für Zentrale Polizeiliche Dienste.

Die Landesmittelbehörden sind in § 7 LOG NRW aufgeführt. Diese sind die Bezirksregierungen und die Oberfinanzdirektionen. Insbesondere die Bezirksregierungen sind im Fach Kommunales Verfassungsrecht von Bedeutung. Regierungsbezirke sind eine Besonderheit der größeren Flächenländer. Es gibt sie nur in Baden-Württemberg, Hessen, Bayern und NRW. Das Land NRW ist in fünf Regierungsbezirke eingeteilt: Münster, Detmold, Düsseldorf, Arnsberg und Köln. Die Großregionen Rheinland, Ruhrgebiet, Sauerland und Westfalen sind so unterschiedlich, dass die regionalen Besonderheiten besser dezentral verwaltet werden, als es eine zentrale Landesregierung für das gesamte Land NRW könnte. Jeder Regierungsbezirk hat eine Bezirksregierung. An der Spitze jeder Bezirksregierung steht der Regierungspräsident. 70

NRW ist in folgende **Regierungsbezirke** gegliedert:

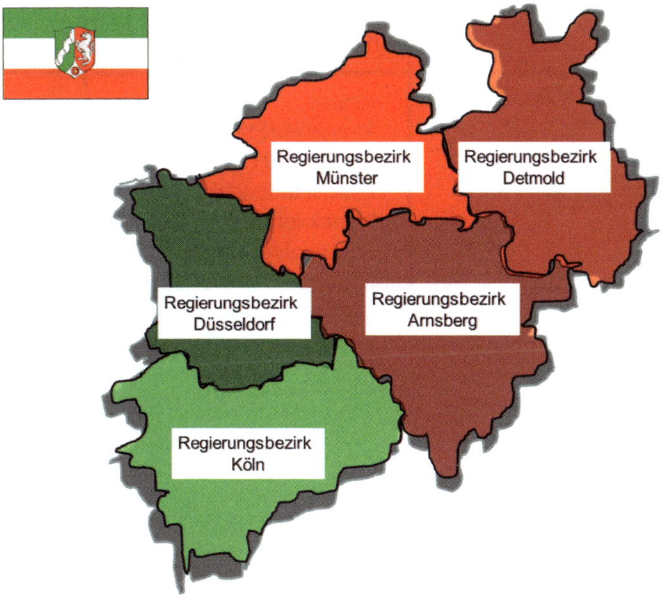

Die unteren Landesbehörden legt § 9 LOG NRW fest. Dies sind z.B. die Landrätinnen und Landräte als untere staatliche Verwaltungsbehörden (Stichwort: „Doppelstellung des Landrats", Rn 529). Dieser steht zum einen an der Spitze des Kreises, aber führt auf der anderen Seite die Aufsicht über die kreisangehörigen Städte und Gemeinden. Deshalb finden wir ihn hier als untere Landesbehörde wieder. Weitere untere Landesbehörden sind z.B. die Finanzämter, die Kreispolizeibehörden und die Schulämter. 71

Die mittelbare Landesverwaltung wird durch Körperschaften, Anstalten und Stiftungen wahrgenommen. Dies regeln die §§ 18 ff. LOG NRW. Die wichtigsten Körperschaften sind die Gemeinden und Kreise. 72

73 Die **Stellung der Kommunen im Staats- und Verwaltungsaufbau** lässt sich mit folgendem Schaubild darstellen:

	Legislative	Exekutive	Judikative
Bund	Bundestag (unter Mitwirkung des Bundesrats)	Bundesregierung (Bundeskanzler + Bundesminister) und die Bundesverwaltung	Bundesgerichte: BVerfG, BGH, BVerwG, BSG, BAG, BFH
Länder	Landtag	Landesregierung (Ministerpräsident + Landesminister) sowie die unmittelbare und mittelbare Landesverwaltung	VerfGH NRW und übrige Landesgerichte
Kommunen		Kreise Kreisfreie Städte Städte und Gemeinden Landschaftsverbände Zweckverbände Regionalverbände	

Zweigliedriger Staatsaufbau (Bund, Länder)

Dreigliedriger Verwaltungsaufbau (Exekutive)

TEIL 4: DAS SELBSTVERWALTUNGSRECHT DER GEMEINDEN

Der letzte Teil der Definition des Begriffs Gemeinde sagt, dass Gemeinden *„[...] mit dem Recht zur Selbstverwaltung [...]"* ausgestattet sind. 74
Dieses Recht zur Selbstständigkeit ist auf höchster Ebene gesetzlich verankert: In Art. 28 Abs. 2 GG.
Das Recht der Selbstverwaltung verleiht den Gemeinden die Möglichkeit, innerhalb ihres Gemeindegebiets die eigenen Verwaltungsaufgaben in eigener Verantwortung wahrzunehmen. Dadurch nehmen die Gemeinden eine Sonderstellung ein. Sie bekommen durch das GG und die LVerf NRW öffentliche Aufgaben übertragen. Dadurch sind sie in den Staat eingeordnete, aber sich selbst verwaltende, rechtlich selbstständige Verwaltungsträger.
In den Städten und Gemeinden wählen die Bürger die Gemeindevertretung (den Rat) sowie 75
den Bürgermeister (vgl. § 40 Abs. 2 GO NRW). Diese nehmen stellvertretend die Aufgaben der Verwaltung des Gemeindegebietes wahr. Dadurch findet Verwaltung in Deutschland nicht „von oben herab" statt, sondern beginnt direkt bei den Bürgern und baut sich von dort ausgehend Stufe für Stufe bis hin zu den obersten Bundesbehörden auf. So ist gewährleistet, dass stets die Verwaltung die Verwaltungsentscheidungen trifft, die die größte Nähe zur Sache hat. Die Verwaltungen in der Bundesrepublik Deutschland sind dadurch individueller, effizienter und praxisgerechter.

I. EXKURS: GESCHICHTE DER KOMMUNALEN SELBSTVERWALTUNG

Sucht man in der Geschichte nach kommunalrechtlichen Strukturen, so findet man sie in 76
Grundzügen bereits in der Antike. Im antiken Griechenland entstand die *Polis*, ein Stadtstaat bestehend aus der Stadt und dem Umland. Dabei handelte es sich um eine Bürgergemeinde, die sich nicht nur über ihr Territorium, sondern vor allem über ihre Mitglieder definierte[8].

Im Mittelalter (um 1200) wuchsen auch in Deutschland große Städte heran. Sie besaßen 77
das *Stadtrecht*. Dieses verlieh den Städten erstmalig kommunalrechtliche Selbstverwaltungsbefugnisse, wie z.B. ein Münz- und Marktrecht. Es entwickelten sich bürgerliche Freiheiten, z.B. das Recht auf die Wahl von Ratsmitgliedern. In Köln entstand im Jahr 1396 auf Initiative der Kaufleute und Handwerker die erste deutsche Stadtverfassung, die ein Wahlrecht sowie Verwaltungskompetenzen für Rat und Bürgermeister vorsah.
Im Gegensatz dazu erstarkte in den ländlichen Regionen die Grundherrschaft. Dort wurden alle Hoheitsbefugnisse, wie z.B. die Polizeigewalt oder die Gerichtsfunktion, durch den jeweiligen Grundherren ausgeübt.

Während des Dreißigjährigen Krieges (1618-1648) wurde das Selbstverwaltungsrecht 78
komplett zerschlagen. Das Städtewesen ging unter und die bürgerschaftliche Mitwirkung kam komplett zum Erliegen. Deutschland wurde zu einem absolutistischen Staat, in dem die Verwaltung nur noch „von oben herab" durchgeführt wurde. Die Verwaltungsorgane wurden einzig durch den Landesherrscher ernannt.

8 URL: http://de.wikipedia.org/wiki/Polis Stand: 22.06.2011.

1. Die Preußischen Reformen

79 Die Wiederbelebung der bürgerschaftlichen Mitwirkung und der kommunalen Selbstverwaltung fand zu Beginn des 19. Jahrhunderts statt. Es begann eine Reformbewegung mit dem Ziel, wieder zu mehr Selbstverwaltung der Kommunen zurückzukehren. Die Reformpläne stammen aus der Feder des Reichsfreiherrn vom und zum Stein. Der Begriff des kommunalen Selbstverwaltungsrechts ist deshalb untrennbar mit dem Namen „Freiherr vom Stein" verbunden.

Das Preußische Reich hatte durch die Niederlage gegen Napoleon viele Gebiete verloren. Preußen musste kaum zu bewältigende Tribunatszahlungen an Frankreich tätigen. Die Missstände des absolutistischen Staates führten dazu, dass der Wunsch und das Bestreben nach Reformen immer größer wurden. Im Mittelpunkt stand der Gedanke, *dass persönliche Freiheit und Anleitung zur Selbstständigkeit die bisherigen Untertanen zu verantwortungsbewusstem Engagement für das Gemeinwohl und zu bürgerschaftlicher Mitgestaltung mobilisieren würde.*

80 Freiherr vom Stein entwickelte drei Reformpläne, die der Ausgangspunkt der deutschen Selbstverwaltung wurden:

- 1807 betrieb er als preußischer Staatsminister die Reform zur Bauernbefreiung. Diese gewährte den Landbewohnern die Rechte auf freien Besitz und Grundeigentum. Die Erbuntertänigkeit wurde abgeschafft.

- Er veränderte die Verfassung der obersten Staatsbehörden. Dadurch wurde ein Staatsministerium eingerichtet, welches in die Bereiche Inneres, Justiz, Finanzen, Auswärtiges und Krieg unterteilt war. Das Staatsministerium war für die Regierung des gesamten Staatsgebietes zuständig.

81 - 1808 erließ der preußische König auf sein Betreiben die **Preußische Städteordnung**, die er nach englischem und französischem Vorbild gestaltet hatte. Diese sah die kommunale Selbstverwaltung für alle Städte vor. Die Städte bekamen daraufhin eine Magistratsverfassung. In der Magistratsverfassung war geregelt, dass die Bürger eine Stadtverordnetenversammlung wählen sollten, die für die Beschlussfassung zuständig war. Die Stadtverordnetenversammlung bestand zur Hälfte aus unbesoldeten Mitgliedern und zur Hälfte aus besoldeten Mitgliedern. Diese wurden auf sechs bzw. zwölf Jahre gewählt. Als besondere Stadtverordnete musste es stets einen Stadtsyndikus, einen Kämmerer und einen Baurat geben. Die Mitglieder der Stadtverordnetenversammlung wählten außerdem einen Magistrat als ausführendes Organ. Dem Magistrat oblagen die Ausführung der Beschlüsse und die Führung der Verwaltungsgeschäfte.

Dadurch verwaltete die Bürgerschaft das Gemeinwesen selbst. Einwirkungen des Staates waren nur über Aufsichtsmaßnahmen möglich.

Trotz der preußischen Reformen wurden weiterhin die vermögenden Bevölkerungsschichten privilegiert, indem die politische Mitbestimmung auf diese Schichten beschränkt war. Bürger, die ein bestimmtes Einkommen nicht erreichten, waren vom Stimmrecht ausgeschlossen.

Nach der *Februarrevolution* im Jahr 1848 in Frankreich erhoben sich auch die Provinzen und Länder des Deutschen Bundes gegen die sie beherrschenden Mächte. Die Revolution ist unter dem Namen *Märzrevolution* bekannt. Durch die Revolution nahm der Wunsch nach kommunaler Selbstverwaltung immer mehr Gestalt an. Eine entsprechende Regelung wurde deshalb in § 184 der „Paulskirchenverfassung" aufgenommen.
Die **Preußische Gemeindeordnung** von 1850 hatte das Ziel, einheitliches liberales Ge- 82
meinderecht für Stadt- und Landgemeinden zu schaffen. Die Gemeindeordnung wurde in die Preußische Verfassung aufgenommen und galt dadurch einheitlich für das gesamte preußische Staatsgebiet. Die Gemeindeordnung sah jedoch weiterhin das Dreiklassenwahlrecht vor, so dass eine Selbstverwaltung im heutigen Sinne nicht bestand.
Aus den Reihen der Feudalherren und Fürsten, die sich ihrer Privilegien beraubt sahen, regte sich enormer Widerstand gegen die Gemeindeordnung. Der Widerstand war so erfolgreich, dass die Gemeindeordnung bereits 1853 wieder außer Kraft gesetzt wurde.

2. Die Weimarer Republik

Erst nach dem Ende des Kaiserreichs (1918) fand eine Entwicklung zu mehr Selbstver- 83
waltung statt. Während der Weimarer Republik wurde mit der **Weimarer Reichsverfassung** aus dem Jahre 1919 auch eine echte demokratische Legitimation der kommunalen Selbstverwaltung geschaffen. Durch die Abschaffung des Klassenwahlrechts erhielten Männer und Frauen unabhängig von ihrem Vermögen und ihrem Stand bei allen Wahlen des Reiches ein Wahlrecht. Art. 127 der Weimarer Reichsverfassung führte erstmals eine verfassungsrechtliche Gewährleistung der Gemeinden und Gemeindeverbände ein. Die ersten Landkreise entwickelten sich zur Mischform mit staatlichen und kommunalen Aufgaben. Auch die bisherige Form der Verwaltung durch Besitz- und Bildungsbürger wandelte sich zu einer demokratisch legitimierten Kommunalverwaltung. Es entstand der Begriff der Bürgermeisterei. Die wichtigen Gesetzesänderungen wurden aber noch nicht richtig in die Praxis umgesetzt.

Die Weltwirtschaftskrise und das Erstarken der rechtsextremen Parteien machten die kommunale Selbstverwaltung zunehmend handlungsunfähig. Die kommunalen Finanzhaushalte kollabierten.

3. Die NS-Diktatur

Nach der Machtübernahme setzte die NSDAP das von Hitler propagierte „Führerprinzip" 84
durch. Jede Form demokratischer Mitbestimmung, auch auf der Gemeindeebene, war plötzlich ausgeschaltet. Die Deutsche Gemeindeordnung vom 30. Januar 1935, die erstmals und

letztmalig einheitliches Kommunalverfassungsrecht für das ganze Reich schaffte, ersetzte demokratische Beschlussorgane durch das „Führerprinzip". Dieses Prinzip bedeutet, dass - egal auf welcher Ebene und in welchen Bereichen - Entscheidungen immer nur durch eine Person (den jeweiligen „Führer") getroffen werden. Die DGO bewirkte eine Angleichung der wesentlichen Normen über Legitimation, Entscheidungsgewalt und Verantwortlichkeit an die nationalsozialistischen Wertevorstellungen. Das war für zwölf Jahre das Ende der kommunalen Selbstverwaltung in Deutschland.

4. Selbstverwaltung in Deutschland nach 1945

85 Nach der bedingungslosen Kapitulation Deutschlands oblag die Neuordnung des Kommunalverfassungsrechts den Alliierten. In der Nachkriegszeit wurden die Gemeindeordnungen in den drei westlichen Besatzungszonen durch die jeweilige Besatzungsmacht demokratisiert. Westfalen und das Rheinland gehörten zur britischen Besatzungszone. Dort entstand eine Kombination aus deutschem und britischem Kommunalrecht, mit einer doppelten Verwaltungsspitze aus zum einen Rat und ehrenamtlichem Bürgermeister und zum anderen dem hauptamtlich tätigen Gemeindedirektor und den Gemeindemitarbeitern.

86 Mit dem Inkrafttreten des GG war die Selbstverwaltung in der Deutschen Verfassung verankert. In der DDR existierte kein Selbstverwaltungsrecht. Dort entwickelten sich erst nach der Wiedervereinigung Gemeindeordnungen in den neuen Bundesländern.

87 Für die Gemeindeordnungen sind die einzelnen Landesgesetzgeber zuständig. Jede Gemeindeordnung weist deshalb individuelle Besonderheiten auf, die auf den unterschiedlichen Entwicklungen in den Ländern beruhen. In NRW gab es weiterhin z.B. die Doppelspitze mit dem Gemeindedirektor als Hauptverwaltungsbeamten. Diese wurde 1994 abgeschafft. Der Bürgermeister ist seitdem hauptamtlicher Leiter der Verwaltungsbehörde und Vorsitzender des Rates und hat sowohl hinsichtlich der Verwaltungstätigkeit als auch durch seine demokratische Legitimierung (direkte Wahl durch die Bürger) eine starke Stellung.

5. Europäische Charta der kommunalen Selbstverwaltung

88 Heute ist die kommunale Selbstverwaltung sogar auf europäischer Ebene geregelt. 1985 haben die Mitgliedstaaten im Europarat die Europäische *Charta der kommunalen Selbstverwaltung* unterzeichnet. Auch Deutschland hat die Charta für verbindlich erklärt. Die Charta verpflichtet die Vertragsstaaten zur Anwendung von Grundregeln, um die politische, verwaltungsmäßige und finanzielle Selbstständigkeit der Gemeinden zu gewährleisten. Sie sieht vor, dass der Grundsatz der kommunalen Selbstverwaltung gesetzlich anerkannt sein muss und nach Möglichkeit in der Verfassung verankert wird. Die Vertreter der Gemeinden sollen aus allgemeinen Wahlen hervorgehen.
Nach der Charta soll die Wahrnehmung öffentlicher Aufgaben vorzugsweise den Behörden obliegen, die den Bürgern am nächsten sind. Nur die Angelegenheiten, deren Koordinierung oder Erledigung auf der unteren Ebene nicht möglich ist oder die auf dieser Ebene

nicht effizient geregelt werden können, bleiben der Zuständigkeit der übergeordneten Behörden vorbehalten.
Jede Vertragspartei geht mit Unterzeichnung der Charta die Verpflichtung ein, sich durch mindestens zwanzig Absätze des Teiles I der Charta als gebunden zu betrachten. Von diesen Grundsätzen für kommunale Selbstverwaltung müssen mindestens zehn aus einem „harten Kern" ausgewählt werden.

II. DIE INHALTE DER SELBSTVERWALTUNGSGARANTIE

Die Selbstverwaltung der Gemeinden wird durch Art. 28 Abs. 2 S. 1 GG und durch Art. 78 89
Abs. 1, 79 LVerf NRW gewährleistet. Art. 28 Abs. 2 S. 1 GG lautet: *„Den Gemeinden muss das Recht gewährleistet sein, alle Angelegenheiten der örtlichen Gemeinschaft im Rahmen der Gesetze in eigener Verantwortung zu regeln"*. Diese Regelung ist die Grundlage aller Rechte, die den Gemeinden zustehen.

1. Existenzgarantie

Art. 28 Abs. 2 S. 1 GG beginnt mit den Worten *„Den Gemeinden [...]"*. Bereits daraus wird her- 90
geleitet, dass das GG die Existenz von Gemeinden als selbstständige Verwaltungseinheit mit eigener Rechtspersönlichkeit garantiert. Durch die bloße Nennung des Wortes Gemeinden stellt die Verfassung sicher, dass es Gemeinden als Institutionen gibt. Dies nennt man eine **institutionelle Garantie**. Die Einrichtung „Gemeinde" wird garantiert.

Dass die Gemeinde als Institution geschützt wird, bedeutet aber auch, dass nicht die Existenz jeder einzelnen Gemeinde gesichert ist: Art. 28 Abs. 2 S. 1 GG garantiert keinen individuellen Bestandsschutz. Die Existenzgarantie würde nur dann greifen, wenn sich die Anzahl der Gemeinden eines Landes erheblich verringert, so dass die Institution insgesamt in Frage gestellt würde. Es muss eine Mehrzahl von Gemeinden geben, denn Art. 28 Abs. 2 S. 1 GG spricht von Gemeinde**n!**

Die §§ 15 ff. GO NRW treffen Regelungen zum Gemeindegebiet. Dort finden sich in den 91
§§ 17- 19 GO NRW die Voraussetzungen für Gebietsänderungen. Eine Gebietsänderung ist gem. § 17 Abs. 1 GO NRW jede Änderung von Gemeindegrenzen und jede Auflösung oder Neubildung von Gemeinden. Aufgrund dieser Regelungen war von 1968 bis 1975 die umfassende kommunale Gebietsreform in NRW möglich, bei der das ganze Land nach und nach einer kommunalen Neugliederung unterzogen wurde.

Allerdings gewährt § 17 Abs. 1 GO NRW den Gemeinden einen „begrenzten Bestandsschutz", 92
indem er die Änderung, Auflösung oder Neubildung von Gemeindegrenzen an *„Gründe des öffentlichen Wohls"* knüpft. Nur wenn die Gebietsänderung durch Gründe des öffentlichen Wohls gerechtfertigt ist, ist sie zulässig. Gründe des öffentlichen Wohls liegen immer dann vor, wenn die Gebietsänderung im Interesse der Allgemeinheit liegt oder der Allgemeinheit Vorteile bringt und dieses Gemeininteresse das Eigeninteresse der Kommunen überwiegt.

Die Gründe des öffentlichen Wohls müssen dargelegt werden. Dies erfordert mehr als nur zweckmäßiges Handeln, siehe auch Rn 152 ff..

93

> Geschützt ist nur die Tatsache, dass es im Land NRW immer Gemeinden geben wird. Die einzelne Gemeinde wird in ihrem Bestand nicht geschützt. In den engen Grenzen der §§ 17 ff. GO NRW sind deshalb Veränderungen des Gemeindegebietes und die Auflösung und Neubildung von Gemeinden möglich.

2. Garantie der Allzuständigkeit

94 Art. 28 Abs. 2 S. 1 GG sagt, dass den Gemeinden das Recht gewährleistet sein muss, *„alle Angelegenheiten der örtlichen Gemeinschaft"* im Rahmen der Gesetze in eigener Verantwortung zu regeln. Der Teil *„alle Angelegenheiten der örtlichen Gemeinschaft"* beschreibt den fachlichen Umfang des Selbstverwaltungsrechts. Er legt fest, was die Gemeinde alles selbst regeln darf.

95 Diesen Teil des Art. 28 Abs. 2 S. 1 GG nennt man die Garantie der Allzuständigkeit. Es handelt sich um eine Art Generalklausel: Den Gemeinden wird kein konkreter Aufgabenkatalog zugewiesen, sondern sie sind generell für alles zuständig, was **Angelegenheit der örtlichen Gemeinschaft** ist. Die Garantie der Allzuständigkeit wird in § 2 GO NRW wiederholt. In der Allzuständigkeit unterscheiden sich die Gemeinden von den anderen Selbstverwaltungsträgern, die für ihr Handeln einen speziellen Kompetenzbereich zugewiesen bekommen (z.B. Landschaftsverbände, Zweckverbände etc.).

Was Angelegenheit - und damit Aufgabe – der örtlichen Gemeinschaft ist, hängt von der einzelnen Gemeinde ab. Jede Gemeinde legt ihre Gemeinschaftsangelegenheiten selbst fest. Das Bundesverfassungsgericht (BVerfG) hat in einem Urteil definiert, dass örtliche Angelegenheiten *diejenigen Bedürfnisse und Interessen [sind] [...], die in der örtlichen Gemeinschaft wurzeln oder auf sie einen speziellen Bezug haben, die also den Gemeindeeinwohnern gerade als solchen gemeinsam sind, indem sie das politische Zusammenleben und -wohnen der Menschen in der politischen Gemeinde betreffen*.[9]
Diese Formulierung knüpft an das betroffene Gebiet und an die dort wohnende Bevölkerung an. Durch die Formulierung können die Aufgaben der Gemeinde deshalb flexibel den wandelnden Rahmenbedingungen (soziale Entwicklungen, technischer Fortschritt, Gemeindegröße, etc.) angepasst werden.[10]

---

9 BVerfGE 79, 127 (151).

10 Das Bundesverfassungsgericht spricht in BVerfG E 34, 216, (232) von einer „dynamischen" Ausgestaltung der Aufgaben.

> Es muss sich um Aufgaben handeln, die im Interesse der Allgemeinheit der Gemeindebevölkerung liegen. 96

Einer der wichtigsten Aufgabenbereiche, die unter die Angelegenheiten der örtlichen 97
Gemeinschaft fallen, ist die Daseinsvorsorge. Gem. § 8 Abs. 1 GO NRW *„[...] fördern [die Gemeinden] das Wohl der Einwohner [...]. Sie schaffen [...] die für die wirtschaftliche, soziale und kulturelle Betreuung ihrer Einwohner erforderlichen öffentlichen Einrichtungen".* § 1 Abs. 1 S. 2, 3 GO NRW regeln zudem: *„Sie fördern das Wohl der Einwohner in freier Selbstverwaltung durch ihre von der Bürgerschaft gewählten Organe. Sie handeln zugleich in Verantwortung für die zukünftigen Generationen."*
Aufgrund der Daseinsvorsorge soll die Gemeinde also das öffentliche Leben und die Infrastruktur in der Gemeinde schaffen. Im Wege der Daseinsvorsorge schaffen die Gemeinden z.B. Parkplätze, Schwimmbäder, Seniorenheime, ÖPNV, Energie- und Wasserversorgung. Die Daseinsvorsorge befindet sich jedoch in einem dauernden Wandel und muss ständig an die sich ändernden Bedürfnisse angepasst werden (z.B. Schaffung erneuerbarer Energien). Ein Teil der Daseinsvorsorge ist zudem der Bereich der Kulturförderung und Kulturpflege. Die Gemeinden sollen in ihrem Gebiet bestimmte kulturelle Einrichtungen vorhalten. Das sind z.B. Theater, Museen, Kinos, Bibliotheken, Orchester, Festivals (vgl. § 3 Abs. 3 KulturGB NRW).

> Fall 1: Die Bürger der schuldenfreien Gemeinde O sind mit der überregionalen Stromversorgung unzufrieden. Sie finden die Strompreise zu teuer und würden lieber für ihr Gemeindegebiet sowie einige (ebenfalls interessierte) angrenzende Nachbargemeinden umweltfreundlicheren Strom produzieren. Nachdem der Rat Chancen und Risiken analysiert hat, beschließt er die Gründung eines Unternehmens, welches mittels Wasserkraft eine eigene Stromversorgung aufbauen soll.
>
> Aufgabe: Prüfen Sie gutachterlich, ob die Gemeinde O dazu berechtigt ist.
> Lösung unter Rn 581 ff..

3. Selbstverwaltungshoheiten

Art. 28 Abs. 2 S. 1 GG garantiert den Gemeinden das Recht, die Angelegenheiten *„in eige-* 98
ner Verantwortung" zu regeln. Hinter diesen drei Worten verbergen sich die Selbstverwaltungshoheiten, die den Gemeinden zustehen. Um die Angelegenheiten der örtlichen Gemeinschaft eigenverantwortlich regeln zu können, muss die Gemeinde in bestimmten Bereichen Kompetenzen haben. Deshalb gewährt Art. 28 Abs. 2 S. 1 GG ihr die alleinige Befugnis für bestimmte Handlungen. Das Selbstverwaltungsrecht beinhaltet für die Gemeinden folgende Hoheitsrechte:

Personalhoheit:

99 Aufgrund dieses Hoheitsrechts besitzen Gemeinden die Dienstherrnfähigkeit. Das bedeutet, sie haben das Recht, alle Beschäftigten der Gemeinde selbst auszuwählen, anzustellen, zu befördern und zu entlassen.
Die GO NRW trifft Regelungen zur Personalhoheit in §§ 73, 74. In § 73 Abs. 2, 3 S. 1 GO NRW steht z.B. *„Der Bürgermeister ist der Dienstvorgesetzte der Bediensteten der Gemeinde. Er trifft die dienstrechtlichen und arbeitsrechtlichen Entscheidungen [...]"*.

Der Personalhoheit sind durch Regelungen des Beamten-, Tarif- und Arbeitsrechtes Grenzen gesetzt. Insbesondere sind die Details der Ausgestaltung der Beschäftigungsverhältnisse durch Gesetze vorbestimmt.

Organisationshoheit:

100 Die Organisationshoheit gewährt den Gemeinden das alleinige Recht, den Aufbau und den Ablauf der Verwaltung selber zu gestalten. Die Gemeinden können dadurch ihre kommunalen Organe, Behörden und Betriebe einrichten sowie ihre Zuständigkeiten und Verfahren regeln[11]. Dies umfasst sowohl die Struktur der Gemeindeverwaltung (Aufgabenverteilung der Abteilungen; Organigramm) als auch die Struktur der politischen Organe der Verwaltung (Ausschüsse, Bezirksvertretung u.Ä.).
Die Organisationshoheit wird dabei im Hinblick auf die „äußere Organisation" durch die Regelungen der GO NRW eingeschränkt. Diese schreiben beispielsweise vor, dass ein Rat existiert und bestimmte Ausschüsse gebildet werden müssen.
Die Organisationshoheit umfasst auch die Befugnis der Gemeinden, mit anderen Gemeinden oder kommunalen Verbänden zu kooperieren. Dadurch dürfen sie z.B. Zweckverbände gründen. Außerdem umfasst die Organisationshoheit auch die Art und Weise der Aufgabenwahrnehmung, also ob die Gemeinden z.B. einen Eigenbetrieb gründen oder aber ein privates Unternehmen damit beauftragen.

Beispiele für Organisationshoheit: Bildung von Ämtern und Fachbereichen, Entscheidung über Dezernatsaufteilungen innerhalb der Verwaltung, Entscheidung über die sachliche und personelle Ausgestaltung, Festlegung und Steuerung von Verwaltungsabläufen.

Planungshoheit:

101 Die Planungshoheit sichert den Gemeinden die Entscheidungsbefugnis über ihr Gemeindegebiet zu. Sie sollen eigenständig über die städtebauliche Ordnung ihres Gemeindegebiets entscheiden und entsprechende Bauleitpläne (Flächennutzungsplan und Bebauungspläne) erstellen. Die Gemeinden sollen die langfristige Planung der Bebauung und der Bodennutzung ihres Gemeindegebiets in der Hand haben.
Begrenzt wird das Planungsrecht durch die Bundes- und Landesgesetze zur Raumordnung und Bebauung (z.B. das Baugesetzbuch (BauGB)).

---

[11] *Voßkuhle/Kaufhold* JUS 2017, 728 (729).

Neben der städtebaulichen Planung gehört aber auch die Planung für kommunale Einrichtungen, wie z.B. die Schulentwicklungsplanung oder Kindergartenplanung zu dem Recht der Planungshoheit.

Finanzhoheit:
Die Finanzhoheit ermächtigt die Gemeinden dazu, über ihre Einnahmen und ihre Ausgaben 102
eigenständig zu verfügen. Sie sind dabei an die Grundsätze des Haushaltsrechts gebunden. Diese sind in den §§ 75 ff. GO NRW geregelt. Danach hat die Gemeinde ihren Haushalt z.B. wirtschaftlich, effizient und sparsam zu führen (vgl. § 75 Abs. 1 S. 2 GO NRW).

Darüber hinaus regelt Art. 28 Abs. 2 GG aber auch eine Finanzgarantie. In S. 3 steht *„Die Gewährleistung der Selbstverwaltung umfasst auch die Grundlagen der finanziellen Eigenverantwortung; zu diesen Grundlagen gehört eine den Gemeinden mit Hebesatzrecht zustehende wirtschaftskraftbezogene Steuerquelle"*.
Der Verfassungsgeber hat hier erkannt, dass das Selbstverwaltungsrecht der Gemeinden mit den Aufgaben, die sie eigenverantwortlich wahrnehmen sollen, nur funktioniert, wenn die Gemeinden auch feste Einnahmequellen haben. Sie sollen finanziell eigenverantwortlich sein. Der Gesetzgeber garantiert eine finanzielle Mindestausstattung der Gemeinden durch Bund und Länder. Deshalb garantiert er den Gemeinden in Art. 28 Abs. 2 S. 3 GG das Hebesatzrecht für wirtschaftsbezogene Steuerquellen.

Aus Art. 79 LVerf NRW wird zudem ein **Steuerhebungs- und ein Steuerfindungsrecht** der 103
Gemeinden abgeleitet. Steuerhebungsrecht bedeutet, dass die Gemeinden den Hebesatz für die Gewerbe- und die Grundsteuer selbst festlegen dürfen. Darüber hinaus dürfen die Gemeinden nach dem Steuerfindungsrecht auch örtliche Verbrauchs- und Aufwandsteuern, die es bisher noch nicht gibt, selbst erfinden. Dies haben viele Kommunen in der letzten Zeit durch die Hundesteuer, Bettensteuer, Vergnügungssteuer oder Zweitwohnungssteuer getan.

Darüber hinaus regeln die Art. 104 a, 106 GG inwieweit die Kommunen an den Bundes- und Landessteuern beteiligt werden. Die Haupteinnahmequellen der Gemeinden sind regelmäßig die Gewerbesteuer sowie der Anteil der Gemeinden an der Einkommensteuer (Art. 106 Abs. 3, 5, 6 GG). Gem. Art. 106 Abs. 6 GG steht den Gemeinden daneben das Aufkommen der Grundsteuer zu. Für die Gemeinden bietet vor allem die Gewerbesteuer einen großen Anreiz, viel Wirtschaftsförderung zu betreiben, um viele Unternehmen im Gemeindegebiet anzusiedeln.

Gem. § 1 KAG sind Gemeinden und Gemeindeverbände berechtigt, Abgaben (Steuern, 104
Gebühren und Beiträge) zu erheben. § 77 GO NRW regelt die Reihenfolge der Arten der Finanzmittelbeschaffung. Unter dem Oberbegriff „Abgaben" erzielen Gemeinden danach grundsätzlich ihre finanziellen Mittel aus **Beiträgen** (§ 77 Abs. 1), z.B. Erschließungsbeiträge, aus **Gebühren** (§ 77 Abs. 2 Nr. 1), z.B. Müllgebühren, und aus **Steuern** (§ 77 Abs. 2 Nr. 2). Gem. Abs. 3 dürfen Gemeinden **Kredite** nur als letzte Maßnahme aufnehmen.

Daneben ist der kommunale Finanzausgleich eine wichtige Einnahmequelle der Gemeinden 105
(Art. 79 LVerf NRW). Bei diesem bekommen die Gemeinden anhand einer Schlüsselzuwei-

sung einen Anteil eines festen Prozentsatzes von Steuereinnahmen des Landes zugewiesen. Die Schlüsselzuweisung ergibt sich aus der Einwohnerzahl der Gemeinde und deren Einnahmen aus der Gewerbesteuer. Vereinfacht lässt sich sagen: Durch den kommunalen Finanzausgleich bekommen die Gemeinden einen Ausgleich, die wenig Einnahmen aus der Grund- und Gewerbesteuer erzielen.

Weitere Einnahmequellen der Gemeinden sind Mieten und Pachten durch Gemeindegrundstücke oder -Gebäude.

Beispiele für Befugnisse der Finanzhoheit: Verfügungsmacht über Finanzmittel, Erzielung bestimmter Einnahmen, Recht zur Auferlegung öffentlicher Abgaben, Recht zur Erhebung von Steuern und zur Erschließung eigener Steuerquellen.

4. Satzungsrecht

106 Die letzten beiden Worte des Art. 28 Abs. 2 S. 1 GG lauten *„zu regeln"*. Aus ihnen wird das Satzungsrecht der Gemeinden abgeleitet.

Das Satzungsrecht berechtigt die Gemeinden, ihre Angelegenheiten durch eigenes Recht zu regeln. Die Satzungen sind materielle Gesetze, da die Gemeinde der exekutiven Staatsgewalt zugerechnet ist und sie keine legislative Gewalt innehat. Die Rechtssetzung dieses Ortsrechts in der Gemeinde findet durch die Bürgervertretung - den Rat - statt.
Die Ermächtigungsnorm für das Satzungsrecht der Gemeinden wird in § 7 GO NRW wiederholt. Es gibt in den Gemeinden „Pflichtsatzungen", z.B. die Hauptsatzung (§ 7 Abs. 3 S. 1 GO NRW), die Haushaltssatzung (§ 78 GO NRW) und freiwillige Satzungen, z.B. die Hundesteuersatzung. Eine ausführliche Behandlung des Themas Satzungen folgt im Teil 11.

Das kommunale Selbstverwaltungsrecht hat also folgende Inhalte: 107

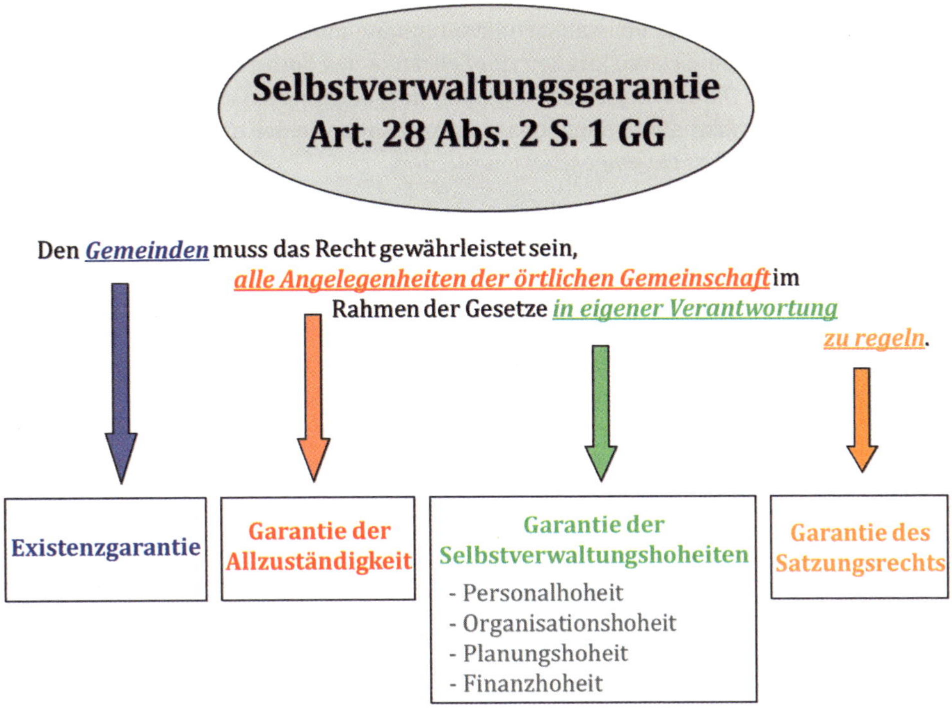

Wenn bei einem Fall im Kommunalrecht eine gutachterliche Prüfung verlangt wird, so muss in der Regel im ersten Schritt geprüft werden, ob die Gemeinde überhaupt zuständig ist.

108

Diese Zuständigkeit nennt man die **Verbandskompetenz** (Aufgabenwahrnehmungszuständigkeit).

Die Gemeinde ist zuständig, wenn die Inhalte des Selbstverwaltungsrechts betroffen sind, also die Existenzgarantie, die Allzuständigkeit, eine oder mehrere Hoheiten oder das Satzungsrecht. Man prüft dabei die Inhalte von Art. 28 Abs. 2 S. 2 GG, und bringt sie mit dem jeweiligen Fall in Verbindung. Es müssen nicht alle Inhalte von Art. 28 Abs. 2 S. 1 GG geprüft werden und zutreffen.

III. GRENZEN DES SELBSTVERWALTUNGSRECHTS

109 Das gemeindliche Selbstverwaltungsrecht gilt jedoch nicht schrankenlos. Nach Art. 28 Abs. 2 S. 1 GG gelten die oben ausgeführten Inhalte nur *„im Rahmen der Gesetze"*. Die Worte *„im Rahmen der Gesetze"* stellen die Schranke des Selbstverwaltungsrechts, also dessen Grenze dar. Daraus folgt, dass die oben dargelegten Rechte der Gemeinden nur dann gelten, wenn nicht ein Gesetz etwas anderes sagt. Die Selbstverwaltung kann also grundsätzlich durch Gesetze eingeschränkt werden.

Bei der Betrachtung der Inhalte des Selbstverwaltungsrechts fanden sich schon solche begrenzenden Gesetze: Bei der Existenzgarantie sind es die Regelungen der §§ 15 ff. GO NRW. Die Personalhoheit hat ihre Grenzen durch die Regelungen des Beamten- und Arbeitsrechtes. Die Organisationshoheit wird im Hinblick auf die „äußere Organisation" durch die Regelungen der GO NRW und KrO NRW und das Satzungsrecht durch § 7 GO NRW, die Planungshoheit durch das BauGB, das Bundesfernstraßengesetz und andere bau- und planungsrechtliche Vorschriften begrenzt. So tritt die Planungshoheit der Gemeinde bei überörtlichen Planungen, wie z.B. dem Bau einer Bundesautobahn, zurück. Hier wird die Gemeinde im Planungsverfahren nur noch angehört.

110 Im Fallgutachten muss nach Bejahung der Zuständigkeit aus den Inhalten des Selbstverwaltungsrechts in einem zweiten Schritt geprüft werden, ob es nicht ein Gesetz gibt, welches das Selbstverwaltungsrecht begrenzt und die Gemeinde deshalb ggf. doch nicht berechtigt ist/ doch nicht handeln darf.

Fall 2:

Neue Geschichtsforschungen haben zu der Erkenntnis geführt, dass viele alte Straßennamen Personen ehren, die das NS-Regime unterstützt und stabilisiert haben.

In vielen Gemeinden in NRW ist die Bevölkerung der Meinung, dass die Ehrung dieser Personen durch eine Straßenbenennung deshalb nicht mehr angemessen erscheint. Viele Straßen und Plätze in NRW wurden deshalb in der jüngsten Zeit umbenannt.

In der Gemeinde G gibt es die Gemeindestraße „Stühmerweg". Diese ist benannt nach Alfred Stühmer, einem Arzt und Hochschullehrer, der sich zum Nationalsozialismus bekannt hat und die *„Säuberung der Hochschule von volksfremden Elementen"* befürwortete. Ein Großteil der Bevölkerung von G ist der Meinung, diese Straße müsse umbenannt werden. Die Einwohner sind der Meinung, man verbinde mit dem Namen „Stühmer" eine „Größe" des NS-Regimes. Deshalb müsse die Straße zwingend umbenannt werden. Die erforderlichen Ausgaben für die Straßenumbenennung, z.B. für neue Straßenschilder, Umbenennung in Plänen und in Kartenmaterial etc. seien dafür selbstverständlich hinzunehmen. Zudem ist die Gemeinde G haushaltsrechtlich gut situiert.

Aufgabe: Prüfen Sie in einem Rechtsgutachten, ob die Gemeinde G berechtigt ist, die Umbenennung durchzuführen.

Bearbeitungshinweis: Gem. § 4 Abs. 2 S. 3 Straßen- und Wegegesetz (StrWG NRW) können die Gemeinden die öffentlichen Straßen mit einem Namen oder einer Nummer bezeichnen. Eine anderweitige Zuständigkeit ist in diesem oder anderen Gesetzen nicht geregelt.

Lösung unter Rn 583 ff..

IV. EXKURS: BEGRENZUNGEN DES SELBSTVERWALTUNGSRECHTS

Die Begrenzungen des Selbstverwaltungsrechts werden nicht im mittleren Bereich der 111
Verwaltungsausbildung unterrichtet, sondern das Thema ist Gegenstand des Verwaltungslehrgangs II. Dennoch wird die Prüfung der Vollständigkeit halber als Exkurs dargestellt.

Wenn in einem Fall ein Gesetz regelt, dass ein anderer Hoheitsträger für etwas zuständig ist, das eigentlich aufgrund von Art. 28 Abs. 2 S. 1 GG in den Zuständigkeitsbereich der Gemeinde fallen würde, dann ist die Gemeinde in ihrem Selbstverwaltungsrecht begrenzt. Eine solche Begrenzung ist grds. aufgrund der Worte „im Rahmen der Gesetze" in Art. 28 Abs. 2 S. 1 GG möglich.
Die Begrenzung durch das Gesetz muss jedoch rechtmäßig sein. Wird das Selbstverwaltungsrecht rechtswidrig begrenzt, so ist dies verfassungswidrig. Um bemessen zu können, ob eine Begrenzung verfassungswidrig ist, hat das BVerfG die sog. Kernbereichslehre entwickelt.

1. Begrenzungen des Kernbereichs

Begrenzungen des Kernbereichs sind immer rechtswidrig, also unzulässig. Nach der Kern- 112
bereichstheorie muss den Gemeinden ein gewisser Kernbestand an Aufgaben belassen werden. Das sind diejenigen Aufgaben, die zum Wesensgehalt der kommunalen Selbstverwaltung gehören. Werden der Gemeinde diese Aufgaben genommen, kann nicht mehr von einer Eigenverantwortlichkeit der Gemeinde für ihren örtlichen Bereich gesprochen werden. Die Selbstverwaltung darf nicht innerlich derart ausgehöhlt werden, dass die Gemeinden zwar noch eine Existenzgarantie haben, aber keine Aufgaben mehr wahrnehmen können.[12] Den Gemeinden darf nicht die Gelegenheit „zu kraftvoller Betätigung" genommen werden, so dass sie nur noch eine Art „Scheindasein" führen[13]. Verboten sind solche Vorschriften oder Handlungen, die eine eigenständige organisatorische Gestaltungsfähigkeit der Kommune im Ergebnis ersticken.[14]

12 BVerfGE 22, 180.
13 *Voßkuhle/Kaufhold* JUS 2017, 728 (730).
14 BVerfGE 91, 228.

Die Abgrenzung ist eine Abwägungsfrage. Es ist zu überlegen, wie bedeutend der betroffene Inhalt des Selbstverwaltungsrechts der Gemeinden ist. Je bedeutender er ist, desto eher wird der Kernbereich der Selbstverwaltung betroffen sein. Die grundlegenden Selbstverwaltungsangelegenheiten stellen Bestandteile des Kernbereichs dar. Im Ergebnis wird eine Begrenzung des Kernbereichs der Selbstverwaltung selten angenommen. Dies sollte in der Klausur als Maßstab genommen werden, so dass eher von einer Begrenzung des Randbereichs auszugehen ist.

113 Kommt man in einem Fall zu dem Ergebnis, dass eine Gemeinde ihre zugesicherten Rechte nicht mehr ausüben kann und ihr ein Teil des Selbstverwaltungsrechts komplett versagt ist, dann liegt eine rechtswidrige Begrenzung des Kernbereichs vor.

2. Begrenzungen des Randbereichs

114 Kommt man hingegen zu dem Ergebnis, dass der Gemeinde zwar nicht mehr die kompletten Rechte zustehen, aber zumindest das Recht im Kern noch bestehen bleibt, so liegt nur eine Begrenzung des Randbereichs vor. Die Kernbereichslehre lässt sich auch mit einem Spiegelei vergleichen: In den weißen Randbereich des Spiegeleies (Eiweiß) darf mit der Gabel hineingestochen werden. Dann findet sich zwar ein kleines Loch im weißen Rand; das Ei als Ganzes bleibt jedoch intakt. Sticht die Gabel jedoch in die gelbe Mitte des Eies (Eidotter), so wird das Spiegelei zerstört.

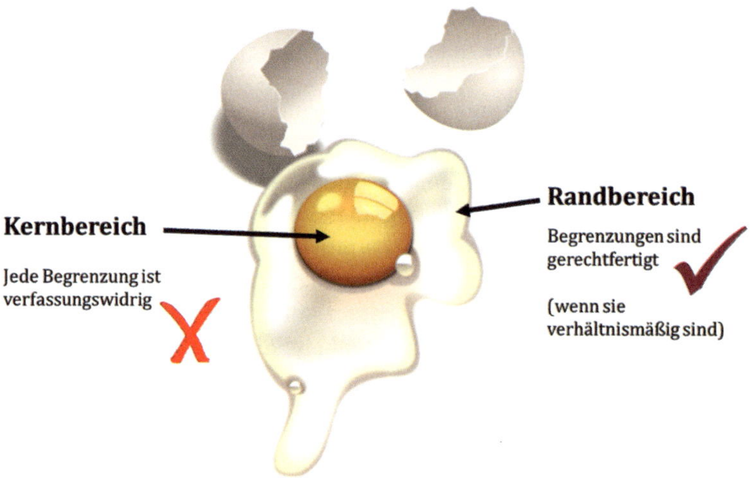

115 Liegt eine Begrenzung geringeren Ausmaßes, also eine Begrenzung des Randbereichs vor, so kann auch diese verfassungswidrig sein. Die Fallprüfung ist also noch nicht zu Ende. In einem vierten Schritt ist zu prüfen, ob die Begrenzung gerechtfertigt ist. Die Begrenzung ist

gerechtfertigt, wenn sie verhältnismäßig ist. Dafür ist zu prüfen, ob mit der Begrenzung ein legitimer Zweck verfolgt wird, ob die ergriffene Maßnahme geeignet ist, ob sie erforderlich und verhältnismäßig ist.

Legitimer Zweck
Die Begrenzung des Schutzbereichs der Selbstverwaltung muss ein Ziel verfolgen, das Gemeinwohlinteressen dient.[15]

Geeignetheit
Die Geeignetheit ist zu bejahen, wenn mit Hilfe des eingesetzten Mittels der Erfolg gefördert werden kann.[16]

Erforderlichkeit
Erforderlich ist die Begrenzung des Selbstverwaltungsrechts, wenn der verfolgte Zweck nicht durch ein anderes, weniger belastendes Mittel erreicht wird.[17] Dabei steht dem Gesetzgeber grundsätzlich ein Gestaltungsspielraum zu.[18]

Verhältnismäßigkeit
Im Rahmen der Verhältnismäßigkeit ist zu prüfen, ob die Begrenzung in einem angemessenen Verhältnis zum verfolgten Zweck steht.[19]

Begrenzungen des Selbstverwaltungsrechts können durch ein überwiegendes Gemeinwohlinteresse gerechtfertigt sein. Dies ist z.B. der Fall, wenn einer Gemeinde die Mittel fehlen, ihre Aufgaben noch ordnungsgemäß zu erfüllen[20].

Kommt man bei einer Begrenzung des Randbereichs zu dem Ergebnis, 116
dass sie verhältnismäßig ist, so ist die Begrenzung zulässig und die Gemeinde ist nicht rechtswidrig in ihrem Selbstverwaltungsrecht verletzt. Steht der Eingriff jedoch außer Verhältnis, so ist der Eingriff rechtswidrig und damit verfassungswidrig.

[15] BVerfGE 36, 73.
[16] BVerfGE 30, 292.
[17] BVerfGE 77, 84; NVwZ 1989, 850.
[18] BVerfGE 77, 84.
[19] BVerfGE 30, 292; BVerfGE 85, 248.
[20] *Voßkuhle/Kaufhold* JUS 2017, 728 (730).

117 Insgesamt ergibt sich für Fälle mit möglichen Einschränkungen des Selbstverwaltungsrechts folgende Prüfungsreihenfolge:

1. **Gesetz**
   Liegt ein Gesetz vor, das das Selbstverwaltungsrecht der Gemeinde begrenzt?
   - formelles Landesgesetz
   - Rechtsverordnung
   - Satzung des Landes
2. **Selbstverwaltungsgarantie Art. 28 Abs. 2 S. 1 GG**
   Welcher Inhalt der Selbstverwaltungsgarantie ist betroffen?
   - Existenzgarantie
   - Allzuständigkeit
   - Hoheitsbefugnisse (Personal-, Organisations-, Planungs- oder Finanzhoheit)
   - Satzungsrecht
3. **Kernbereichsbegrenzung**
   Liegt eine Begrenzung des Kernbereichs vor? Jede Begrenzung des Kernbereichs ist verfassungswidrig.
   Wenn nicht:
4. **Rechtfertigung/ Verhältnismäßigkeit**
   Ist die Begrenzung des Randbereichs gerechtfertigt/ verhältnismäßig?
   - Legitimer Zweck
   - Geeignet
   - Erforderlich
   - Angemessen

TEIL 5: AUFGABENWAHRNEHMUNG DURCH DIE KOMMUNEN

In der Bundesrepublik Deutschland gibt es mit dem Bund, den Ländern und den kommunalen Körperschaften verschiedene öffentliche Verwaltungsebenen. Jedem dieser Verwaltungsträger obliegen spezifische Aufgaben. Für diese sind sie zuständig (**Verbandskompetenz**). Die Aufgabenzuständigkeit der Gemeinden ergibt sich aus Art. 28 Abs. 2 Satz 1 GG, und zwar aus den Worten ***„alle Angelegenheiten der örtlichen Gemeinschaft“***. 118
Art. 78 Abs. 2 LVerf NRW erweitert diese Aufgabengarantie, wenn dort die Gemeinden zu ***„alleinigen Trägern der öffentlichen Verwaltung“*** in ihrem Gebiet bestimmt werden (s.a. § 2 GO NRW).
Diese aus dem Grundgesetz folgenden Aufgaben werden auch **Selbstverwaltungsaufgaben** genannt, denn die Kommunen werden hier für sich selbst, im „eigenen Wirkungskreis“ tätig.

Die Selbstverwaltungsaufgaben lassen sich unterteilen in 119

- freiwillige Aufgaben der Selbstverwaltung
- Pflichtaufgaben der Selbstverwaltung
- Pflichtaufgaben zur Erfüllung nach Weisung

Aus der Landesverfassung ergeben sich darüber hinaus die sog. **„staatlichen Auftragsangelegenheiten“**. Diese Aufgaben, die von den Gemeinden im Auftrag des Staates erledigt werden, sind je nach Auftraggeber 120

- Auftragsangelegenheiten des Bundes oder
- Auftragsangelegenheiten des Landes.

Man spricht bei diesen Aufgaben vom „übertragenen Wirkungskreis“, also dem Tätigwerden für einen anderen Verwaltungsträger.

121 Die Grafik zeigt die verschiedenen Aufgaben der Gemeinde im Überblick:

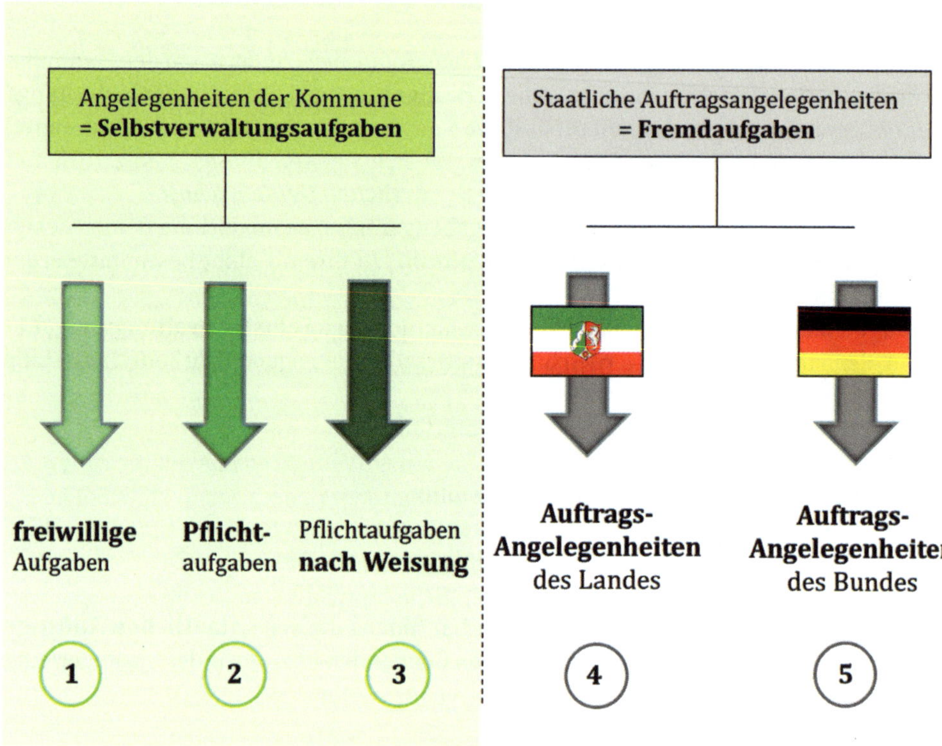

I. SELBSTVERWALTUNGSAUFGABEN

122 Bei den Selbstverwaltungsaufgaben handelt die Kommune im Bereich ihrer eigenen Angelegenheiten – deshalb Selbstverwaltung.

1. Freiwillige Aufgaben der Selbstverwaltung

123 Um freiwillige Aufgaben der Selbstverwaltung handelt es sich, wenn den Städten und Gemeinden nicht durch ein Gesetz vorgeschrieben ist, dass sie eine bestimmte Aufgabe übernehmen, sondern wenn die Kommunen die Aufgaben – abgeleitet aus dem Grundsatz der Selbstverwaltung – selbst entwickeln können.
Bei den freiwilligen Selbstverwaltungsaufgaben handelt die Gemeinde gem. Art. 28 Abs. 2 S. 2 GG ***„in eigener Verantwortung"***, d.h. sie entscheidet,

- ob sie eine bestimmte Angelegenheit der örtlichen Gemeinschaft wahrnimmt (oder auch nicht) und ➔ **Aufgabenwahrnehmungsfreiheit**
- wie (in welcher Art und Weise) sie diese Aufgaben erledigt ➔ **Aufgabendurchführungsfreiheit**

124

> **Ob** die Kommune eine Aufgabe also wahrnehmen möchte, darf sie frei entscheiden. Wenn sie sich entschieden hat, die Aufgabe wahrzunehmen, so kann die Kommune auch über das **Wie** der Aufgabenwahrnehmung ohne Einflüsse Dritter entscheiden.

§ 1 Abs. 1 GO NRW ruft die Gemeinden dazu auf, das Wohl ihrer Einwohner zu fördern 125
und dabei zugleich in Verantwortung für die zukünftigen Generationen zu handeln. Das „Wohl der Einwohner“ konkretisiert § 8 Abs. 1 GO NRW, wonach die **Gemeinde öffentliche Einrichtungen** schafft, die für die wirtschaftliche, soziale und kulturelle Betreuung ihrer Einwohner erforderlich sind. Beispiele für öffentliche Einrichtungen, die für die soziale und kulturelle Betreuung der Einwohner erforderlich sind, listet § 107 Abs. 2 S. 1 GO NRW auf. Die Landesverfassung vertieft den Auftrag aus § 8 GO NRW, wenn sie folgende abstrakte (also ohne konkrete Spezialgesetze) Handlungsaufträge für die Gemeinden erteilt:

- Art. 18 Abs. 1 = Förderung von Kultur, Kunst und Wissenschaft
- Art. 18 Abs. 3 = Pflege und Förderung des Sports
- Art. 29a Abs. 1 = Schutz der natürlichen Lebensgrundlagen („Umweltschutz“)

Beabsichtigt eine Gemeinde, eine Aufgabe als freiwillige Selbstverwaltungsaufgabe wahr- 126
zunehmen, muss sie überlegen, ob diese Aufgabe zu den Angelegenheiten der örtlichen Gemeinschaft zählt. Nur Aufgaben, die zu den Angelegenheiten der örtlichen Gemeinschaft zählen, können als freiwillige Selbstverwaltungsaufgaben ausgeübt werden. Außerdem muss die Gemeinde prüfen, ob die Aufgabenwahrnehmung finanziell gesichert ist, denn nach § 10 GO NRW haben die Gemeinden ihr Vermögen und ihre Einkünfte so zu verwalten, dass die Gemeindefinanzen gesund bleiben (s. dazu auch § 75 Abs. 1, § 90 Abs. 1 GO NRW). Es existiert kein Aufgabenkatalog für die freiwilligen Aufgaben. Damit sind der Fantasie einer Kommune grundsätzlich keine Grenzen gesetzt.

Beispiele für diese Aufgabenart: 127

- Kinder-, Waisen- und Jugendheime
- Spielplätze
- Kinder- und Jugendfreizeiten
- öffentliche Grünanlagen (Stadtpark, Botanischer Garten)
- Frauenhäuser

- öffentliche Bibliotheken (vgl. § 48 Abs. 1 KulturGB NRW)
- Theater, Konzerthallen, Opern, Stadthallen
- Kunst- und Musikschulen (vgl. § 43 KulturGB NRW)
- Heimatmuseen (vgl. § 40 Abs. 3 KulturGB NRW)
- Zoos, Tierparks
- Stadtfeste, Stadtmarketing, Stadttourismus
- Städtepartnerschaften
- Märkte und Messen
- Sporthallen, Sportplätze, Sportstadien, Freizeitanlagen (z.B. Bolzplätze, Skaterbahnen, Half-Pipes)
- Sportförderung, Kulturförderung, Wirtschaftsförderung
- Versorgungsbetriebe (Strom, Gas, Wasser)
- Kommunalstatistik (§ 8 LStatG NRW)

128 Bei der Wahrnehmung von freiwilligen Aufgaben der Selbstverwaltung handelt es sich um die Erledigung **eigener Angelegenheiten**, in **eigener Verantwortung**, durch **eigene Organe** und **ohne staatliche Weisung** - aber mit staatlicher Aufsicht hinsichtlich der **Rechtmäßigkeit**.

Fallbeispiel:
129 Die Stadt S plant den Bau eines städtischen Seniorenzentrums.

Handelt es sich um eine Angelegenheit der örtlichen Gemeinschaft?
Das Bundesverfassungsgericht hat diesen unbestimmten Verfassungsbegriff einmal so interpretiert, dass zu diesen Angelegenheiten „diejenigen Bedürfnisse und Interessen gehören, die in der örtlichen Gemeinschaft wurzeln oder auf sie einen spezifischen Bezug haben, die das Zusammenleben und -wohnen der Menschen in der Gemeinde betreffen“. Dass es ein Bedürfnis und Interesse daran gibt, seinen Lebensabend in einem altersgerechten Wohnumfeld zu verbringen, dürfte unbestritten sein. Ein Seniorenzentrum bietet solche Möglichkeiten.

In eigener Verantwortung durch eigene Organe?
Der Rat der Gemeinde entscheidet allein über die Verwirklichung dieses Projekts. Er entscheidet, ob und wie das Seniorenheim realisiert wird. Vgl. hierzu § 41 Abs. 1 S. 2 lit. t) GO NRW.

Ohne staatliche Weisung, aber mit staatlicher Aufsicht hinsichtlich der Rechtmäßigkeit?
Die Aufsichtsbehörde darf zu diesem Vorhaben keine Weisungen erteilen. Sie hat aber das Recht zu prüfen, ob alle materiellen und formellen Voraussetzungen erfüllt sind (z.B. das Haushaltsrecht beachtet wurde, die verfahrensrechtlichen Abläufe rund um die Ratssitzung korrekt waren; vgl. § 119 Abs. 1 GO NRW).

Die Initiative (Anregung, Aufforderung), eine bestimmte freiwillige Aufgabe der Selbstver- 130
waltung wahrzunehmen, kann ausgehen von

- der Verwaltung (Bürgermeister)
- Fraktionen im Rat oder einzelnen Ratsmitgliedern
- Ortsverbänden politischer Parteien oder Vereinen

oder unmittelbar durch die Bürger selbst:

- Anregungen nach § 24 Abs. 1 GO NRW
- Einwohnerantrag, § 25 GO NRW
- Bürgerbegehren, § 26 GO NRW

2. Pflichtaufgaben der Selbstverwaltung

Wenn ein Gesetz der Gemeinde die Wahrnehmung einer Aufgabe vorschreibt (**Aufgaben-** 131
wahrnehmungspflicht), aber keine Weisungen staatlicher Behörden zur Art und Weise der Durchführung vorgesehen sind, handelt es sich um eine Pflichtaufgabe der Selbstverwaltung. Die Gemeinde muss diese Aufgabe erfüllen (die Entscheidung über das Ob entfällt), das Wie der Erledigung bleibt aber in ihrem Ermessen (**Durchführungsfreiheit**).

132

> Ob die Kommune eine Aufgabe wahrnehmen möchte, kann sie nicht frei entscheiden, vielmehr wird ihr die Aufgabenwahrnehmung gesetzlich vorgeschrieben. **Wie** die Aufgabenwahrnehmung allerdings erfolgt, kann sie im Rahmen des geltenden Rechtes selbst entscheiden.

Die Zulässigkeit einer gesetzlichen Verpflichtung zur Erfüllung bestimmter Aufgaben folgt 133
aus **Art. 28 Abs. 2 S. 1 GG** („im Rahmen der Gesetze") **i.V.m. § 3 Abs. 1 GO NRW**. Ihr Sinn liegt darin, dass der Staat (das Land) ein begründetes Interesse an der Erfüllung der entsprechenden Aufgabe durch **alle** Gemeinden hat (z.B. der Bau und die Unterhaltung von Schulen). Dann muss das Land sich aber auch finanziell engagieren. Deshalb verlangen Art. 78 Abs. 3 LVerf NRW und § 3 Abs. 4 GO NRW gleichzeitig eine Regelung über die Deckung der Kosten. „Führt die neue Pflichtaufgabe zu einer Mehrbelastung der Gemeinden, ist ein entsprechender Ausgleich zu schaffen" (§ 3 Abs. 4 S. 2 GO NRW). Man spricht hier auch von dem sog. strikten **Konnexitätsprinzip**, also dem Zusammenhang von Aufgabenübertragung und finanziellem Ausgleich („wer die Musik bestellt, der bezahlt sie auch").

<u>Beispiele für diese Aufgabenart</u>: 134

- Schulträgerschaft (Bau und Unterhaltung von Schulen)
- Archive
- Bau und Unterhaltung von Gemeindestraßen
- Straßenreinigung

- Bauleitpläne (Flächennutzungsplan, Bebauungspläne)
- Denkmalpflege
- Abfallberatung, Abfallbeseitigung
- Nahverkehrspläne
- Abwasserbeseitigung
- Sozialhilfe
- Pflege und Förderung von Kunst und Kultur
- Unterstützung bei der Erstellung des Landeskulturberichts

135 Bei den Pflichtaufgaben der Selbstverwaltung handelt es sich um eigene Angelegenheiten, die durch eigene Organe **aufgrund einer gesetzlichen Verpflichtung**, mit staatlicher Aufsicht hinsichtlich der Rechtmäßigkeit, aber ohne staatliche Weisungen, erfüllt werden.

136 Fallbeispiel:
Die Stadt S richtet ein Stadtarchiv ein.
Dazu ist sie verpflichtet nach dem Archivgesetz NRW.
Der Rat entscheidet, wie das Archiv gestaltet werden soll (z.B. Räumlichkeiten).
Die Aufsichtsbehörde darf nur kontrollieren, ob die Aufgabe nach den Vorgaben des Archivgesetzes erfüllt wird.

3. Pflichtaufgaben zur Erfüllung nach Weisung

137 Neben Gesetzen, die einer Gemeinde die Wahrnehmung einer Aufgabe vorschreiben, ihr aber bei der Realisierung der Aufgabe freie Hand lassen (Pflichtaufgaben der Selbstverwaltung), gibt es auch Gesetze, die den Gemeinden die Erfüllung einer Aufgabe vorschreiben (**Aufgabenwahrnehmungspflicht**) und zugleich den staatlichen Behörden das Recht einräumen, Weisungen (Verwaltungsvorschriften, Erlasse) hinsichtlich der Art und Weise (wie) der Durchführung der Aufgabe zu erteilen. Allerdings muss den Gemeinden ein begrenztes Durchführungsermessen verbleiben.

138 Pflichtaufgaben zur Erfüllung nach Weisung sind Angelegenheiten, zu deren Wahrnehmung die Gemeinde gesetzlich verpflichtet ist (**Ob** ist vorgegeben) und bei denen sie wegen der notwendigen einheitlichen Durchführung Weisungen entgegennehmen und beachten muss (auch **Wie** ist vorgegeben). Dabei bleibt aber ein Spielraum, in dem die Kommune eigene Ermessensentscheidungen treffen kann.

Art. 78 Abs. 4 S. 2 LVerf NRW ermächtigt das Land, sich bei Pflichtaufgaben ein Weisungs- und Aufsichtsrecht nach näherer gesetzlicher Vorschrift vorzubehalten. Diese Ermächtigung greift § 3 Abs. 2 GO NRW auf und regelt ergänzend, dass der Umfang des Weisungsrechts in der Regel zu begrenzen ist.

Beispiele für diese Aufgabenart: 139

- Abwehr von Gefahren für die öffentliche Sicherheit und Ordnung
- Brandschutz, Hilfeleistung bei öffentlichen Notständen, Katastrophenschutz
- Bauaufsicht (Erteilung von Baugenehmigungen)
- Denkmalschutz
- Aufgaben des amtlichen Vermessungswesens (Katasterbehörden)
- Aufgaben der unteren Wasserbehörde (z.B. Gewässeraufsicht)
- Hilfen für psychisch Kranke
- Aufgaben des Meldewesens (z.B. Registrierung wohnhafter Einwohner)
- Beurkundung des Personenstandes (Standesamt)
- Aufgaben der unteren Naturschutzbehörde

Fallbeispiel: 140
§ 1 Meldegesetz NRW (MG NRW) regelt, dass die Gemeinden Meldebehörden sind. Ihnen wird die Aufgabe übertragen, die Bewohner zu registrieren. § 3 MG NRW bestimmt, wie diese Aufgabe wahrzunehmen ist, nämlich durch Speicherung bestimmter -in § 3 Abs. 1 MG NRW genannter- Daten. Gleichzeitig werden Regelungen dazu getroffen, wann und unter welchen Voraussetzungen eine Weitergabe der gespeicherten Daten zulässig ist.
Durch das Meldegesetz wird den Kommunen eine Aufgabe übertragen, deren Erfüllung durch weitere Regelungen ausgestattet wird. Hinsichtlich der Durchführung bleibt den Gemeinden nur ein eingeschränktes Ermessen.
Die Aufsichtsbehörden dürfen bei dieser Aufgabenart sowohl die Rechtmäßigkeit des gemeindlichen Verwaltungshandelns prüfen als auch die Beachtung der Weisungen kontrollieren.

4. Abgrenzung

Die Unterscheidung der Selbstverwaltungsaufgaben orientiert sich an zwei Begriffspaaren. 141
Auf der einen Seite ist zu unterscheiden, ob eine Aufgabenwahrnehmungsfreiheit besteht oder eine Aufgabenwahrnehmungspflicht existiert. Auf der anderen Seite ist zu trennen zwischen Durchführungsfreiheit und begrenztem Durchführungsermessen.

142 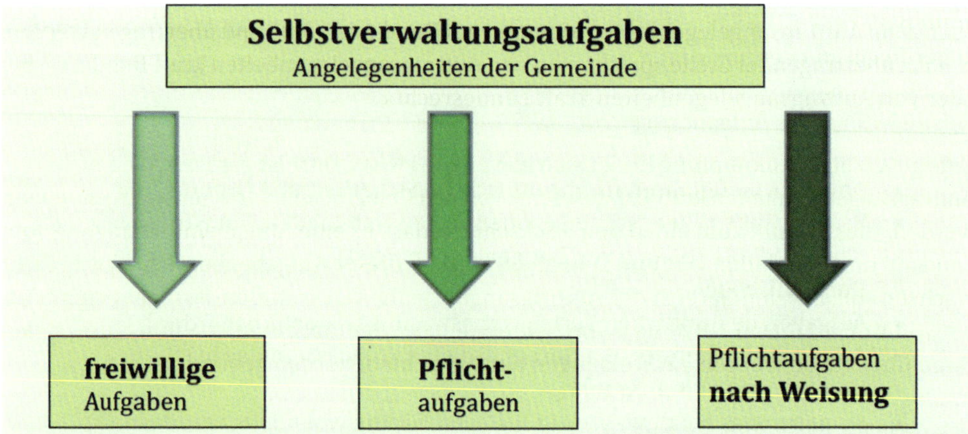

Aufgabenwahr-nehmungsfreiheit „ob" ✓	Aufgabenwahr-nehmungspflicht „ob" ✗	Aufgabenwahr-nehmungspflicht „ob" ✗
Aufgabendurch-führungsfreiheit „wie" ✓	Aufgabendurch-führungsfreiheit „wie" ✓	Bedingte Aufgaben-durchführungsfreiheit „wie" [✓]

II. STAATLICHE AUFTRAGSANGELEGENHEITEN

143 Der Staat kann den Gemeinden Aufträge erteilen (Aufgaben übertragen). Solche Aufträge stellen für die Gemeinden Fremdaufgaben dar. Die Gemeinden haben keine Wahl, ob sie die Aufgabe wahrnehmen wollen (Aufgabenwahrnehmungspflicht), und sie sind in der Art und Weise der Erledigung der Aufgabe uneingeschränkt an die Weisungen der zuständigen staatlichen Behörden gebunden (gebundene Aufgabendurchführungspflicht).

144 Staatliche Auftragsangelegenheiten sind Aufgaben des Staates, die von den Gemeinden als **Fremdaufgaben** erfüllt werden. Sie sind Träger der Aufgaben und ihnen fällt deshalb auch die Amtshaftung zu. Den Gemeinden wird nicht nur die Wahrnehmung der Aufgaben vorgeschrieben (**ob**), sondern auch die Art und Weise der Ausführung (**wie**). Der Staat hat ein **unbegrenztes Weisungsrecht**.

Staatliche Auftragsangelegenheiten können vom Bund und vom Land übertragen werden. Je nach übertragender Stelle spricht man von Auftragsangelegenheiten kraft Bundesrechts oder von Auftragsangelegenheiten kraft Landesrechts.

Eine gesetzliche Anknüpfung findet sich in § 132 GO NRW. Dort ist geregelt, dass bisherige Auftragsangelegenheiten kraft Landesrechts von den Gemeinden wie bisher wahrgenommen werden. Dies erlaubt zum einen den Rückschluss, dass es eine Aufgabenübertragung vom Land auf die Gemeinden gibt und zum anderen, dass dieser Aufgabenbereich künftig nicht wachsen soll. Für den Bereich der Auftragsangelegenheiten kraft Bundesrechts regelt Art. 85 GG i.V.m. § 16 LOG NRW, dass die Gemeinden bei den Aufgaben, die ihnen durch den Bund übertragen werden, an Weisungen der Aufsichtsbehörden gebunden sind.

Beispiele für diese Aufgabenart: 145

Auftragsangelegenheiten kraft Bundesrechts:

- Aufgaben bei der Durchführung der Bundestagswahl
- Aufgaben nach dem Unterhaltssicherungsgesetz
- Aufgaben nach dem Zivilschutzgesetz

Auftragsangelegenheiten kraft Landesrechts:

- Aufgaben bei der Durchführung der Landtagswahl
- Aufgaben nach dem Wohngeldgesetz
- Wahl von Schiedspersonen
- Umsetzung des Gesetzes über die Eingetragene Lebenspartnerschaft (LPartG)

Die Tendenz des Landesgesetzgebers geht dahin, die bestehenden Auftragsangelegenheiten kraft Landesrechts abzuschaffen und stattdessen in Pflichtaufgaben zur Erfüllung nach Weisung umzuwandeln. Es existieren deshalb nur noch wenige Beispiele für Auftragsangelegenheiten kraft Landesrechts.

> Fallbeispiel: 146
> Nach § 36 Abs. 1 Gerichtsverfassungsgesetz (GVG) sind die Gemeinden verpflichtet, alle fünf Jahre eine Vorschlagsliste für Schöffen aufzustellen. Das GVG regelt weiter, welche Personen zu Schöffen berufen werden dürfen und welche Personen dafür nicht in Frage kommen. Ferner bestimmt das GVG, wie die Schöffenliste zu erstellen ist. Bei der Wahl der Schöffen handelt es sich um eine Bundesangelegenheit, bei der die Gemeinden diese Aufgabe übertragen bekommen. Einen Spielraum bei der Frage, ob die Aufgabe wahrgenommen oder wie sie ausgeführt werden soll, haben die Gemeinden nicht.
> Die Aufsichtsbehörden haben hier ein unbegrenztes Weisungsrecht und deshalb auch ein unbeschränktes Kontrollrecht. Da die Weisungen der Aufsichtsbehörden in diesem Zusammenhang keine Verwaltungsakte sind (fehlende Außenwirkung), können die Gemeinden dagegen auch nicht klagen.

147

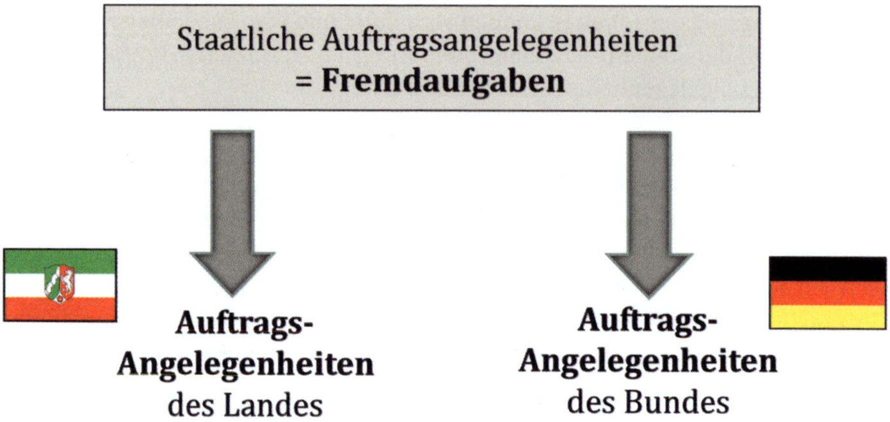

Aufgabenwahrnehmungspflicht „ob" X	Aufgabenwahrnehmungspflicht „ob" X
Aufgabendurchführungspflicht „wie" X	Aufgabendurchführungspflicht „wie" X

III. NEUE WEGE DER AUFGABENERFÜLLUNG

148 Die bürgerschaftliche Selbstverwaltung hat nicht nur durch die Instrumente Einwohnerantrag, Bürgerbegehren/Bürgerentscheid neue Belebung erfahren; die Gemeinden vollziehen seit einigen Jahren auch eine allmähliche Umstellung auf das, was unter dem Begriff „Bürgerkommune" diskutiert wird.

Die Abwandlung des Kennedy-Zitats in: „Frage nicht, was die Gemeinde für dich tut, sondern frage dich, was du für die Gemeindet tun kannst", führte zur Entdeckung des Bürgers als Mitgestalter bei der Erledigung örtlicher Angelegenheiten. Das Spektrum reicht von der „Schlüsselgewalt" für gemeindliche Sporthallen und Schwimmbäder, über Elterneinsatz auf Spielplätzen, in Kindergärten und Schulen (Beaufsichtigung, kleinere Renovierungsarbeiten, Umgestaltung von Schulhöfen), über Grünflächenpaten, Sanierung von Trimm-dich-Pfaden und Wanderwegen bis zu selbstverwaltenden Kultureinrichtungen (Betreiben einer Bibliothek, Schulbücherei), Stadtmarketing und sogar Kriminalprävention (Sicherheits- und Ordnungspartnerschaften).

Die Mitgestaltung von Aufgaben durch ehrenamtliche Arbeit ist das eine, die Mitverantwortung das andere. So werden gleichzeitig neue Formen der Bürger-Beteiligung verwirklicht oder getestet, z.B. durch Beiräte (Kinder- und Jugendbeiräte, Seniorenbeiräte, Verkehrs- und Planungsbeiräte), Jugendparlament, Bürgerforen, Bürgerräte, Präventionsräte, Stadtteilkonferenzen, Steuerungsgruppen, Bürgerbefragungen usw.

Bei einem Blick auf die Finanzen zeigen sich interessante Varianten durch eine Wiederbelebung der „Bürgerstiftungen“, die vereinzelt schon vor Jahrhunderten gegründet wurden und einzelnen Bürgern, aber auch juristischen Personen die Möglichkeit bieten, kulturelle, soziale oder wirtschaftliche Aufgaben und Projekte der Gemeinde gezielt zu fördern. Aber auch „Stadt-Stiftungen“, bei denen das Stiftungskapital von der Gemeinde und privaten Stiftern gemeinsam aufgebracht und durch „Zustiftungen“ ergänzt und vermehrt wird, stoßen in der neuen „Bürgergesellschaft“ zunehmend auf Resonanz.

IV. EXKURS: ORGANLEIHE

Bei der Organleihe bedient sich der Staat zur Durchführung einer weisungsgebundenen Pflichtaufgabe zeitweise (punktuell) oder dauerhaft des Exekutivorgans der jeweiligen kommunalen Körperschaft. Die Gesetze verwenden dabei den Begriff „Hauptverwaltungsbeamter“. Das ist bei der Gemeinde der Bürgermeister. 149
Bei der punktuellen Organleihe liegt entweder eine besonders eilige oder eine besonders geheimhaltungsbedürftige Angelegenheit vor.
In diesen Fällen wird also nicht die Gemeinde beauftragt (wie bei den staatlichen Auftragsangelegenheiten), sondern das Organ Bürgermeister.

Beispiele für punktuelle Organleihe: 150

- Nach § 9 Abs. 4 OBG führt der Hauptverwaltungsbeamte als staatliche Verwaltungsbehörde Weisungen zur Abwehr einer bestimmten Gefahr im Einzelfalle durch, sofern die Aufsichtsbehörde dies in der Weisung ausdrücklich festlegt. „Dies gilt auch für solche Weisungen, deren Geheimhaltung im Interesse der Staatssicherheit erforderlich ist“ (§ 9 Abs. 4 S. 2 OBG).
- Nach § 54 Abs. 5 BHKG gilt dasselbe für die Erledigung einer bestimmten Einsatzaufgabe bei einer Großeinsatzlage oder einer Katastrophe.
- Nach § 16 Abs. 2 LOG NRW werden Aufgaben der Verteidigung einschließlich des Wehrersatzwesens und des Schutzes der Zivilbevölkerung, falls sie von den Gemeinden durchzuführen sind, dem Bürgermeister zugewiesen.

Beispiel für Dauerorganleihe: 151

Nach § 120 Abs. 1 GO RW führt der Landrat als untere staatliche Verwaltungsbehörde die allgemeine Aufsicht über die kreisangehörigen Gemeinden. Er wird hierbei als untere Landesbehörde nach § 9 Abs. 2 LOG NRW tätig.

TEIL 6: DAS GEMEINDEGEBIET

152 Beim Thema Gemeindegebiet ist zu unterscheiden zwischen

- der Gebietsänderung und
- der Gebietsgliederung.

Die **Gebietsänderung** behandeln die §§ 15 - 20 GO NRW, während die **Gebietsgliederung** Gegenstand der §§ 35 – 39 GO NRW ist und unter der Bezeichnung **Bezirksverfassung** firmiert.

I. DIE GEBIETSÄNDERUNG

153 Bei der Gebietsänderung sind folgende Punkte zu beachten:

1. Initiative

154 Die Initiative zur Gebietsänderung kann sowohl von einer oder mehreren Gemeinden ausgehen als auch vom Staat (Neugliederungsprogramm) ergriffen werden. Die Gemeindeordnung fasst unter dem Begriff „Gebietsänderungen“ die Änderung von Gemeindegrenzen und die Auflösung oder Neubildung von Gemeinden zusammen. Es lassen sich folgende Fälle der Gebietsänderung unterscheiden:

- Umgemeindung
  Teile einer Gemeinde werden in eine andere Gemeinde eingegliedert.

- Eingemeindung/Eingliederung
  Eine Gemeinde wird in eine andere Gemeinde eingegliedert.

- Vereinigung
  Mehrere Gemeinden werden zu einer neuen Gemeinde zusammengeschlossen.

- Neubildung
  Aus Teilen einer oder mehrerer Gemeinden wird unter Ausgliederung aus diesen eine neue Gemeinde gebildet.

- Auflösung
  Das Gebiet einer Gemeinde wird auf mehrere Gemeinden aufgeteilt.

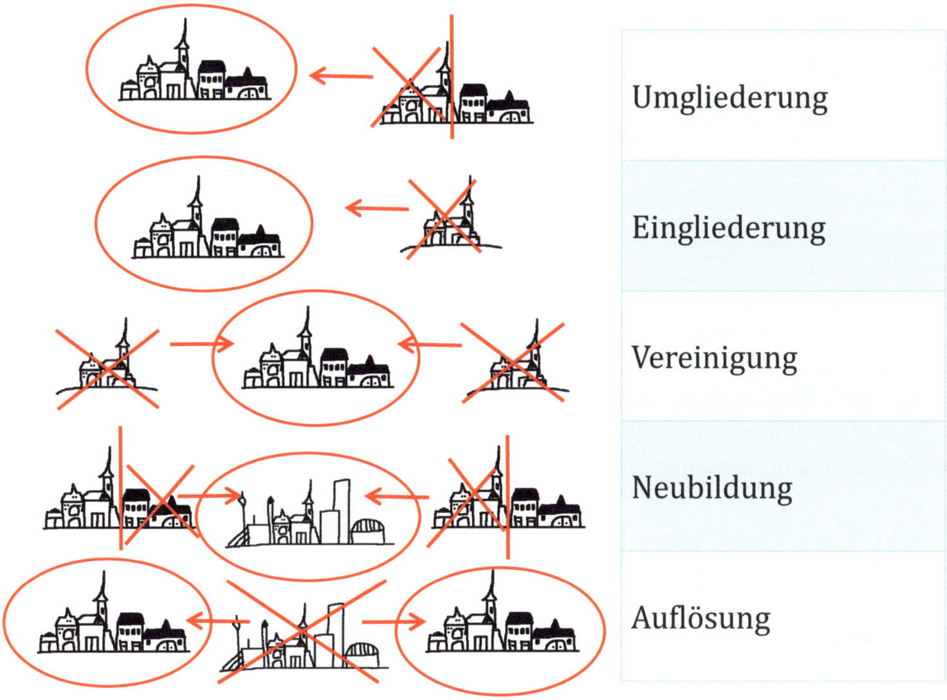

155 Grundsätzlich bedürfen Änderungen des Gemeindegebietes eines Gesetzes. In Fällen von geringer Bedeutung genügt eine Gebietsänderungsverfügung (Verwaltungsakt) der Bezirksregierung. Die „geringe Bedeutung" wird in § 19 Abs. 3 S. 3 GO NRW mit mathematischen Größen definiert.

2. Zulässigkeit

156 Gebietsänderungen sind nur zulässig aus Gründen des öffentlichen Wohls (§ 17 Abs. 1 S. 1 GO NRW). Dieser wertbezogene, abstrakte Rechtsbegriff kann vom Verfassungsgericht uneingeschränkt nachgeprüft werden. Bei der Beurteilung der Frage, ob die einzelnen Gründe dem öffentlichen Wohl entsprechen oder es verfehlen, ist das Verfassungsgericht an die Wertungen des Gesetzgebers gebunden.

3. Gebietsänderungsverträge

157 Über die aus Anlass einer Gebietsänderung zu regelnden Einzelheiten treffen die beteiligten Gemeinden Vereinbarungen in einem Gebietsänderungsvertrag (§ 18 GO NRW).

158 Als regelungsbedürftig gelten insbesondere die

- Auseinandersetzung (Vermögensauseinandersetzung)
- Rechtsnachfolge (wenn die Rechtsänderung sonst nicht zweifelsfrei ist)
- Überleitung des Ortsrechts.

Die Gebietsänderungsverträge sind im Gebietsänderungsgesetz zu bestätigen. Sie werden auf diesem Wege Bestandteil des Gesetzes und erlangen somit selbst Gesetzeskraft.

4. Rechtsschutz

159 Soweit die Gebietsänderung auf einem staatlich initiierten Eingriff beruht und durch Gesetz geregelt wird, kann die betroffene Gemeinde Verfassungsbeschwerde beim Verfassungsgerichtshof NRW erheben. Zum Zwecke der Geltendmachung ihrer Verteidigungsrechte gilt eine aufgelöste Gemeinde als fortbestehend.

II. DIE BEZIRKSVERFASSUNG

160 Mit dem Begriff Bezirksverfassung ist die innere Organisation der Gemeinden gemeint. Es geht um die **Gebietsgliederung** in kreisfreien Städten (§§ 35 - 38 GO NRW) und in kreisangehörigen Gemeinden (§ 39 GO NRW). In der nachfolgenden Gegenüberstellung finden Sie die wesentlichen Unterschiede in der Gebietsgliederung zwischen den beiden Gemeindearten.

Sind Ortsvorsteher in kreisangehörigen Gemeinden Ehrenbeamte?

Nicht generell. Nur wenn sie für das Gebiet ihrer Ortschaft mit der Erledigung bestimmter Geschäfte der laufenden Verwaltung beauftragt wurden. Dann sind sie zu Ehrenbeamten zu ernennen (§ 39 Abs. 7 S. 3 GO NRW).

161

Kreisangehörige Städte und Gemeinden	Kreisfreie Städte
Können ihr Gebiet in Gemeindebezirke/Ortschaften einteilen, § 39 Abs. 1 S. 1 GO NRW.	**Müssen** ihr Gebiet in Stadtbezirke einteilen, § 35 Abs. 1 GO NRW.
Es können auch nur für **Teile** des Gebietes Bezirke gebildet werden (so dass andere Teile z.B. keinem Bezirk angehören), § 39 Abs. 1 GO NRW.	Das **gesamte** Gebiet muss in Bezirke eingeteilt sein, so dass jedes Grundstück zu einem Bezirk gehört, § 35 Abs. 1 GO NRW.
Die Zahl der Bezirke steht im Ermessen des Rates.	Die Zahl der Bezirke beträgt mind. 3, höchstens 10, § 35 Abs. 3 GO NRW.
Zur Repräsentation der Bezirke ist vom Rat ein **Bezirksausschuss** zu bilden oder ein **Ortsvorsteher** zu wählen, § 39 Abs. 2 S. 1 GO NRW.	Zur Repräsentation des Bezirks ist von den Bürgern eine Bezirksvertretung zu wählen, § 36 Abs. 1 GO NRW.
Die Zahl der Mitglieder der BZA steht im Ermessen des Rates. Die Gesamtzahl kann gerade oder ungerade sein.	Die Zahl der Mitglieder der BZV beträgt mind. 11, höchstens 19. Die Gesamtzahl muss ungerade sein, § 36 Abs. 2 GO NRW.
Wählbar als stimmberechtigtes Mitglied für den BZA sind Ratsmitglieder und sachkundige Bürger. Letztere dürfen die Mehrheit bilden, § 39 Abs. 4 Nr. 2 GO NRW. Wählbar als Ortsvorsteher sind nur Bürger aus dem jeweiligen Bezirk, § 39 Abs. 6 S. 2 GO NRW.	Wählbar für die BZV sind alle im Bezirk wohnenden Bürger und solche, die als Bewerber für die Wahl des Rates aufgestellt sind, § 46a KWahlG.
Der BZA hat einen Vorsitzenden und einen oder mehrere Stellvertreter, § 39 Abs. 4 Nr. 4 GO NRW. **Ortsvorsteher/Ortsbürgermeister** haben keine Stellvertreter.	Die BZV hat einen Vorsitzenden (Bezirksvorsteher/Bezirksbürgermeister) und einen oder mehrere Stellvertreter, § 36 Abs. 3 S. 2 GO NRW.
Der Vorsitzende des BZA darf nicht zugleich Bürgermeister sein. Ortsvorsteher dürfen zugleich Ratsmitglied, aber nicht Bürgermeister sein.	Der Bezirksvorsteher darf nicht zugleich Oberbürgermeister sein, § 36 Abs. 3 S. 4 GO NRW.
Die Bezirksausschüsse sollen durch Delegation des Rates Entscheidungsbefugnisse in bezirksbezogenen Angelegenheiten erhalten. Ortsvorsteher können vom BM mit der Erledigung von bestimmten Geschäften der laufenden Verwaltung beauftragt werden, § 39 Abs. 3, 7 S. 3 GO NRW.	Die BZV besitzen kraft Gesetzes eine Allzuständigkeit für die Entscheidung in bezirklichen Angelegenheiten, § 37 Abs. 1 GO NRW.
Bürgerbegehren und Bürgerentscheide können nur gesamtstädtisch durchgeführt werden.	In diesen können Bürgerbegehren und Bürgerentscheide in Stadtbezirken durchgeführt werden.
Bezirksverwaltungsstellen können eingerichtet werden, § 39 Abs. 2 S. 2 GO NRW.	Bezirksverwaltungsstellen sind einzurichten, § 38 Abs. 1 GO NRW.
Der BM darf, auf Verlangen muss er an den Sitzungen der Bezirksausschüsse teilnehmen. Bei Verlangen kann er sich vertreten lassen, § 39 Abs. 5 GO NRW.	Der OBM darf, auf Verlangen muss er an den Sitzungen der BZV teilnehmen; er kann sich vertreten lassen, § 36 Abs. 7 GO NRW.

TEIL 7: EINWOHNER UND BÜRGER

I. DIE GEMEINDEBEVÖLKERUNG

162 Die Bevölkerung einer jeden Gemeinde besteht aus ihren Einwohnern und ihren Bürgern.

Einwohner und *Bürger* sind Begriffe, die im alltäglichen Sprachgebrauch oft synonym verwendet werden. Im Kommunalverfassungsrecht sind es jedoch Rechtsbegriffe mit jeweils eigener Bedeutung. Wann jemand Einwohner und/oder Bürger einer Gemeinde ist, regelt § 21 GO NRW.

1. Einwohner

163

> Einwohner einer Gemeinde ist gemäß § 21 Abs. 1 GO NRW jeder, der in der Gemeinde wohnt.

Um Einwohner einer Gemeinde zu sein, sind also nur die tatsächlichen Verhältnisse, also das Halten und Nutzen einer Wohnung maßgeblich, nicht etwa das Alter oder die Nationalität einer Person. Ebenso wenig kommt es darauf an, ob die Wohnung eine Haupt- oder Nebenwohnung ist. Deshalb kann jemand in mehreren Gemeinden Einwohner sein.

2. Bürger

164

> Bürger ist nach § 21 Abs. 2 GO NRW jeder, der zu den Gemeindewahlen wahlberechtigt ist.

Dies kann jemand nur in einer Gemeinde sein; denn die Wahlberechtigung zu den Gemeindewahlen richtet sich nach §§ 42 Abs. 1, 65 Abs. 1 GO NRW i.V.m. §§ 7 f. KWahlG.

165 Wahlberechtigt (aktives Wahlrecht) ist nach § 7 KWahlG, wer am Wahltag

- Deutscher im Sinne des Art. 116 Abs. 1 Grundgesetz ist oder die Staatsangehörigkeit eines Mitgliedstaats der Europäischen Gemeinschaft[21] besitzt,

- das 16. Lebensjahr vollendet hat,

---

[21] Der Zusammenschluss heißt mittlerweile „Europäische Union".

- seit mindestens dem 16. Tag vor der Wahl in dem Wahlgebiet seine Wohnung hat. Hat jemand mehrere Wohnungen, so muss die **Hauptwohnung** im Wahlgebiet liegen. Hat jemand keine Wohnung außerhalb und innerhalb des Wahlgebiets, hält sich aber sonst gewöhnlich im Wahlgebiet auf, so ist die Voraussetzung ebenfalls erfüllt

- und nicht nach § 8 KWahlG vom Wahlrecht ausgeschlossen ist.

Nach § 7 KWahlG ist also Voraussetzung für die Wahlberechtigung, dass die Person grds. ihre Wohnung im Wahlgebiet hat.

166

> Dadurch ist jeder *Bürger* der Gemeinde auch zugleich *Einwohner* dieser Gemeinde, aber nicht jeder Einwohner ist zugleich auch Bürger!

II. MITWIRKUNG VON EINWOHNERN UND BÜRGERN

Zwischen der Gemeinde und ihren Einwohnern und Bürgern besteht eine besondere Bin- 167
dung. Das Selbstverwaltungsrecht verpflichtet die Gemeinde, im Interesse ihrer Bevölkerung zu handeln, vgl. §§ 1, 8 GO NRW. Die Einwohner und Bürger bekommen in der GO NRW besondere Rechte eingeräumt. Im Gegenzug erhält die Gemeinde aber auch durch die GO NRW einige Möglichkeiten, die Einwohner und Bürger bei der Erfüllung ihrer Aufgaben zu beteiligen.

1. Pflichten der Einwohner und Bürger im Überblick

Für die Einwohner ergeben sich aus der GO NRW folgende Pflichten:

- Aufgrund der Daseinsvorsorge aus § 8 Abs. 1 GO NRW schafft die Gemeinde 168
öffentliche Einrichtungen, um ihren Einwohnern ein soziales, kulturelles oder wirtschaftliches Angebot zur Verfügung zu stellen (siehe Rn 97). Aus der Daseinsvorsorge ergibt sich gem. **§ 8 Abs. 2 GO NRW** die Pflicht der Einwohner, die **gemeindlichen Lasten mitzutragen**, die sich aus der Zugehörigkeit zur Gemeinde ergeben. Das bedeutet, dass die gemeindlichen Steuern (z.B. Grundsteuer), Gebühren (z.B. Abfallgebühren) und Beiträge (z.B. Erschließungsbeiträge) von den Einwohnern zu zahlen sind.

- Einwohner unterliegen mit ihrem Grundstück außerdem einem **Anschluss- und** 169
Benutzungszwang an Wasserleitung, Kanalisation, Fernwärme, vgl. **§ 9 GO NRW**. Einwohner werden also mit ihrem Grundstück an diese Einrichtungen angeschlossen und müssen sie auch benutzen.

170 • Eine wichtige Pflicht für die Einwohner gegenüber der Gemeinde besteht auch in der **Übernahme von ehrenamtlichen Tätigkeiten**, vgl. **§ 28 Abs. 1 GO NRW**. Danach ist jeder Einwohner verpflichtet, auf Aufforderung eine nebenberufliche, vorübergehende Tätigkeit zu übernehmen. So schreibt die Gemeinde z.B. „Wahlhelfer" an und verpflichtet sie, bei der Stimmenauszählung mitzuwirken oder aber als Beisitzer dem Wahlvorstand anzugehören (vgl. § 8 KWahlG). Weitere Beispiele für ehrenamtliche Tätigkeiten sind Viehzähler, Obstbaumzähler oder Volkszähler[22].

171 Diese Pflichten gelten auch für alle Bürger, denn jeder Bürger ist zugleich Einwohner.

Da man in mehreren Gemeinden Einwohner sein kann, jedoch nur in einer Gemeinde Bürger, räumen die Gesetze den Bürgern noch weitere Rechte ein, begründen aber auch weitere Pflichten. Zwischen den Bürgern und ihrer Gemeinde besteht eine engere Verbindung als zwischen der Gemeinde und ihren Einwohnern.

172 • Ein Bürger hat neben den Einwohnerpflichten zusätzlich die Pflicht, ein **Ehrenamt** wahrzunehmen, wenn er dazu berufen wird, vgl. **§ 28 Abs. 2 GO NRW**. Ein in ein Ehrenamt Berufener muss nebenberuflich Verwaltungsgeschäfte übernehmen, die dauerhaft sind. Beispiele für ein Ehrenamt sind die Kreisbrandmeister gem. § 11 BHKG, der ehrenamtliche Beauftragte für Denkmalpflege gem. § 24 DSchG oder die Ortsvorsteher, die mit der Erledigung von Geschäften der laufenden Verwaltung beauftragt sind, vgl. § 39 Abs. 7 S. 3 GO NRW.

2. Rechte der Einwohner und Bürger im Überblick

Im Gegenzug zu den Pflichten gegenüber der Gemeinde, haben Einwohner und Bürger aber auch Rechte gegenüber der Gemeinde. Diese gehen von reinen Informationsrechten über unverbindliche Mitwirkung bis hin zu direkter Demokratie auf kommunaler Ebene.

Ein Einwohner hat folgende Rechte gegenüber seiner Gemeinde:

173 • Aus den geschaffenen öffentlichen Einrichtungen der Daseinsvorsorge und der Pflicht deren Lasten zu tragen, resultiert für die Einwohner das Recht auf **Zulassung zur Benutzung der öffentlichen Einrichtungen, § 8 Abs. 2 GO NRW**. Jeder Einwohner hat also das Recht, z.B. Schwimmbad oder Stadtbibliothek zu nutzen.

22 Zuletzt bundesweit im Rahmen von „Zensus 2011".

Der Ortsverband einer Partei, die dem rechten politischen Spektrum zugeordnet wird, jedoch nicht verboten ist, möchte für eine Veranstaltung die gemeindliche Stadthalle nutzen. Die Gemeinde möchte die Stadthallennutzung gern verhindern. Kann sie das?

Solange eine Partei nicht vom Bundesverfassungsgericht nach Art. 21 Abs. 2 S. 2 GG verboten wird, muss den Parteien Chancengleichheit gewährt werden (vgl. § 5 Parteiengesetz). Der Ortverband hat zudem den Nutzungsanspruch aus § 8 Abs. 2 GO NRW. Wenn die Stadthalle an dem angefragten Tag nicht bereits anderweitig belegt ist, muss die Gemeinde dem Ortverband der Partei die Stadthalle für die Veranstaltung überlassen. Sie kann die Nutzung auch nicht ablehnen, nur weil z.B. mit Gegendemonstranten zu rechnen ist.

- Jeder Einwohner kann **Hilfe bei der Einleitung von Verwaltungsverfahren** verlangen, vgl. **§ 22 GO NRW**. Die Gemeinde ist z.B. beim Ausfüllen der Antragsformulare etc. behilflich; sie bietet jedoch keine Rechtsberatung. 174

- Gem. **§ 23 GO NRW** hat der Rat die Einwohner über allgemein bedeutsame Angelegenheiten der Gemeinde zu informieren. Die Einwohner der Gemeinde haben die Gelegenheit zur Äußerung und Erörterung der Sache. Die Gemeinden haben eine **Pflicht zur Unterrichtung ihrer Einwohner**, jedoch haben die Einwohner kein Recht auf Einhaltung dieser Pflicht. Verletzt die Gemeinde ihre Pflicht aus § 23 GO NRW, so ist eine ohne Unterrichtung der Einwohner getroffene Entscheidung deshalb nicht rechtswidrig. 175

- Einwohner haben ein **Petitionsrecht** gem. **§ 24 GO NRW**, d.h. sie dürfen sich mit Anregungen oder Beschwerden an den Rat wenden. Das Petitionsrecht wird unter der Rn 182 näher ausgeführt. 176

- Mehrere Einwohner zusammen können gem. **§ 25 GO NRW** einen **Einwohnerantrag** stellen. Damit können sie erreichen, dass der Rat über eine bestimmte Angelegenheit berät und entscheidet. Der Einwohnerantrag wird unter Rn 183 ff. noch näher ausgeführt. 177

- Einwohner haben, wenn die Geschäftsordnung des Rates (GeschO) dies vorsieht, das Recht auf **Fragestunden im Rat und in Ausschüssen, vgl. §§ 48 Abs. 1 und 58 Abs. 2 GO NRW**. Außerdem können sie **als beratende Mitglieder in Ausschüsse** gewählt werden, **§ 58 Abs. 4 GO NRW**. 178

Diese Einwohnerrechte gelten natürlich auch für alle Bürger. Insbesondere bei den Rechten zeigt sich, dass zwischen der Gemeinde und ihren Bürgern ein besonderes Verhältnis besteht. Ihnen stehen folgende weitere Rechte zu:

179 • Das bedeutendste Bürgerrecht ist das **Wahlrecht**. Die Voraussetzungen für das aktive Wahlrecht aus **§ 7 KWahlG** wurden bereits genannt. Gem. §§ 21 Abs. 2, 40, 42, 65 i.V.m. § 7 KWahlG werden der Rat der Gemeinde (§ 42 GO NRW) und der Bürgermeister (§ 65 GO NRW) unmittelbar durch die Bürger gewählt.

180 • Ein zweites wichtiges und bedeutendes Recht ist das Recht der Bürger, **Bürgerbegehren** zu beantragen und an einem **Bürgerentscheid** gem. **§ 26 GO NRW** teilzunehmen. Das Bürgerbegehren und der Bürgerentscheid werden in vielen Kommunen von den Bürgern wahrgenommen, um eine Entscheidung herbeizuführen. Aufgrund der Bedeutung für die Praxis wird dieses Recht unter Rn 191 ff. noch ausführlich behandelt.

181 • Ein Bürger kann außerdem im Unterschied zum Einwohner eine Vollmitgliedschaft (mit Stimmrecht) als **Sachkundiger Bürger** in Ausschüssen haben, vgl. **§ 58 Abs. 3 GO NRW.**

3. Anregungen und Beschwerden

182 Mit der Möglichkeit, sich mit Anregungen und Beschwerden an den Rat der Gemeinde (oder bei kreisfreien Städten an die Bezirksvertretung) zu wenden, ist § 24 GO NRW eine besondere Ausprägung des **Petitionsrechtes** aus Art. 17 GG auf örtlicher Ebene. Die Anregungen und Beschwerden kann jeder Einwohner der Gemeinde, der seit mindestens drei Monaten in der Gemeinde wohnt, einbringen – und zwar sowohl einzeln als auch in Gemeinschaft mit anderen. Die Anregungen und Beschwerden müssen Angelegenheiten der Gemeinde betreffen (Verbandskompetenz der Gemeinde). Dazu sind weder ein bestimmtes Mindestalter noch eine bestimmte Staatsangehörigkeit Voraussetzung.
Anregungen sind Vorschläge, ein bestimmtes Handeln künftig zu veranlassen oder zu unterlassen.
Beschwerden bedeuten Missbilligung eines vergangenen Handelns oder einer gegebenen Situation verbunden mit der Aufforderung zur Korrektur.

Der Rat ist zu ihrer Beantwortung verpflichtet, selbst dann, wenn die Angelegenheit eigentlich in den Aufgabenkreis eines anderen Gemeindeorgans fallen würde. Allerdings ändert sich dadurch nichts an der grundsätzlichen Zuständigkeit der Gemeindeorgane: Wendet sich z.B. ein Einwohner an die Gemeinde und beschwert sich über einen wackelnden Kanaldeckel, so kann sich der Rat mit der Beschwerde befassen – hinsichtlich der Entscheidung in der Sache (z.B. Kanaldeckel austauschen) bleibt jedoch der Bürgermeister zuständig (vgl. zur Zuständigkeitsverteilung die Ausführungen unter Rn 255 ff.).

In der Praxis hat dieses Recht durchaus Bedeutung. Ohne nennenswerten Aufwand kann hier ein einzelner Einwohner erreichen, dass der Rat ein Thema auf die Tagesordnung setzt und dem Einwohner den Ausgang der Anregung/ Beschwerde mitteilt.

Um nicht alle Ratsmitglieder mit allen Anregungen und Beschwerden zu beschäftigen, kann der Gemeinderat einen Ausschuss bilden, der an seiner Stelle die Anregungen und Beschwerden erledigt (ähnlich den Petitionsausschüssen von Landtag und Bundestag), oder die Erledigung einem der bestehenden Ausschüsse übertragen (häufig dem Hauptausschuss).

4. Einwohnerantrag

Mit dem Einwohnerantrag gemäß § 25 GO NRW können die Einwohner eine Entscheidung 183
des Rates über eine bestimmte Angelegenheit der Gemeinde erzwingen. Deshalb sind auch die Antragsvoraussetzungen wesentlich umfangreicher als bei einer Anregung an den Rat.

- Form und Inhalt 184

Der Antrag muss in Textform gestellt werden und ein konkret formuliertes Anliegen sowie eine Begründung enthalten, vgl. § 25 Abs. 2 S. 1, 2 GO NRW. Gem. § 126b S. 1 BGB bedeutet Textform, dass eine lesbare Erklärung, in der die Person des Erklärenden genannt ist, auf einem dauerhaften Datenträger abgegeben werden. Dies ist z.B. durch eine E-Mail erfüllt.

- Antragsberechtigte Personen 185

Die Antragsteller müssen mindestens 14 Jahre alt und seit mindestens drei Monaten Einwohner der Gemeinde sein.

- Unterstützungsunterschriften 186

Der Einwohnerantrag muss von antragsberechtigten Personen, die durch die Angabe von Name, Vorname, Geburtsdatum und Anschrift *zweifelsfrei erkennbar* sind, unterstützt werden, vgl. § 25 Abs. 4 GO NRW. Die Unterschriftenliste muss zudem den vollen Wortlaut des Antrags enthalten.
Die erforderliche Anzahl von Unterstützerunterschriften (Quorum) beträgt bei bei kreisangehörigen Gemeinden mindestens 5% der Einwohner und bei kreisfreien Städten 4%.

- Benennung von Vertretern 187

Es sind *bis zu drei Personen* (d.h. mindestens eine Person, maximal drei) zu benennen, die die Unterzeichnenden vertreten. Sie dienen der Gemeinde als Ansprechpartner des Einwohnerantrags.

- Gegenstand 188

Ein Einwohnerantrag darf nur Angelegenheiten zum Gegenstand haben, die zur **Verbandskompetenz der Gemeinde** gehören. Das heißt, die Gemeinde hat für diese Angelegenheit aufgrund ihres Selbstverwaltungsrechts die **Aufgabenzuständigkeit**. Der Gegenstand muss zudem in die **Organkompetenz des Rates** fallen. Der Begriff der „Organkompetenz“

meint in diesem Zusammenhang, dass das Gemeindeorgan „Rat" die **Entscheidungszuständigkeit** für diese bestimmte Aufgabe besitzt (Zuständigkeit nach § 41 GO NRW). Fällt die Zuständigkeit einem anderen Organ zu, ist ein Einwohnerantrag unzulässig. Dies gilt jedoch nicht, wenn der Rat seine Zuständigkeit einem Ausschuss übertragen hat. Auch dann bleibt ein Einwohnerantrag zulässig. Die Zuständigkeiten des Rates sind im Wesentlichen in § 41 GO NRW geregelt (vgl. hierzu die Ausführungen unter Rn 255 ff.).

189 • Entscheidung

Die Zulässigkeit des Antrags hat der Gemeinderat unverzüglich festzustellen und spätestens nach vier Monaten auch über die im Einwohnerantrag genannte Angelegenheit (in öffentlicher Sitzung) zu entscheiden. Den Vertretern des Einwohnerantrags soll dabei die Gelegenheit gegeben werden, den Antrag in der Ratssitzung zu erläutern, vgl. § 25 Abs. 7 GO NRW.

Der Einwohnerantrag ist an viele Zulässigkeitskriterien geknüpft. Erreichen können die Einwohner lediglich, dass der Rat eine Entscheidung trifft, jedoch nicht welche. Dadurch hat der Einwohnerantrag in der Praxis keine große Bedeutung.

190 Die nachfolgende Grafik vergleicht die Rechte aus §§ 24, 25, 26 GO NRW:

	Anregungen, Beschwerden 	**Einwohnerantrag** 	**Bürgerbegehren** 
Rechtsgrundlage	§ 24 GO NRW	§ 25 GO NRW	§ 26 GO NRW
Voraussetzungen	- Angelegenheit der Gemeinde - Einzeln oder in Gemeinschaft mit anderen - In Textform → Petitionsrecht!	- Angelegenheit der Gemeinde - Angelegenheiten des Rates - Textform, Begehren, Begründung, Vertretungsberechtigte - Bestimmtes Quorum der Einwohner ab 14 Jahren mit rechtmäßigen Eintragungen	- Angelegenheit der Gemeinde - Angelegenheiten des Rates - Nicht unzulässig - Textform, Frage, Begründung, Vertretungsberechtigte, Kostenschätzung - Ggf. Frist - Bestimmtes Quorum der Bürger mit rechtmäßigen Eintragungen
Rechtsfolge	Antragssteller ist über Stellungnahme zu unterrichten (Mitteilung der Ratsentscheidung)	Gemeinderat ist verpflichtet, in der Sache zu beraten und zu entscheiden	Wenn Rat dem Begehren nicht entspricht, entscheiden die Bürger selbst durch Bürgerentscheid
Grad der Mitwirkung	unverbindliche Mitwirkung	unverbindliche Mitwirkung	verbindliche Entscheidung (direkte Demokratie)
Praxisrelevanz	sehr groß	gering	groß

5. Bürgerbegehren und Bürgerentscheid

Üblicherweise haben die Bürger nur indirekt über Wahlen Einfluss auf die Willensbildung. 191
In Gemeinden treffen die gewählten Ratsmitglieder die Sachentscheidungen. Nur ausnahmsweise können sich die Bürger direkt beteiligen: Auf Landesebene über sogenannte **Volksbegehren**, auf kommunaler Ebene mit dem **Bürgerbegehren**. Auf der Bundesebene sind Volksbegehren gar nicht vorgesehen[23].
Das Bürgerbegehren ist ein Element direkter Demokratie auf kommunaler Ebene. Durch diese unmittelbare Bürgerbeteiligung soll eine höhere Akzeptanz und größere Identifikation mit den Angelegenheiten der Gemeinde herbeigeführt werden.

Das Verfahren der Bürgerbeteiligung nach § 26 GO NRW ist zweistufig: Die **Antragsstufe** ist das Bürgerbegehren und die **Abstimmungsstufe** ist der Bürgerentscheid.

a) Antragsstufe: Bürgerbegehren

Die Durchführung eines Bürgerbegehrens dient dazu, einen Bürgerentscheid herbeizuführen. Es ist somit der **Antrag auf einen Bürgerentscheid**. Ähnlich zum Einwohnerantrag gibt es auch hier zahlreiche Voraussetzungen, die für ein zulässiges Bürgerbegehren erfüllt sein müssen. 192

aa) Zulässigkeitsvoraussetzungen

Zunächst verlangt § 26 Abs. 1 GO NRW, dass es sich bei dem Thema des Bürgerbegehrens um eine „Angelegenheit der Gemeinde" handelt. Das bedeutet, dass die Gemeinde in dieser Angelegenheit zuständig sein muss, also die **Verbandskompetenz** (Aufgabenzuständigkeit) haben muss (vgl. Rn 94 und Teil 5). 193

Die Bürger entscheiden mit einem Bürgerbegehren **„an Stelle des Rates"**, vgl. § 26 Abs. 1 GO NRW. Deshalb muss das Gemeindeorgan „Rat" für diese Angelegenheit zuständig sein, also die **Organkompetenz** besitzen (s.o. beim Einwohnerantrag). Erklärt die GO NRW jemand anderen für zuständig (z.B. Bürgermeister), ist ein Bürgerbegehren unzulässig.

Daneben nennt § 26 Abs. 5 GO NRW konkrete Angelegenheiten, in denen Bürgerbegehren unzulässig sind. Die Aufzählung wird ergänzt durch Satz 2, wonach eine Angelegenheit gesperrt ist, über die innerhalb der letzten zwei Jahre ein Bürgerentscheid durchgeführt wurde. Dadurch soll verhindert werden, dass in einer Angelegenheit die Wiederholung eines Bürgerbegehrens/ Bürgerentscheids stattfindet, ohne dass neue Tatsachen hinzugekommen sind.

Liegen Verbands- und Organkompetenz vor und ist das Thema nicht nach § 26 Abs. 5 GO NRW ausgeschlossen, so ist das Bürgerbegehren inhaltlich (materiell) zulässig. Diese Voraussetzungen können als materielle Voraussetzungen eingeordnet werden, weil es hierbei um den Gegenstand/ das Thema des Bürgerbegehrens geht.

[23] Lediglich Art. 29 GG sieht einen Volksentscheid bei einer Neugliederung des Bundes vor.

Es werden zwei Arten von Bürgerbegehren unterschieden:

194 Ein Begehren kann auf die Herbeiführung einer Entscheidung gerichtet sein (**initiierendes Bürgerbegehren**). Der Rat hat sich bislang noch nicht mit dieser Sache befasst.

195 Oder das Bürgerbegehren richtet sich gegen einen Ratsbeschluss (**kassierendes/ kassatorisches Bürgerbegehren**). Dies können die Bürger tun, um eine beschlossene Maßnahme zu unterbinden oder aber, um eine abgelehnte Maßnahme dennoch durchzuführen.

Neben den **materiellen** Voraussetzungen müssen auch die **formellen** Voraussetzungen erfüllt sein, damit ein Bürgerbegehren zulässig ist.

196 • Das Bürgerbegehren muss in **Textform** (siehe Rn. 184) eingereicht werden, § 26 Abs. 2 S. 1 GO NRW. Es wird gerichtet an den Rat, zu Händen des Bürgermeisters.

197 • Das Begehren muss in Form einer **Frage** formuliert sein, die sich mit Ja oder Nein beantworten lässt, § 26 Abs. 2 S. 2, Abs. 7 GO NRW. Da die Frage des Bürgerbegehrens identisch ist mit der Frage, die später ggf. im Bürgerentscheid zur Abstimmung steht, müssen bereits hier die Voraussetzungen von Abs. 7 erfüllt sein.

198 • Das Bürgerbegehren ist zu begründen, § 26 Abs. 2 S. 1 GO NRW. Dabei sind die Beweggründe der Initiatoren zu erläutern. Emotionalität und Übertreibungen sind ebenso zulässig wie einseitige Bewertungen. Gegenargumente müssen nicht erwähnt werden. Sachliche Unrichtigkeiten darf die Begründung hingegen nicht enthalten.

199 • Es sind **bis zu drei Bürger** zu benennen (mindestens einer, höchstens drei), die als **Vertretungsberechtigte** für die Unterzeichnenden fungieren, § 26 Abs. 2 S. 2 GO NRW.

200 • Auf jeder Unterschriftenliste muss die **Kostenschätzung** der Verwaltung angegeben sein. Sie soll den Bürgern dabei helfen, verantwortungsbewusst abzuwägen, ob sie den Antrag unterstützen wollen.
Die Verwaltung teilt den Vertretern des Bürgerbegehrens im Vorfeld ihre Einschätzung mit, welche Kosten mit der Durchführung der verlangten Maßnahme verbunden sind. Damit wird das Kostenbewusstsein bereits vor der Antragstellung geschärft.
Auch dann, wenn die verlangte Maßnahme keine Kosten verursacht, muss die entsprechende Negativerklärung der Verwaltung im Antrag wiedergegeben werden.

201 • Liegt die Kostenschätzung vor, können die Vertretungsberechtigten eine Entscheidung darüber beantragen, ob das Bürgerbegehren zulässig ist, und zwar im Hinblick auf
- die Abstimmungsfrage
- die Begründung und
- die Vertretungsberechtigten

→**„optionale Vorprüfung“** vgl. § 26 Abs. 2 S. 7 GO NRW.

Dieser Antrag ist von den Vertretungsberechtigten und mindestens 25 Bürgern zu unterzeichnen mit den Personalangaben nach § 25 Abs. 4 GO NRW (§ 26 Abs. 2 S. 7 u. 8 GO NRW).
Die Vorprüfungsentscheidung trifft der Rat, der sie aber per Hauptsatzung auf den Hauptausschuss übertragen kann, vgl. § 26 Abs. 2 S. 9,10 GO NRW.
In beiden Fällen gilt eine Frist von acht Wochen.
Gegen eine negative Entscheidung können die Vertreter des Bürgerbegehrens Verpflichtungsklage erheben (§ 6 Abs. 2 S. 11 i.V.m. § 26 Abs. 6 S. 3 GO NRW).

- Das Bürgerbegehren ist entsprechend der *Einwohnerzahl* der Gemeinde von einer 202
bestimmten Anzahl von Bürgern zu unterzeichnen, § 26 Abs. 4 GO NRW.
Es ist sinnvoll, als Initiator eines Bürgerbegehrens deutlich mehr Unterschriften zu sammeln, da oft Falsch- oder Doppeleintragungen vorkommen. Um prüfen zu können, ob das Quorum erfüllt ist, müssen die Eintragungen die **Personen** nach Name, Vorname, Geburtsdatum und Anschrift **zweifelsfrei erkennen lassen**, § 26 Abs. 4 S. 3 i.V.m. § 25 Abs. 4 S. 2 GO NRW.
Es genügt, wenn die Personen anhand des Melderegisters als Bürger identifiziert werden können. Fehlt z.B. bei Herrn Müller der Vorname, aber Anschrift und Geburtsdatum stimmen und ein weiterer Herr Müller wohnt dort nicht, ist die Eintragung gültig.

> Die Einwohnerzahl gibt nur Aufschluss über die Höhe des Quorums in 203
> der jeweiligen Gemeinde. Berechnet wird die erforderliche Anzahl von Unterschriften nach der konkreten Zahl der **Bürger**.

- Eine **Frist** ist nur dann einzuhalten, wenn sich das Bürgerbegehren gegen einen 204
Ratsbeschluss richtet (kassierendes Bürgerbegehren). Welche Frist gilt, hängt davon ab, ob der Ratsbeschluss bekanntmachungspflichtig ist. Gemäß § 26 Abs. 2 S. 3 GO NRW müssen kassierende Bürgerbegehren **in der Regel binnen drei Monaten** nach dem Sitzungstag eingereicht werden. Nur bei bekanntmachungspflichtigen Ratsbeschlüssen beträgt die **Frist sechs Wochen**. Eine Bekanntmachung von Beschlüssen ist z.B. bei der Verabschiedung von Satzungen erforderlich, denn diese bedürfen der förmlichen Bekanntmachung, um Geltung zu erlangen (vgl. § 7 Abs. 4 GO NRW).

Haben die Vertreter des Bürgerbegehrens der Verwaltung die Absicht, ein Bürgerbegehren durchzuführen, rechtzeitig mitgeteilt, so ist die Frist zur Einreichung des Bürgerbegehrens bis zur Mitteilung der Kostenschätzung durch die Verwaltung gehemmt, vgl. § 26 Abs. 3 S. 3 GO NRW. So wird verhindert, dass die Verwaltung durch eine verzögerte Kostenschätzung die Verfristung des Antrags bewirkt.

204a
- Nach § 26a GO NRW sind die Vertretungsberechtigten zur Abgabe einer **Transparenzerklärung** verpflichtet. Das ist eine Erklärung darüber, ob und in welcher Gesamthöhe die Vertretungsberechtigten Zuwendungen von Dritten für die Vorbereitung und Durchführung des Bürgerbegehrens erhalten oder eigene Mittel dafür eingesetzt haben. Bei Zuwendungen eines einzelnen Zuwenders über 10.000 Euro müssen dessen Name, seine Anschrift und die konkrete Höhe der Zuwendung angegeben werden.
  Der Transparenzerklärung ist eine Versicherung an Eides statt beizufügen dass der Mitteilungspflicht vollständig und richtig nachgekommen worden ist (§ 26a Abs. 4 GO NRW)

Bis zur Antragseinreichung liegt die Verantwortlichkeit bei den das Begehren organisierenden Bürgern. Die Gemeinde hat eine Hilfeleistungspflicht nach § 26 Abs. 2 S. 4 GO NRW. Das bedeutet, die Vertreter können sich an die Verwaltung wenden, wenn sie z.B. Fragen zu der Zahl der registrierten Bürger, der Zulässigkeit der Fragestellung, der Kostenschätzung oder zum Ablauf des weiteren Verfahrens haben.

Außerdem wird die Verwaltung bei Mängeln Gelegenheit zur Nachbesserung geben.

bb) Einreichung und Prüfung des Bürgerbegehrens

205 Das Bürgerbegehren wird eingereicht, indem die Initiatoren den kompletten Antrag bei der Gemeinde abgeben.
Sollten die Vertretungsberechtigten nach Antragstellung eine Zuwendung erhalten, die allein oder zusammen mit weiteren Zuwendungen dieses Zuwenders den Gesamtwert von 10.000 Euro übersteigt, teilen sie dies dem Bürgermeister unverzüglich mit (§ 26a Abs. 2 GONRW).

Die Gemeinde prüft die Zulässigkeit des Bürgerbegehrens, vgl. § 26 Abs. 4 S. 2 GO NRW. D.h. sie überprüft, ob alle genannten Voraussetzungen eingehalten sind. Die Gemeindeverwaltung fertigt auf Grundlage des gefundenen Ergebnisses für den Rat eine Beschlussvorlage mit einer Entscheidungsempfehlung.

Für die Prüfung der Zulässigkeit eines Bürgerbegehrens ergibt sich folgende Prüfungsreihenfolge: 206

Rechtsgrundlage: § 26 Abs. 1-5 GO NRW

Zulässigkeitsvoraussetzungen:

- **Angelegenheit der Gemeinde** § 26 Abs. 1 S. 1→ **Verbandskompetenz**
- **Zuständigkeit des Rates**(*„an Stelle des Rates“*) § 26 Abs. 1 S. 1 → **Organkompetenz**
- **Keine Unzulässigkeit** § 26 Abs. 5

- **Antrag in Textform** § 26 Abs. 2 S. 1
- **Frage** § 26 Abs. 2 S. 1, Abs. 7
- **Begründung** § 26 Abs. 2 S. 1
- **Vertreter** § 26 Abs. 2 S. 2
- **Kostenschätzung der Verwaltung** § 26 Abs. 2 S. 6
- **Frist** (nur wenn gegen Beschluss): **sechs Wochen oder drei Monate** § 26 Abs. 3
- **Erforderliche Anzahl von Unterschriften** § 26 Abs. 4 S. 1
- **Unterschriftenliste** (Antrag, Name, Vorname, Geburtsdatum, Anschrift, Unterschrift) § 26 Abs. 4 S. 3i.V.m. § 25 Abs. 4
- **Transparenzerklärung** § 26a Abs. 1

cc) Entscheidung über das Bürgerbegehren

Der Rat entscheidet unverzüglich[24], also in einer der nächsten Ratssitzungen, über die Zu- 207
lässigkeit des Bürgerbegehrens, vgl. § 26 Abs. 6 S. 1 GO NRW.

- **1. Ratsbeschluss: Entscheidung über die Zulässigkeit**
  Liegen die formellen und materiellen Voraussetzungen vor, stellt der Rat die **Zulässigkeit** fest (gebundene Entscheidung). Hat der Rat bereits ein **Vorprüfungsentscheidung** getroffen, dann wird nur noch über die Einhaltung der Frist sowie die gültige Unterzeichnung nach § 26 Abs. 4 GO NRW entschieden.

  Liegen die formellen oder materiellen Voraussetzungen nicht vor, beschließt der Rat die **Unzulässigkeit** des Bürgerbegehrens. Dies teilt der Bürgermeister den Vertretern des Bürgerbegehrens in Form eines Verwaltungsaktes mit. Das Verfahren ist damit beendet. Die Vertreter des Bürgerbegehrens können gegen die Entscheidung der Unzulässigkeit lediglich beim Verwaltungsgericht **Klage**[25] erheben, vgl. § 26 Abs. 6 S. 2 GO NRW.

[24] Das bedeutet ohne schuldhaftes Zögern (vgl. § 121 BGB).

[25] Statthaft ist die Verpflichtungsklage.

- **2. Ratsbeschluss: Entscheidung in der Sache**
  Ist das Bürgerbegehren hingegen zulässig, so fasst der Rat einen zweiten Beschluss in der Sache, also über das beantragte Thema/ den Inhalt des Begehrens.

  Stimmt der Rat dem Bürgerbegehren zu, so entfällt der Bürgerentscheid, denn die Bürger bekommen, was sie begehren. Eine Zustimmung des Rates ist nur dann gegeben, wenn dem Begehren ganz genau entsprochen wird. Jede Abweichung vom Begehren bedeutet: Keine Zustimmung!

  Beispiel: Das Bürgerbegehren richtet sich auf den Neubau eines Stadions für 25.000 Zuschauer, der Rat beschließt den Neubau für nur 15.000 Zuschauer - damit ist dem Bürgerbegehren nicht entsprochen, obgleich ein Stadion gebaut werden soll.

Entspricht der Rat dem Bürgerbegehren nicht, so wird innerhalb von drei Monaten ein Bürgerentscheid durchgeführt.

Übrigens: Es steht dem Rat frei, trotz einer ablehnenden Entscheidung über die Zulässigkeit dem Begehren in der Sache zu folgen, wenn die Unzulässigkeit nur die formellen Voraussetzungen betrifft.

Fall 1:

208 **Bürgerbegehren gegen den Abriss des Feuerwehrgerätehauses und für seinen Erhalt und Umnutzung** *(7550 Einwohner)*

Die Unterzeichnenden beantragen die Aufhebung des Ratsbeschlusses vom 31. Januar, in welchem der Neubau von altengerechten Wohnungen und der dafür notwendige Abriss des alten, leerstehenden Feuerwehrgerätehauses beschlossen wurden.

Frage:
„Wir sind für die Aufhebung des Ratsbeschlusses über den Abriss des Gerätehauses und für die Umnutzung des Gebäudes in ein Museum („Muster-Museum")."

Begründung:
Die Bedeutung des Gebäudes für die Geschichte von Musterhausen rechtfertigt den Fortbestand des Gebäudes. Im Interesse der Bürger der Gemeinde soll der Bau mitten im Ortskern erhalten bleiben. Er soll im Wege der Umnutzung zukünftig ein Museum über die Geschichte der Gemeinde („Muster-Museum") beherbergen und das kulturelle Angebot von Musterhausen erweitern.

Berechtigt, die Unterzeichnenden zu vertreten sind:

Dipl. Ing. Herbert Liges, Wernerstr. 77, 10100 Musterhausen

BA of Arts in architecture Christof Luge, Schlossallee 8, 10100 Musterhausen

Dipl. Jur. Heike Hölsch, Drostenweg 67, 10100 Musterhausen

Kostenschätzung der Gemeinde:
Umnutzung, Renovierung und Umbaukosten des Gebäudes: 465.000 Euro.

	Name	Vorname	Straße, Hausnummer	Ort	Geburts-datum	Unterschrift
1	Grimm	Manfred	Musterweg 7	10100 Musterhausen	26. Okt. 1989	[illegible]
2	Friedrich	Erich	Fasanenstraße 78	10100 Musterhausen	09.11. 1970	[illegible]
3	Schliefer	R.	Grüner Stich 9	10100 Musterhausen	05.07. 2007	[illegible]
4	Arnim	Bettine	Musterstraße 58	10100 Musterhausen	15.05. 1986	[illegible]
5	Welf	Stefan	Schillerstraße 17	10101 Münsterhausen	11. Feb. 1994	[illegible]
6	Kille	Wendy	Holunderweg 60	10100 Musterhausen	04.12. 1987	[illegible]
7	Grimm	Herr	Aus dem Musterweg	10100 Musterhausen	26.10. 1989	[illegible]

Bearbeitungshinweis: Musterhausen hat 7.550 Einwohner/ 5.520 Bürger. Der Gemeinde liegen Ende Februar 2022 die abgedruckten, sowie weitere 550 rechtmäßige Unterschriften vor.

Aufgabe: Überprüfen Sie die Zulässigkeit dieses Bürgerbegehrens.

Lösung unter Rn. 585 ff.

b) Abstimmungsstufe: Bürgerentscheid

209 Die eigentliche Abstimmung über den **Inhalt** des Bürgerbegehrens ist der Bürgerentscheid. Er ersetzt den Beschluss der gewählten Kommunalvertretung, also des Rates. Der Bürgerentscheid muss gem. § 26 Abs. 6 S. 3 GO NRW innerhalb von drei Monaten nach Sachentscheidung des Rates (also dem Ratsbeschluss, dem Bürgerbegehren nicht folgen zu wollen) durchgeführt werden.

§ 26 Abs. 6 S. 6 GO NRW regelt *„Ist die Zulässigkeit des Bürgerbegehrens festgestellt, darf bis zur Feststellung des Ergebnisses des Bürgerentscheids eine dem Begehren entgegenstehende Entscheidung der Gemeindeorgane nicht mehr getroffen oder mit dem Vollzug einer derartigen Entscheidung nicht mehr begonnen werden, es sei denn, zu diesem Zeitpunkt haben rechtliche Verpflichtungen der Gemeinde hierzu bestanden (Sperrwirkung des zulässigen Bürgerbegehrens).“* Damit verhindert der Gesetzgeber, dass die Gemeinde nach einem zulässigen Bürgerbegehren durch Vollzug „Fakten schafft“.

210 Zur Durchführung des Bürgerentscheides hat die Kommune ähnliche Vorbereitungen zu treffen, wie für die Durchführung einer Wahl. Rechtsgrundlage bilden die GO NRW, die Bürgerentscheid DVO sowie die jeweilige gemeindliche Satzung.

- Festlegung des Abstimmungstages bzw. Abstimmungszeitraums. Dieser muss innerhalb der Dreimonatsfrist liegen.
- Festlegung der Abstimmungsbezirke. Die Anzahl der Bezirke und die Abstimmungslokale werden festgelegt, wenn eine kombinierte Stimmabgabe vorgesehen ist, vgl. § 5 BürgerentscheidDVO.
- Bildung und Berufung der Abstimmungsvorstände. Die Mitwirkung ist eine ehrenamtliche Tätigkeit i.S.v. § 28 Abs. 1 GO NRW.
- Abstimmungsverzeichnis: Die Verwaltung erstellt ein Verzeichnis der abstimmungsberechtigten Bürger und legt dieses öffentlich aus.
- Versenden der Benachrichtigungen: Den Stimmberechtigten werden die Abstimmungsfrage und der Abstimmungstag mitgeteilt. Mit der Benachrichtigung werden auch Informationen über die Auffassung der Bürger und die Auffassung der Gemeindeorgane (Rat, Bürgermeister) versandt.
- Organisatorische Vorbereitungen: z.B. Druck von Stimmzetteln.
- Öffentliche Bekanntmachung der Transparenzerklärungen und Mitteilungen der Vertretungsberechtigten 16 Tage vor dem Bürgerentscheid.
  Gehen danach weitere Erklärungen und Mitteilungen ein, veröffentlicht der Bürgermeister diese in geeigneter Weise spätestens am Tag vor dem Bürgerentscheid, § 26a Abs. 3 GO NRW.

211 Am Abstimmungstag kann jeder Bürger über die Frage des Bürgerbegehrens mit „Ja“ oder „Nein“ abstimmen. Aus diesem Grund ist es auch wichtig, dass die formulierte Frage des Bürgerbegehrens bereits mit „Ja“ oder „Nein“ beantwortbar ist (vgl. oben). Nach der Abstimmung erfolgt die Stimmenauszählung.

Die Frage des Bürgerentscheids ist gem. § 26 Abs. 7 GO NRW in dem Sinne entschieden, in 212
dem sie mit der Mehrheit der gültigen Stimmen beantwortet wurde. Es kommt also zunächst darauf an, ob mehr „Ja" - Stimmen oder „Nein" - Stimmen vorliegen. Bei Stimmengleichheit gilt die Frage als mit „Nein" beantwortet.

Wenn es mehr Ja-Stimmen -und damit eine Mehrheit- gibt, dann müssen diese Ja-Stimmen einem Quorum entsprechen. In Gemeinden bis zu 50.000 Einwohner sind mindestens Ja-Stimmen von 20% der Bürger erforderlich, in Gemeinden über 50.000 bis zu 100.000 Einwohnern mindestens 15% und bei mehr als 100.000 Einwohnern müssen mindestens 10% der Bürger mit ja gestimmt haben.

Die Mehrheit der gültigen Stimmen ist anhand der **Zahl der Bürger** 213
zu berechnen!

1. Liegen mehr „Ja" (oder „Nein") –Stimmen vor?

   Wenn ja:
2. Entspricht diese Mehrheit dem nach der Einwohnerzahl geforderten Quorum der Bürger?

In einer Stadt leben 55.000 Einwohner. 30.000 davon sind Bürger. Es wird 214
ein Bürgerentscheid mit der Frage „Soll ein Heimatmuseum gebaut werden?" gestellt. Bei der Abstimmung stimmen 8.000 Bürger gegen das Vorhaben, 11.500 stimmen mit „Ja".
War der Bürgerentscheid erfolgreich?

Es liegen 19.500 gültige Stimmen vor. Die Mehrheit dieser gültigen Stimmen hat mit „Ja" gestimmt. Dies müsste aber auch dem nach § 26 Abs. 7 GO NRW geforderten Quorum entsprechen. Bei Städten mit über 50.000 und bis zu 100.000 Einwohnern muss die Stimmenmehrheit 15 % der Bürger entsprechen. 15 % Bürger sind 4.500 Bürger. Bei 11.500 Stimmen haben somit 11.500 Bürger mit Ja gestimmt. Dies ist deutlich mehr als 15 % der Bürger. Der Entscheid ist erfolgreich.

c) Rechtsfolgen

Der erfolgreiche Bürgerentscheid hat die Wirkung eines Ratsbeschlusses, vgl. § 26 Abs. 8 215
GO NRW. Er ist daher vom Bürgermeister durchzuführen, vgl. § 62 Abs. 2 S. 2 GO NRW.

Jeder einzelne abstimmungsberechtigte Bürger, also nicht nur der Initiator des Bürgerentscheides, hat damit auch das Recht auf Beachtung des Bürgerentscheides. Daher kann jeder einzelne Bürger bei Maßnahmen und Entscheidungen der Gemeinde, die im Widerspruch zum Bürgerentscheid stehen, Klage beim Verwaltungsgericht erheben.

216 Der zeitliche Ablauf des Bürgerbegehrens/Bürgerentscheides lässt sich wie folgt darstellen:

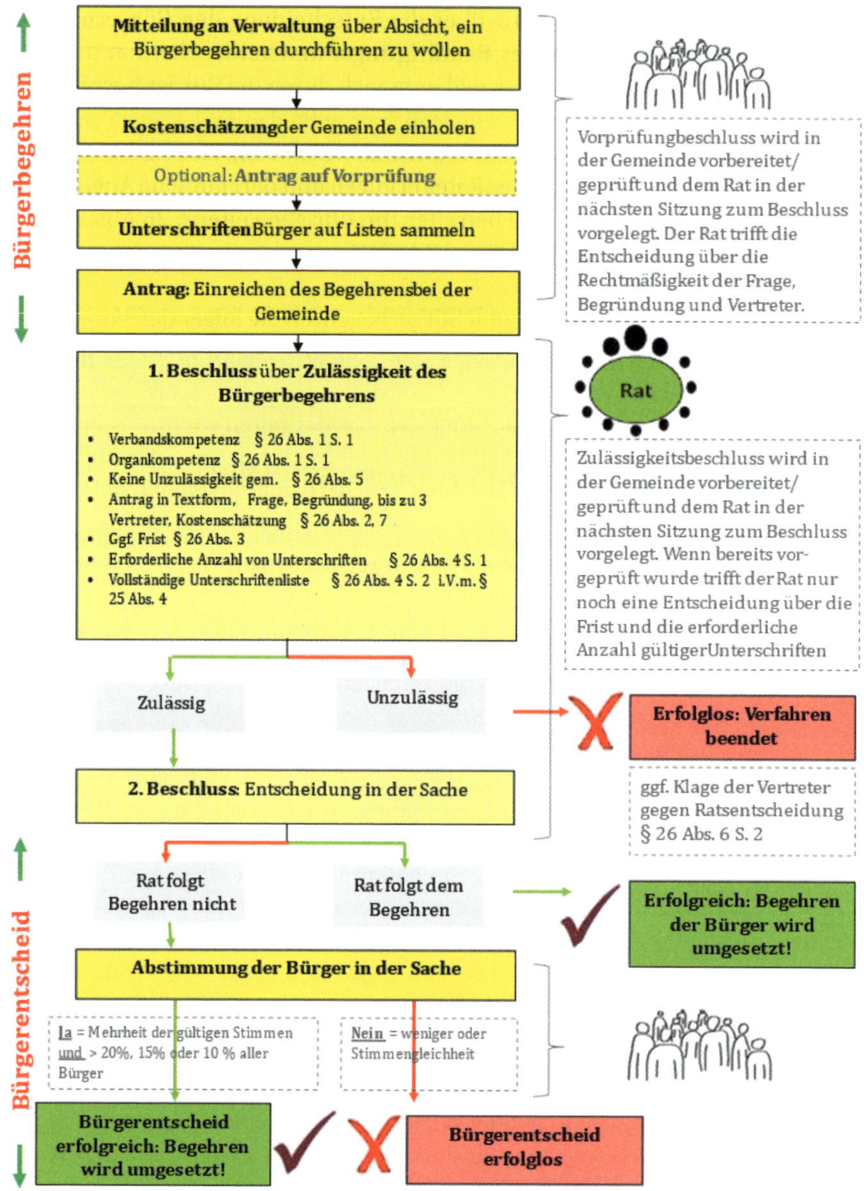

d) Ratsbürgerentscheid, § 26 Abs. 1 S. 2 GO NRW

217 Neben dem Bürgerbegehren gibt es eine weitere Möglichkeit, einen Bürgerentscheid herbeizuführen. Auch der Rat einer Gemeinde kann beschließen, über eine Frage, die den eigenen Wirkungskreis betrifft, einen Bürgerentscheid stattfinden zu lassen. Er bewirkt damit, dass die Akzeptanz der Entscheidung bei den Bürgern erhöht wird.

Der Ratsbürgerentscheid kann ein **Überlassungsentscheid** sein: Hier hat der Rat in einer Angelegenheit bislang keine Entscheidung getroffen (weil er sich uneinig/ unschlüssig ist). Durch den Ratsbürgerentscheid will er die Entscheidung den Bürgern überlassen. Daneben gibt es die Möglichkeit eines **Bestätigungsentscheids**: Hier hat der Rat schon eine Sachentscheidung getroffen. Diese will er jedoch durch die Bürger bestätigen lassen. 218

Der Beschluss, einen Ratsbürgerentscheid stattfinden zu lassen, kann nur mit einer Mehrheit von zwei Dritteln der Mitglieder des Rates erfolgen und darf nur eine Angelegenheit im Wirkungskreis der eigenen Gemeinde betreffen. Im Übrigen gelten § 26 Abs. 2 S. 1, Abs. 5, 7, 8, 10 entsprechend (vgl. § 26 Abs. 1 S. 3 GO NRW)[26]. 219

Das bedeutet, es müssen im Vergleich zum Bürgerbegehren die folgenden Voraussetzungen erfüllt sein: 220

Zulässigkeitsvoraussetzungen

Bürgerbegehren 	**„Ratsbegehren“** 
Rechtsgrundlage: **§ 26 Abs. 1-5 GO NRW**	**Rechtsgrundlage:** **§ 26 Abs. 1, 2, 5 GO NRW**
- **Angelegenheit der Gemeinde** § 26 Abs. 1 S. 1 - **Zuständigkeit des Rates** § 26 Abs. 1 S. 1 - **Keine Unzulässigkeit** § 26 Abs. 5 - **Antrag in Textform** § 26 Abs. 2 S. 1 - **Frage** § 26 Abs. 2 S. 1, Abs. 7 - **Begründung** § 26 Abs. 2 S. 1 - **Vertreter** § 26 Abs. 2 S. 2 - **Kostenschätzung der Verwaltung** § 26 Abs. 2 S. 6 - **Frist** (nur wenn gegen Beschluss): **sechs Wochen oder drei Monate** § 26 Abs. 3 - **Erforderliche Anzahl Unterschriften** § 26 Abs. 4 S. 1 - **Unterschriftenliste** § 26 Abs. 4 S. 3 i.V.m § 25 Abs. 4	- **Angelegenheit der Gemeinde** § 26 Abs. 1 S. 1 - **Zuständigkeit des Rates** § 26 Abs. 1 S. 1 - **Keine Unzulässigkeit** § 26 Abs. 1 S. 3, Abs. 5 - **Frage** § 26 Abs. 1 S. 3, Abs. 2 S. 1, Abs. 7 - **Begründung** § 26 Abs. 1 S. 3, Abs. 2 S. 1 - **Kostenschätzung der Verwaltung** § 26 Abs. 2 S. 6 analog (vgl. Fußnote) - **Beschluss von zwei Dritteln der gesetzlichen Mitgliederzahl** § 26 Abs. 1 S. 2

[26] Auf die Kostenschätzung der Verwaltung verweist § 26 Abs. 1 S. 3 GO NRW nicht. Jedoch ist eine Kostenschätzung in der Praxis auch bei einem Ratsbürgerentscheid ratsam, damit die Bürger auch die finanziellen Aspekte bei ihrer Entscheidungsfindung heranziehen können.

Für alle Verfahren der Abstimmung (Bürgerbegehren, Bürgerentscheid, Ratsbürgerentscheid) gelten die Vorgaben der Durchführungsverordnung (Bürgerentscheid DVO NRW) auf deren Grundlage jede Gemeinde die Durchführungsmodalitäten des Bürgerentscheids in einer gemeindlichen Satzung regelt.

Fall 2:

221 Der Rat der kreisfreien Stadt M (220.000 Einwohner) hat am 1. September (einem Donnerstag) beschlossen, auf einer zentral gelegenen öffentlichen Freifläche (H-Platz), die für diverse Freiluftveranstaltungen genutzt wird, eine städtische Konzerthalle bauen zu lassen. Bürger B ärgert sich, dass der H-Platz bebaut werden soll, da hier auch immer die von ihm geliebte Kirmes stattfindet. Er mobilisiert seine Freunde C und D - ebenfalls aus M - und initiiert mit ihnen ein schriftliches Bürgerbegehren mit der Frage „Soll der Ratsbeschluss vom 1. September zur Finanzierung des Baus einer Konzerthalle auf dem H-Platz aufgehoben werden?“ Er begründet das Begehren mit dem Hinweis darauf, dass es am Stadtrand bereits eine städtische Kongresshalle gibt, die auch für Musikkonzerte genutzt werden kann und daher der Bedarf für eine weitere Halle nicht gegeben ist.

Dies teilt er der Stadtverwaltung der Stadt M mit. In der darauffolgenden Kostenschätzung geht die Verwaltung davon aus, dass die Entscheidung, die Konzerthalle nicht zu bauen, keine Kosten nach sich zieht, im Gegensatz zum bestehenden Ratsbeschluss. Diese Einschätzung gibt B auf den Unterschriftenlisten neben der Frage und der Begründung an. Von den 145.000 Bürgern unterschrieben 12.248 auf der Unterschriftenliste. B gibt das Bürgerbegehren am Mittwoch, dem 12. Oktober, beim Oberbürgermeister der Stadt M persönlich ab.
Prüfen Sie gutachterlich, ob das Bürgerbegehren zulässig ist.

Lösung unter Rn 593 ff..

e) Stichentscheid, § 26 Abs. 7 S. 5 GO NRW

222 Die Gemeindeordnung regelt auch den Fall, dass zwei Bürgerentscheide zu derselben Angelegenheit an einem Tage stattfinden sollen.
Beispiel:
Der Rat hat einen Ratsbürgerentscheid beschlossen zu der Frage: „Soll die Blücherschule in Paul-Gerhardt-Schule umbenannt werden?“ = Bürgerentscheid 1

Eine Bürgerinitiative hat gleichzeitig ein Bürgerbegehren eingereicht mit der Frage: „Sind Sie für die Beibehaltung des Namens „Blücherschule“?“ = Bürgerentscheid 2

Stellt man nun beide Fragen auf einem Stimmzettel zur Abstimmung, könnten theoretisch beide mit der nach § 26 Abs. 7 S. 2 GO NRW erforderlichen Mehrheit beantwortet werden. Auf die höhere Mehrheit kommt es dabei nicht an.
Deshalb muss der Rat für diesen Fall vorsorglich eine Stichfrage beschließen: „Sollten bei-

de Bürgerentscheide die erforderliche Mehrheit erhalten, welche Entscheidung soll dann gelten, Bürgerentscheid 1 oder Bürgerentscheid 2?".
Es gilt dann diejenige Entscheidung, für die sich bei der Stichfrage die Mehrheit der gültigen Stimmen ausspricht (§ 26 Abs. 7 S. 6 GO NRW).

Die Bürger können auf diese Weise drei Stimmen abgeben:

Bürgerentscheid 1 = Ja, Bürgerentscheid 2 = Nein, Stichfrage: Bürgerentscheid 1

oder

Bürgerentscheid 1 = Nein, Bürgerentscheid 2 = Ja, Stichfrage: Bürgerentscheid 2

6. Exkurs: Ehrenbürgerrecht, Ehrenbezeichnung

Nach § 34 Abs. 1 S. 1GO NRW kann die Gemeinde Persönlichkeiten, die sich um sie besonders verdient gemacht haben, das **Ehrenbürgerrecht** verleihen. Entgegen dem Wortlaut ist das Ehrenbürgerrecht nicht den Bürgern vorbehalten, sondern kann allen **natürlichen Personen** verliehen werden. Es bleibt der Beurteilung durch den Rat vorbehalten, worin er das besondere Verdienst erblickt. So sind Persönlichkeiten ausgezeichnet worden, die 222a

- durch Weltgeltung ihres Unternehmens zum Ansehen der Gemeinde erheblich beitragen
- als Künstler (Musiker, Maler, Bildhauer, Schriftsteller, Schauspieler usw.) oder Sportler (Weltmeister, Olympiasieger) auch den Ruf ihrer Geburts- bzw. Heimatgemeinde fördern und verbreiten
- als Kommunalpolitiker langjährig und erfolgreich zur Förderung des Gemeinwohls gearbeitet haben
- im Verlaufe ihres Lebens in hohe Staats-/Kirchenämter berufen wurden
- mit der Gründung einer Stiftung das Angebot öffentlicher Leistungen in der Gemeinde unterstützen oder erweitern
- über viele Jahre ein außergewöhnliches Engagement bewiesen haben (in Vereinen, Verbänden u.a.).

Das Ehrenbürgerrecht ist die höchste Auszeichnung, die eine Gemeinde zu vergeben hat und von der deshalb zurückhaltend Gebrauch gemacht wird. Es ist den Gemeinden überlassen, mit dem Ehrenbürgerrecht gewisse „Privilegien" zu verbinden, z.B. freie Benutzung der städtischen öffentlichen Verkehrsmittel, freier Eintritt in bestimmte öffentliche Einrichtungen, kostenloser Besuch der städtischen Theater- und Konzertveranstaltungen bis hin zum „Ehrengrab" auf dem kommunalen Friedhof.

Das Ehrenbürgerrecht erlischt mit dem Tode des Ehrenbürgers. Spätere Aberkennungen (Adolf Hitler, Erich Honecker) haben dann nur noch deklaratorische Bedeutung.
Der Aberkennung der Ehrenbürgerwürde geht in der Regel ein „unwürdiges“ Verhalten voraus und wird als **Verwaltungsakt** qualifiziert.

Verleihung und Aberkennung des Ehrenbürgerrechts bedürfen einer Mehrheit von zwei Dritteln der gesetzlichen Zahl der Mitglieder des Rates (§ 34 Abs. 2 GO NRW).

222b Die Verleihung einer **Ehrenbezeichnung** ist langjährigen Ratsmitgliedern, Bürgermeistern und Ehrenbeamten, und damit ausschließlich Bürgern, vorbehalten. Solche Ehrenbezeichnungen lauten z.B. Stadtältester, Ehrenratsmitglied, Ehrenbürgermeister oder Altbürgermeister.
Die ehedem erforderliche „Dienstzeit“ von mindestens zwanzig Jahren (bis 1978), zuletzt von fünfzehn Jahren (bis 1994), ist entfallen. Mit „langjährig“ dürfte aber mehr als eine Wahl- oder Amtsperiode gemeint sein.
Den Beschluss über die Verleihung einer Ehrenbezeichnung fasst der Rat mit einfacher Mehrheit; für die Entziehung der Ehrenbezeichnung ist eine Zweidrittelmehrheit der gesetzlichen Zahl der Mitglieder notwendig (§ 34 Abs. 2 GO NRW).

222c Neben den in der GO geregelten „Auszeichnungen“ kennen viele Gemeinden weitere Ehrungsmöglichkeiten: Verdienstmedaille, Ehrenring, Ehrenplaketten, Ehrenbriefe oder Preise (Kultur-, Umwelt-, Kunstpreis), um auch unterhalb der Schwelle des Ehrenbürgerrechts verdienten Persönlichkeiten in der Gemeinde (öffentlichen) Dank abzustatten und öffentliche Anerkennung zuteilwerden zu lassen.

TEIL 8: DER RAT

I. VORBEMERKUNG

Entsprechend dem Grundsatz in Art. 28 Abs. 1 S. 2 GG muss das Volk in den Kreisen und Gemeinden eine Vertretung haben. Daher bestimmt § 40 Abs. 1 und Abs. 2 S. 1 GO NRW: Die Verwaltung der Gemeinde wird ausschließlich durch den Willen der Bürgerschaft bestimmt. Die Bürgerschaft wird durch den Rat und den Bürgermeister vertreten. 223

II. RECHTSSTELLUNG DES RATES

Die Funktion, den Willen der kommunalen Körperschaft zu bilden, übt der Rat durch die ihm obliegenden Aufgaben aus.

1. Der Rat als Adressat des Petitionsrechts

Nach der Vorgabe des Art. 28 Abs. 1 S. 2 GG sind Rat und Kreistag Volksvertretungen[27]. Das hat zur Folge, dass auch das Petitionsrecht des Art. 17 GG auch zum Rat besteht. Diesem Umstand wird dadurch Rechnung getragen, dass die Gemeindeordnung in § 24 GO NRW ein Anregungs- und Beschwerderecht in Angelegenheiten der Gemeinde ausdrücklich zulässt. Soweit es sich um eine Angelegenheit der (gesamten) Gemeinde handelt, richtet sich dieses Recht an den Rat, der allerdings für die Erledigung dieser Angelegenheit einen (Beschwerde-) Ausschuss einsetzen kann (§ 24 Abs. 1 S. 3 GO NRW)[28]. Soweit es sich in kreisfreien Städten um Angelegenheiten handelt, die in die Entscheidungskompetenz der Bezirksvertretungen fallen, besteht das Petitionsrecht zu den Bezirksvertretungen (§ 24 Abs. 1 S. 1 GO NRW). Da die Bezirksvertretungen keine Ausschüsse bilden (§ 36 Abs. 5 S. 1 GO NRW), müssen sie selbst über die Anregungen und Beschwerden in ihrem Zuständigkeitsbereich entscheiden[29]. 224

Inhaltlich gibt das Petitionsrecht keinen Sachentscheidungsanspruch, sondern nur einen Anspruch darauf, dass sich Rat, Kreistag oder der dafür bestimmte Ausschuss oder die Bezirksvertretung mit der Angelegenheit befassen und die Person, die die Petition eingereicht hat, über ihre Stellungnahme unterrichten (§ 24 Abs. 1 S. 4 GO NRW).

---

27 Art. 28 Abs. 1 S. 2 GG: In den Ländern, Kreisen und Gemeinden muss das Volk eine Vertretung haben, die aus allgemeinen, unmittelbaren, freien, gleichen und geheimen Wahlen hervorgegangen ist.

28 Zu Einzelheiten zum Beschwerderecht vgl. Rn 182.

29 Siehe zur Zuständigkeit der Bezirksvertretungen § 37 Abs. 1 GO NRW.

2. Der Rat als „Kommunalparlament"

225 Die Vertretungskörperschaft wird auf Gemeindeebene umgangssprachlich häufig als *Kommunalparlament* bezeichnet. Zwar haben kommunale Vertretungskörperschaften auch typische Merkmale eines Parlamentes, sind im Ergebnis aber doch keine „echten" (staatsrechtlichen) Parlamente, sondern kommunale Verwaltungsorgane.

Deshalb heißt es in § 40 GO NRW: *Die Verwaltung der Gemeinde wird durch den Rat [...] als Vertreter der Bürgerschaft bestimmt.*

Die parlamentsähnlichen Merkmale des Rates lassen sich wie folgt beschreiben:

226 - **Rechtsetzungsbefugnis:** Satzungen (und Rechtsverordnungen) werden grundsätzlich durch die kommunalen Vertretungskörperschaften (durch den Rat) erlassen.

227 - **Wahl der Leitungsorgane/Selbstorganisation durch Ausschussbildung:** Die kommunalen Vertretungen können – mit Ausnahme des Bürgermeisters– die weiteren Kommunalorgane besetzen und bestimmen. Sie wählen die sonstigen kommunalen Wahlbeamten (§ 41 Abs. 1 lit. c) GO NRW), richten Ausschüsse ein und bestimmen über deren Besetzung (§ 41 Abs. 1 lit. b) GO NRW). Die Vorsitze in den Ausschüssen werden allerdings von den Fraktionen und nicht von der Vertretung in ihrer Gesamtheit vergeben (vgl. etwa § 58 Abs. 5 GO NRW).

228 - **Budgetrecht:** Erlass der Haushaltssatzung (§ 41 Abs. 1 lit. h) GO NRW), Bestimmung über Abgaben und Entgelte (§ 41 1 lit. i) GO NRW), also Regelung über Aufkommen und Verwendung kommunaler Finanzen.

229 - **Kontrolle der Exekutive:** vgl. z. B. § 55 GO NRW. Die vom Rat getroffenen Entscheidungen sind nach § 62 Abs. 2 S. 2 GO NRW vom Bürgermeister unter der Kontrolle des Rates und in Verantwortung ihm gegenüber durchzuführen. Darüber hinaus ist der Rat auch oberste Dienstbehörde der Gemeindebeamten (§ 3 Abs. 1 Nr. 2 LBG NRW).

230 Kommunalvertretungen haben ähnliche Rechte wie ein Parlament: Sie setzen Recht, organisieren sich selbst und wählen ihre Leitungsorgane, üben das Budgetrecht aus und kontrollieren die (die Beschlüsse ausführende) Verwaltung.

231 Dennoch sind die kommunalen Vertretungen keine echten Parlamente im staatsrechtlichen Sinne. Ihre Aufgaben beschränken sich nicht auf die typischen Parlamentsaufgaben, sondern sind im Wesentlichen dadurch geprägt, dass sie Willensbildungs- und Kontrollorgan einer kommunalen Körperschaft sind. Diese kommunalen Körperschaften selbst wiederum sind

keine „Staaten", denen ein Parlament zugeordnet wäre, sondern (Selbst-) Verwaltungsorgane im Rahmen der (mittelbaren) Landesverwaltung (Art. 1 Abs. 1 S. 2, 3, Abs. 2 LVerf NRW)[30]. Aus diesem Grunde sind die Mitglieder der kommunalen Vertretungskörperschaften auch keine „echten Parlamentarier". Sie genießen - anders als Landtagsabgeordnete - weder eine Indemnität (strafrechtliche Verantwortungsfreiheit) noch eine Immunität (Beschränkung der Strafverfolgung) nach Art. 47, 48 LVerf NRW[31]. Es gilt für die Arbeit in den Kommunalparlamenten auch nicht der Grundsatz der Diskontinuität, so dass eine neu gewählte Vertretung nahtlos an die Arbeit der alten Vertretung anknüpfen kann[32].

3. Der Rat als Behörde

232 In einigen Fällen bildet die Vertretung nicht nur den Willen der Körperschaft und überlässt dessen Umsetzung einem anderen Kommunalorgan (in aller Regel dem Bürgermeister als gesetzlicher Vertreter in Rechts- und Verwaltungsgeschäften vgl. § 63 Abs. 1 S 1 GO NRW), sondern wird auch selbst nach außen verwaltend als Behörde i. S. v. § 1 Abs. 2 VwVfG NRW z. B. durch den Erlass von Verwaltungsakten tätig. So kann etwa der Rat nach § 71 Abs. 7 GO NRW einen Beigeordneten abberufen. Diese Abberufung ist ein Verwaltungsakt, der z. B. auch mit der Anordnung der sofortigen Vollziehung versehen werden kann.

233 Weitere Beispiele für behördliche Tätigkeit (durch Erlass von Verwaltungsakten) sind:

- Bestellung und Abberufung des Leiters der örtlichen Rechnungsprüfung und der Prüfer nach § 101 Abs. 4, 5 GO NRW
- Abberufung eines Beigeordneten nach § 71 Abs. 7 GO NRW
- Verhängung eines Ordnungsgeldes nach § 29 Abs. 3 GO NRW gegen Einwohner oder Bürger
- Verhängung eines Ordnungsgeldes gegen Mandatsträger nach §§ 43 Abs. 2, 30 Abs. 4, 29 Abs. 3 GO NRW
- Erlass eines Widerspruchsbescheides nach §§ 54 Abs. 3 BeamtStG, 3 Abs. 1 Nr. 2 LBG NRW
- Entscheidungen des Rates über einen Mandatsverlust im Wahlprüfungsverfahren nach § 44 Abs. 1 KWahlG
- die Entscheidung des Rates über die Zulässigkeit eines Bürgerbegehrens nach § 26 Abs. 6 S. 1, 2 GO NRW[33].

---

30 Vgl. dazu Teil 3 (insbesondere Schaubilder).

31 Vereinfacht ausgedrückt: keine Strafverfolgung wegen Parlamentsarbeit, keine Strafverfolgung ohne Genehmigung des Parlaments.

32 Vereinfacht ausgedrückt: am Ende einer Wahlperiode sind alle unerledigten Gesetzentwürfe im Bundes- und den Länderparlamenten nicht mehr existent; sie müssen, wenn sie weiterverfolgt werden sollen, nach Beginn der neuen Wahlperiode vom neu zusammengesetzten Parlament neu eingebracht werden. Auf kommunaler Ebene bleiben die Entwürfe (zumeist Vorlagen genannt) dagegen existent.

33 Siehe zum Bürgerbegehren Rn 191 ff..

4. Der Rat als kommunales Willensbildungsorgan

234 Wichtigste Aufgabe des Rates ist die Willensbildung für die Bürgerschaft und damit für die Gemeinde (§ 40 GO NRW). In seine Kompetenz fallen die Entscheidungen über die grundlegenden Fragen der Verwaltung (vgl. dazu den Katalog des § 41 Abs. 1 S. 2 GO NRW für die Gemeinde und § 26 Abs. 1 KrO NRW für den Kreistag). Der Rat übt damit in erster Linie das verfassungsrechtliche Selbstverwaltungsrecht der Gemeinde nach Art. 28 Abs. 2 GG, Art. 78 und 79 LVerf NRW aus. Auf Gemeindeebene kann der Rat bis hinein in die Geschäfte der laufenden Verwaltung die Entscheidung an sich ziehen (vgl. § 41 Abs. 3 GO NRW). Auf der Ebene der Kreise und Landschaftsverbände dagegen ist ein so weitgehender Zugriff nicht vorgesehen, vgl. § 42 lit. a KrO NRW, § 17 Abs. 1 lit. c LVerbO.

III. ZUSAMMENSETZUNG DES RATES

235 Der Rat besteht gemäß § 40 Abs. 2 S. 2 GO NRW aus *den gewählten Ratsmitgliedern und dem Bürgermeister (Mitglied kraft Gesetzes)*. Der Bürgermeister wird nicht bei der Wahl der Ratsmitglieder, sondern in einer eigenständigen Bürgermeisterwahl gewählt[34].

236 

Die **Bürger** wählen
- die **Ratsmitglieder**
- und den **Bürgermeister**

für **fünf** Jahre!

1. Das aktive Wahlrecht

237 Unter dem aktiven Wahlrecht versteht man das Recht zu wählen (Wahlberechtigung). Wahlberechtigt ist nach § 7 KWahlG, wer am Wahltag

- Deutscher im Sinne des Art. 116 Abs. 1 GG ist oder die Staatsangehörigkeit eines Mitgliedstaats der Europäischen Gemeinschaft[35] besitzt,
- das 16. Lebensjahr vollendet hat,
- seit mindestens dem 16. Tag im Wahlgebiet seine Wohnung, bei mehreren Wohnungen seine Hauptwohnung hat oder sich sonst gewöhnlich aufhält und keinen Wohnsitz außerhalb des Wahlgebietes hat und
- nicht nach § 8 KWahlG vom Wahlrecht ausgeschlossen ist.

[34] Siehe § 65 GO NRW und Rn 408 ff.

[35] Der Zusammenschluss heißt mittlerweile „Europäische Union".

Dabei richtet sich der Ort der Hauptwohnung zunächst rein formal nach der Eintragung im Melderegister, nach dem das Wählerverzeichnis erstellt wird. Fallen Eintragung und tatsächliche Verhältnisse auseinander, ist das Wählerverzeichnis zu berichtigen.

2. Das passive Wahlrecht

Unter dem passiven Wahlrecht versteht man das Recht gewählt zu werden (Wählbarkeit). 238
Wählbar ist nach § 12 KWahlG zunächst jede *wahlberechtigte Person* (i.S.d. § 7 KWahlG), die das 18. Lebensjahr vollendet hat und seit mindestens drei Monaten in dem Wahlgebiet ihre Hauptwohnung hat. Wählbar ist allerdings nicht, wer am Wahltag infolge Richterspruchs in der Bundesrepublik Deutschland die Wählbarkeit oder die Fähigkeit zur Bekleidung öffentlicher Ämter nicht besitzt (§ 12 Abs. 2 KWahlG). Im Übrigen gelten für die Wählbarkeit die gleichen Voraussetzungen wie für die Wahlberechtigung:

Wählbar ist, wer am Wahltag 239

- Deutscher im Sinne des Art. 116 Abs. 1 GG ist oder die Staatsangehörigkeit eines Mitgliedstaats der Europäischen Gemeinschaft[36] besitzt,
- das 18. Lebensjahr vollendet hat und
- seit mindestens drei Monaten im Wahlgebiet seine Wohnung, bei mehreren Wohnungen seine Hauptwohnung hat oder sich sonst gewöhnlich aufhält und keinen Wohnsitz außerhalb des Wahlgebietes hat.

Eine weitere Beschränkung des passiven Wahlrechts ergibt sich aus § 13 KWahlG, wonach 240
Beamte und Arbeitnehmer einer der in § 13 Abs. 1 S. 1 lit. a) - e) KWahlG genannten Körperschaften an der Übernahme eines Mandates gehindert sind. Die verfassungsrechtliche Grundlage für § 13 KWahlG ergibt sich aus Art. 137 S. 1 GG. Die Vorschrift soll der Gefahr von Interessenkollisionen und Entscheidungskonflikten begegnen, sowie der Sicherung der organisatorischen Gewaltenteilung dienen. Konkret soll verhindert werden, dass Beamte oder Angestellte derjenigen Vertretungskörperschaft angehören, der die Kontrolle über ihre Behörde obliegt oder die durch ihre Behörde zu kontrollieren ist.

Aus § 13 KWahlG ergibt sich allerdings kein Ausschluss der Wählbarkeit, sondern lediglich 241
das Verbot, gleichzeitig das Mandat und die kontrollierende bzw. kontrollierte Beschäftigung auszuüben (Inkompatibilität). D. h., dass die Wahl angenommen und das Mandat ausgeübt werden kann, wenn das „inkompatible Amt“ niedergelegt wird oder für die Dauer des Mandates ruht (vgl. § 13 Abs. 3 S. 1 KWahlG). Bei „Unwählbarkeit“ wäre bereits eine Kandidatur ausgeschlossen.

[36] Der Zusammenschluss heißt mittlerweile „Europäische Union“.

3. Das Wahlverfahren

242 Die **Ratsmitglieder** werden von den Gemeindebürgern gem. § 42 Abs. 1 GO NRW in allgemeiner, unmittelbarer, freier, gleicher und geheimer Wahl (Art. 28 Abs. 1 S. 2 GG) nach näherer Bestimmung des Kommunalwahlgesetzes für die Dauer von **fünf Jahren** gewählt.

243 Die näheren Vorschriften zur Wahl trifft das Kommunalwahlgesetz (vgl. § 42 Abs. 1 S. 2 GO NRW). Die Vertreter werden in den Wahlbezirken und aus den Reservelisten gewählt (§ 3 Abs. 1 KWahlG).
Das geltende Kommunalwahlrecht in Nordrhein-Westfalen beruht im Grundsatz für die Wahl der Räte auf einem Mischsystem von Mehrheits- und Verhältniswahl.

Jeder Wähler hat eine Stimme.

Die Ratsmitglieder werden in den Wahlbezirken und aus Reservelisten gewählt (§ 3 Abs. 1 KWahlG).

Bei der Wahl zum Rat bildet das Gemeindegebiet das Wahlgebiet (vgl. § 1 Abs. 2 KWahlG). Das Wahlgebiet wird in so viele Wahlbezirke eingeteilt, wie Vertreter gem. § 3 Abs. 2 KWahlG in Wahlbezirken zu wählen sind (vgl. § 4 Abs. 1 KWahlG). Das bedeutet, dass die Hälfte der Sitze durch den jeweils erfolgreichen Bewerber in einem Wahlbezirk zu besetzen ist.

In jedem Wahlbezirk wird ein Bewerber nach den Grundsätzen der relativen Mehrheitswahl (direkt, persönlich) gewählt. Derjenige Bewerber mit den meisten Stimmen erhält dadurch direkt einen Sitz im Rat. Auf diese Weise wird die Hälfte der Sitze im Rat verteilt.

Anlage 17a
zu § 32 Abs. 1 Satz 1 KWahlO 244

Gemeinderatswahl – Kreistagswahl*

Stimmzettel

für die Wahl der Vertretung der Gemeinde - des Kreises* ....

im Wahlbezirk ....
(Nr. und ggf. Ortsbezeichnung)

am ....

Nur **eine/n** Bewerber/in ankreuzen, **sonst** ist Ihre Stimme ungültig. Hier ankreuzen ▼

1[1]	**Reuter**, Karl Otto Geburtsjahr 1945 Arbeitnehmer Wilhelm-Heinrich-Weg 4 40231 Düsseldorf	Christlich Demokratische Union Deutschlands Theo Müller Carola Wolters Werner Stamm	**CDU**	◯
2	**Ebel**, Thomas Geburtsjahr 1950 Korbmacher Grüner Weg 29 40229 Düsseldorf	Sozialdemokratische Partei Deutschlands Marlies Schmidt Werner Ebel Erwin Krause	**SPD**	◯
3	**Dr. Bachmann**, Hans Geburtsjahr 1952 Arzt Mühlenkamp 23 40229 Düsseldorf	Freie Demokratische Partei Hagen Rauter Hiltrud Tappe Dr. Hans Bachmann	**FDP**	◯
4	**Schürmann**, Josef Geburtsjahr 1960 Landwirt Am Kiefernforst 11 40627 Düsseldorf	BÜNDNIS 90/DIE GRÜNEN Vera Wegener Sabine Soliga Josef Schürmann	**GRÜNE**	◯
5	**Wilkus**, Ernst Geburtsjahr 1958 Elektromeister Kösener Weg 2 40627 Düsseldorf	Einzelbewerber/in[2]		◯
6	**Müller**, Erwin Geburtsjahr 1955 Journalist Leseratte 12 40005 Düsseldorf	Freie Leser	**FL**	◯

1 Die Reihenfolge auf dem Stimmzettel wird gem. § 23 Abs. 1 Satz 3 KWahlG und § 32 Abs. 2 KWahlO von dem/der Wahlleiter/in festgesetzt. Beteiligt sich eine Partei oder Wählergruppe in einem Wahlbezirk nicht mit einem eigenen Wahlvorschlag oder wird der Wahlvorschlag nicht zugelassen, so fällt in dem betreffenden Wahlbezirk die Nummer dieser Partei oder Wählergruppe aus, ohne dass ein Leerraum auf dem Stimmzettel bleibt; Entsprechendes gilt für Wahlvorschläge von Einzelbewerbern/Einzelbewerberinnen

2 Hat der Wahlverschlag des Einzelbewerbers/der Einzelbewerberin ein Kennwort, so ist hier das Kennwort voranzusetzen

37

[37] Musterstimmzettel für die Gemeinderatswahl (Anlage 17a zur KWahlO).

Nach dieser ersten Auszählung werden diejenigen Stimmzettel „aussortiert", die entweder auf Einzelbewerber entfallen sind oder auf Bewerber, die einer Partei angehören, die keine Reserveliste abgegeben hat (sog. bereinigte Gesamtstimmenzahl)[38]. Für die Verteilung der Sitze insgesamt werden nunmehr erneut (!) die Stimmzettel ausgezählt – diesmal nicht mit Blick auf die Person (Kandidat im Wahlbezirk), sondern mit Blick auf die Partei (die eine Reserveliste eingereicht hat).

Die Gesamtzahl der Sitze wird entsprechend dem jeweiligen Stimmanteil einer jeden Partei im gesamten Wahlgebiet nach Listen („Reservelisten") verteilt. Die für die einzelnen Bewerber der Parteien und Wählergruppen in den Wahlbezirken abgegebenen Stimmen gelten damit gleichzeitig als Grundlage für eine verhältnisgerechte Sitzaufteilung im ganzen Wahlgebiet.

245 Hierbei werden die in den Wahlbezirken (in direkter Wahl) errungenen Sitze angerechnet und erst danach weitere Sitze aus den Reservelisten zugewiesen.

Soweit dies zur Erzielung eines vollständigen Verhältnisausgleichs (und einer geraden Gesamtsitzzahl, vgl. § 3 Abs. 2 KWahlG) erforderlich ist, werden weitere Sitze aus den Reservelisten im Wege der sog. Aufstockung zugeteilt. Das ist notwendig, wenn eine Partei oder Wählergruppe durch erfolgreich direkt gewählte Wahlbezirksbewerber mehr Sitze errungen hat, als ihr nach ihrem Stimmenanteil insgesamt Sitze zustehen (sog. Überhangmandat, vgl. § 3 Abs. 4, § 33 KWahlG).

246 Die Sitzverteilung bestimmt sich nach § 33 KWahlG. Das dort angeordnete Sitzberechnungsverfahren nach Saint-Laguë/Schepers wird an folgendem Beispiel erläutert:

Der Rat einer Gemeinde mit 250.000 Einwohnern besteht ohne weitere Festlegungen aus 66 Ratsmitgliedern (vgl. § 3 Abs. 2 KWahlG), davon werden 33 in Wahlbezirken gewählt (vgl. § 3 Abs. 2 KWahlG).

Es entfallen auf die vier Parteien (A, B, C, D):

Partei A	73.000 Stimmen
Partei B	53.500 Stimmen

[38] Gem. § 33 Abs. 1 S. 2-4 KWahlG bleiben Parteien und Wählergruppen bei der Sitzverteilung unberücksichtigt, die weniger als 2,5 vom Hundert der Gesamtstimmenzahl erhalten haben. Nach den Entscheidungen des Verfassungsgerichtshofes für das Land Nordrhein-Westfalen vom 21. November 2017 (VerfGH 9/16, VerfGH 11/16, VerfGH 15/16, VerfGH 16/16, VerfGH 17/16, VerfGH 18/16, VerfGH 21/16) ist die 2,5 %-Sperrklausel des Art. 78 Abs. 1 S. 3 LV mit Art. 69 Abs. 1 S. 2 LV i.V.m. Art. 28 Abs. 1 S. 2 GG unvereinbar, soweit sie für die Gemeinderats- und Kreistagswahlen gilt. Aus den gleichen Gründen verletzen auch die ihrem Vollzug dienenden einfachgesetzlichen Bestimmungen in § 33 Abs. 1 S. 2-4 KWahlG das Recht auf Wahlgleichheit (vgl. z. B. VerfGH NRW a.a.O. VerfGH 21/16 - Leitsatz 7 und Rn. 128).

Partei C 33.600 Stimmen
Partei D 20.400 Stimmen

In den einzelnen Wahlbezirken haben insgesamt 26 Vertreter der A-Partei und 7 Vertreter der B-Partei in dem jeweiligen Wahlbezirk jeweils die meisten Stimmen bekommen.

Für Ermittlung der Sitzverteilung ist im ersten Schritt die Gesamtstimmenzahl zu berechnen (§ 33 Abs. 1 KWahlG): 73.000 + 53.500 + 33.600 + 20.400 = 180.500.

Es sind keine Parteien oder Wählergruppen vorhanden, für die keine Reserveliste zugelassen ist. Außerdem sind keine Einzelbewerber angetreten. Also sind keine Stimmen abzuziehen (vgl. § 33 Abs. 1 S. 2 KWahlG).

Es bleibt bei der Gesamtstimmenzahl von 180.500. Damit bleibt es auch bei der Anzahl der Sitze von 66 (Ausgangszahl; vgl. § 33 Abs. 2 S. 1 KWahlG).

Die Berechnung erfolgt nach dem Divisorverfahren mit Standardrundung gem. Saint-Laguë/Schepers sodann wie folgt:

Zunächst wird der Zuteilungsdivisor durch Teilung der Gesamtstimmenzahl durch die Gesamtzahl der Sitze ermittelt: 180.500 : 66 = 2.734,8484.

Die Anzahl der Sitze für eine Partei ergibt sich aus folgender Formel:

Stimmen einer Partei : (Gesamtstimmen : Gesamtanzahl der Ratssitze) 247

Also:

$$\frac{\text{Stimmen einer Partei}}{\left(\frac{\text{Gesamtstimmen}}{\text{Gesamtzahl der Ratssitze}}\right)}$$

Das ergibt folgende Berechnung: 248

Partei	Stimmen	Zuteilungsdivisor (180.500:66)	Stimmen geteilt durch Zuteilungsdivisor	Sitze rechnerisch (erste Zuteilungszahl)
A	73.000	2.734,8484	26,6925	27
B	53.500	2.734,8484	19,5623	20
C	33.600	2.734,8484	12,2859	12
D	20.400	2.734,8484	7,4592	7
Insgesamt	180.500	2.734,8484	66	66

Bei der endgültigen Sitzverteilung ist zu berücksichtigen, wie viele Sitze die einzelnen Parteien bereits direkt in den Wahlbezirken gewonnen haben (im Beispiel: A-Partei 26, B-Partei 7), d.h., wie viele Kandidaten der einzelnen Parteien direkt über die Wahlbezirke in den Rat gekommen sind und wie viele aus den jeweiligen Reservelisten (über den berechneten Verhältnisausgleich) hinzukommen.

Endgültige Sitzverteilung im Rat:

	Partei A	Partei B	Partei C	Partei D	Insgesamt
Sitze nach Gesamtstimmenzahl	27	20	12	7	66
Gewonnene Wahlbezirke	26	7	--	--	33
Aus der Reserveliste	1	13	12	7	33

Abwandlung zum Beispiel:

249 Bewerber der A-Partei gewinnen in 28 Wahlbezirken, Bewerber der B-Partei in fünf Wahlbezirken. Die A-Partei hat damit einen Sitz mehr direkt gewonnen als ihr nach der Berechnung ihrer Parteistimmen zustünden. Dieser Sitz bleibt aber nicht unberücksichtigt. Er wird bei der neuen Berechnung der Gesamtsitzverteilung berücksichtigt:
Hat eine Partei mehr Wahlbezirke direkt gewonnen, als ihr Sitze nach der Berechnung nach dem Verhältnisausgleich zustehen, muss die Anzahl der Gesamtsitze im Rat erhöht werden. Für die Berechnung wird also die Ausgangszahl erhöht (vgl. § 33 Abs. 3 KWahlG). Hierzu wird die Zahl der in den Wahlbezirken errungenen Sitze der Partei oder Wählergruppe, die das günstigste Verhältnis dieser Sitzzahl zur ersten Zuteilungszahl erreicht hat, mit der Gesamtstimmenzahl der nach S. 1 am Verhältnisausgleich noch teilnehmenden Parteien und Wählergruppen multipliziert und durch die Stimmenzahl dieser Partei oder Wählergruppe dividiert (§ 33 Abs. 3 S. 2 KWahlG).
Zuerst muss also die Partei mit dem günstigsten Verhältnis von Sitzzahl in den Wahlbezirken zur ersten Zuteilungszahl ermittelt werden, also nach der Anzahl der Direktmandate: Anzahl der in der ersten Berechnung berechneten Sitze (erste Zuteilungszahl) berechnet werden.

Das ergibt:
A-Partei: 28 : 27 = 1,0370
B-Partei: 5 : 20 = 0,25.

Das günstigste Verhältnis hat die A-Partei. Also ist die Zahl der Direktmandate der A-Partei mit der (bereinigten [streitig!]) Gesamtstimmenzahl zu multiplizieren und durch die Zahl der Stimmen der A-Partei zu dividieren:

28 x 180.500 : 73.000 = 69,2 – gerundet: 69.

Ist durch die erhöhte Ausgangszahl die Gesamtzahl der Sitze eine ungerade Zahl, wird diese Ausgangszahl um eins erhöht (§ 33 Abs. 3 S. 4 KWahlG).
Also werden die ursprünglich 66 Sitze auf 70 erhöht.

Die Erhöhung um 4 Sitze auf 70 ergibt folgende Berechnung: 250

Partei	Stimmen	Zuteilungsdivisor (180.500:70)	Stimmen geteilt durch Divisor	Sitze rechnerisch
A	73.000	2.578,5714	28,3102	28
B	53.500	2.578,5714	20,7479	21
C	33.600	2.578,5714	13,0304	13
D	20.400	2.578,5714	7,9113	8
Insgesamt	180.500	Divisor: 2.578,5714		70

Bei 70 Gesamtsitzen erhält die A-Partei 28 Sitze. Damit hätte sie so viele Sitze wie sie Bewerber ihrer Partei in den Wahlbezirken gewonnen haben.

Da die Sitzzahl immer um (mindestens) zwei Sitze zu erhöhen ist, hat die Partei A nun Anspruch auf 28 Sitze. Nach dieser Neuberechnung erhalten auch die Parteien B, C und D einen weiteren Sitz. Die gesetzliche Mitgliederzahl des Rates steigt für diese Wahlperiode nun auf 70 Mitglieder.

Das Ergebnis ist noch dahingehend zu überprüfen, ob für den Fall, dass eine Partei mehr als die Hälfte der gültigen Stimmen erhalten hat, sich dieses Ergebnis auch in der Sitzverteilung widerspiegelt, also die Partei auch mehr als die Hälfte der Sitze erhalten hat. Ist das nach der Berechnung gem. § 33 Abs. 4 KWahlG nicht der Fall, erhält die Partei einen weiteren Sitz (Zusatzmandat), eine andere Partei „verliert" einen Sitz (§ 33 Abs. 4 KWahlG).

In unseren Beispielen hat keine Partei mehr als die Hälfte der Stimmen erhalten, so dass die Vorschrift insofern keine Rolle spielt.

4. Die Zusammensetzung des Rates

Gem. § 40 Abs. 2 S. 5 GO NRW hat der Bürgermeister grundsätzlich ein Stimmrecht im Rat. In den in S. 6 genannten Fällen stimmt er nicht mit. Die Frage, ob der Bürgermeister im Einzelfall im Rat mitwirkungsberechtigt ist, lässt sich anhand des einheitlich in der Gemeindeordnung verwendeten Wortlauts beantworten. 251

Bestimmt eine Regelung, dass *„der Rat"* (z. B. § 26 Abs. 6 S. 1 GO NRW), *„der Rat mit der Mehrheit seiner Mitglieder"* (z. B. § 7 Abs. 3 S. 2 GO NRW) oder *„der Rat mit der Mehrheit von zwei Dritteln der gesetzlichen Zahl seiner Mitglieder"* (z. B. § 67 Abs. 4 S. 5 GO NRW) entscheidet, so sind die Ratsmitglieder zusammen mit dem Bürgermeister gemeint.

252 **Rat oder Mitglieder des Rates** = gewählte Ratsmitglieder
und Bürgermeister

Wird im Gesetz hingegen von den *„Ratsmitgliedern“* (z. B. § 50 Abs. 3 S. 1 GO NRW), dem *„Rat mit der Mehrheit der Stimmen der Ratsmitglieder“* (z. B. § 58 Abs. 1 S. 7 GO NRW) oder *„dem Rat mit der Mehrheit von zwei Dritteln der gesetzlichen Zahl der Ratsmitglieder“* (zum Beispiel § 66 Abs. 1 S. 8 GO NRW) gesprochen, so ist der Bürgermeister von dieser Regelung nicht umfasst, also von der Abstimmung ausgeschlossen.

253 **Ratsmitglieder** = gewählte Vertreter bei der Ratswahl
(Ratsmitglieder ohne Bürgermeister)

Spricht das Gesetz von der *gesetzlichen Zahl der Mitglieder,* so sind stets die gewählten Vertreter gem. § 3 Abs. 2 lit. a) KWahlG und der Bürgermeister gemeint. Gem. § 40 Abs. 2 S. 2 GO NRW ist er Mitglied kraft Gesetz.

Eine Aufzählung der Fälle, in welchen der Bürgermeister von der Abstimmung ausgeschlossen ist, findet sich in § 40 Abs. 2 S. 6 GO NRW. Weitere Ausführungen zu der Mitwirkung des Bürgermeisters siehe Teil 10.

5. Die Konstituierende Sitzung des Rates

254 Die erste Sitzung des Rates nach einer Kommunalwahl nennt man *konstituierende Sitzung.* Sie muss nach § 47 Abs. 1 S. 2 GO NRW innerhalb von 6 Wochen nach Beginn der Wahlperiode des Rates stattfinden. Zu dieser Sitzung lädt der Bürgermeister ein. Die Sitzung wird nach § 67 Abs. 5 GO NRW vom Bürgermeister – im Falle seiner Verhinderung vom Altersvorsitzenden – geleitet. Diese Regelung ist erforderlich, da alle stellvertretenden ehrenamtlichen Bürgermeister der abgelaufenen Wahlperiode mit dem Zusammentritt des neugewählten Rates ihr Mandat verloren haben und somit außer dem Bürgermeister niemand mangels der erforderlichen Legitimation die Sitzung leiten könnte. Somit leitet im Falle der Verhinderung des Bürgermeisters der Altersvorsitzende die Sitzung, und zwar nach § 67 Abs. 5 GO NRW bei der Wahl der Stellvertreter des Bürgermeisters sowie bei allen Entscheidungen, die vorher getroffen werden müssen. Zu diesen Entscheidungen kann die Festlegung der Anzahl der zu wählenden Stellvertreter des Bürgermeisters oder auch die Bestellung eines Schriftführers für die Sitzungen des Rates nach § 52 GO NRW zählen. Dann erfolgt die Wahl der Stellvertreter des Bürgermeisters (siehe Rn 451). Ist die Wahl erfolgt, werden die Stellvertreter des Bürgermeisters und die übrigen Ratsmitglieder vom Bürgermeister nach § 67 Abs. 3 GO NRW in ihr Amt eingeführt und in feierlicher Form zur gesetzlichen und gewissenhaften Wahrnehmung ihrer Aufgaben verpflichtet.

Die Verpflichtung in feierlicher Form kann in der Weise vollzogen werden, dass die Ratsmitglieder durch Erheben von den Plätzen ihr Einverständnis mit einer sog. „Verpflichtungsformel" bekunden.

Beispiel:

> ***„Ich verpflichte mich, dass ich meine Aufgaben als Mitglied des Rates nach bestem Wissen und Können wahrnehmen, das Grundgesetz, die Verfassung des Landes und die Gesetze beachten und meine Pflichten zum Wohle der Stadt erfüllen werde, (so wahr mir Gott helfe)."***

Hiermit ist die Konstituierung des Rates abgeschlossen.

IV. ZUSTÄNDIGKEITEN DES RATES

1. Verbandskompetenz und Organkompetenz 255

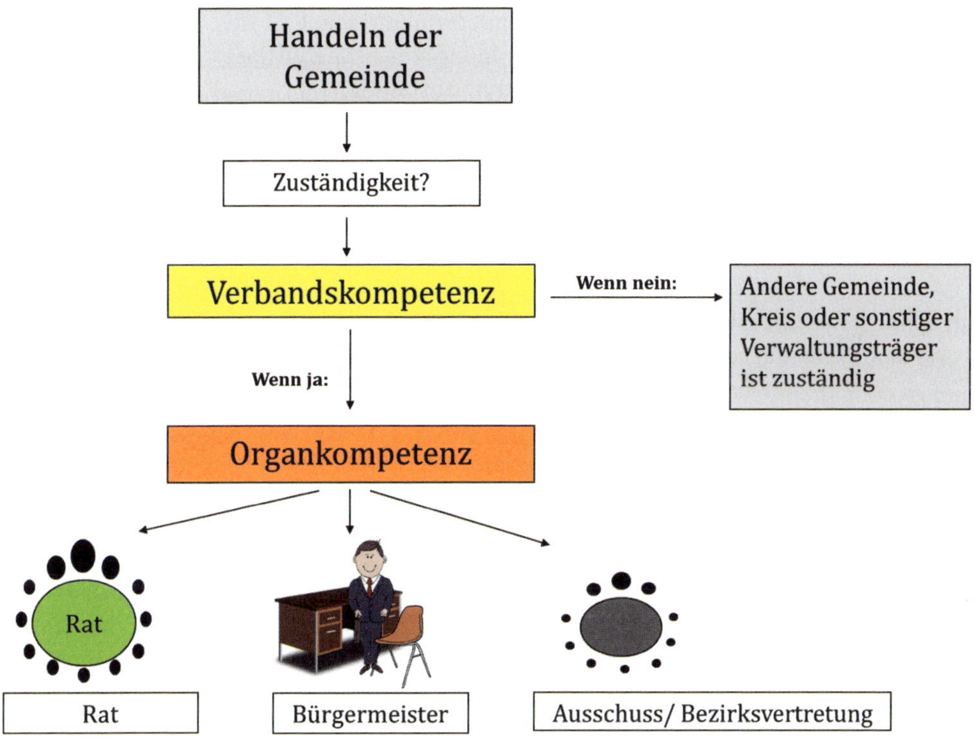

Die Verbandskompetenz, also die Frage, ob die Gemeinde oder ein anderer Verwaltungsträger (in diesem Sinne also ein „Verband") zuständig ist, ergibt sich grundsätzlich aus dem Grundgesetz (Art. 28 Abs. 2 S. 1 GG[39]), aus Fachgesetzen oder der Gemeindeordnung (vgl. insbes. § 2 GO NRW)[40].

256 Die Zuständigkeiten innerhalb der Gemeinde sind grundsätzlich zwischen dem Rat und dem Bürgermeister verteilt. Gem. § 41 Abs. 1 S. 1 GO NRW ist der Rat für alle Angelegenheiten der Gemeindeverwaltung zuständig, soweit die Gemeindeordnung nicht etwas anderes bestimmt. Der Bürgermeister und andere Organe sind nur aufgrund einzelner gesetzlichen Zuweisung zuständig oder nach Übertragung von Entscheidungen durch den Rat.

Die Frage der Verbandskompetenz (= Aufgabenwahrnehmungskompetenz eines Verwaltungsträgers) ist stets notwendige Vorfrage vor der Prüfung, wer innerhalb des Verwaltungsträgers die Entscheidungskompetenz hat, also welches „Organ" entscheidungsbefugt ist. Falls es bereits an der Verbandskompetenz fehlt, im Falle der Gemeinde also bereits keine Angelegenheit der örtlichen Gemeinschaft vorliegt, können weder Rat noch Bürgermeister zuständig sein.

2. Verteilung der Entscheidungszuständigkeiten

Der Rat ist nach der Konzeption der Gemeindeordnung gem. § 41 Abs. 1 S. 1 GO NRW -außer im Falle einer durch die Gemeindeordnung angeordneten Spezialzuständigkeit- für alle Angelegenheiten der Gemeindeverwaltung zuständig.

257 Grundsatz der <u>Allzuständigkeit des Rates</u>!

Im Rahmen der Allzuständigkeit hat der Rat die Befugnis, Angelegenheiten zu übertragen, es sei denn, eine Übertragung ist gesetzlich ausgeschlossen.

a) Ausschließliche Zuständigkeit des Rates

258 Der Ausschluss der Übertragung ist geregelt in § 41 Abs. 1 S. 2 GO NRW. Dort ist in einem -nicht abschließenden- Katalog aufgezählt, welche Entscheidungen der Rat nicht übertragen kann. Hier verbleibt es bei der alleinigen Zuständigkeit des Rates.

Wichtige Beispiele aus dem Katalog des § 41 Abs. 1. S. 2 GO NRW sind:

> *[...]*
> *f) den Erlass, die Änderung und die Aufhebung von <u>Satzungen</u> und sonstigen ortsrechtlichen Bestimmungen,*

[39] „...alle Angelegenheiten der örtlichen Gemeinschaft...".
[40] Siehe hierzu ausführliche Ausführungen unter Rn 94 ff..

g) abschließende Beschlüsse im Flächennutzungsplanverfahren und abschließende Satzungsbeschlüsse auf der Grundlage des Baugesetzbuchs,

h) den Erlass der Haushaltssatzung und des Stellenplans, die Aufstellung eines Haushaltssicherungskonzeptes, die Zustimmung zu überplanmäßigen und außerplanmäßigen Aufwendungen und Auszahlungen sowie zu überplanmäßigen und außerplanmäßigen Verpflichtungsermächtigungen, die Festlegung von Wertgrenzen für die Veranschlagung und Abrechnung einzelner Investitionsmaßnahmen,

m) die Errichtung, Übernahme, Erweiterung, Einschränkung und Auflösung von Anstalten des öffentlichen Rechts gemäß § 114 a [GO NRW], öffentlichen Einrichtungen und Eigenbetrieben,
[...]

Außerhalb dieses Katalogs finden sich in der Gemeindeordnung zahlreiche weitere Vorschriften, in denen die ausschließliche Zuständigkeit des Rates vorgeschrieben ist. So wird z.B. die Zahl der Beigeordneten gem. § 71 Abs. 1 S. 1 GO NRW vom Rat bestimmt. 259

b) Anderweitige gesetzliche Zuweisung

Der Rat ist **nicht** zuständig, wenn die Gemeindeordnung anderen Organen die ausschließliche Entscheidungskompetenz zuweist. Beispiele hierfür sind: 260

- Der Bürgermeister für Personal und Organisation (vgl. § 73, § 62 Abs. 1 S. 2 GO NRW)
- Bezirksvertretungen (vgl. § 37 Abs. 1 GO NRW)
- Der Bürgermeister für Geschäfte der laufenden Verwaltung (§ 41 Abs. 3 GO NRW)

Die Stellung des Dienstvorgesetzten des Gemeindepersonals ist ausschließlich dem Bürgermeister zugewiesen (vgl. § 73 Abs. 2 GO NRW).

Da auch die Leitung und Beaufsichtigung des Geschäftsgangs der gesamten Verwaltung und die Verteilung und Leitung der Geschäfte dem Bürgermeister gemäß § 62 Abs. 1 S. 2, S. 3 GO NRW zugewiesen ist, kann es im Einzelfall strittig sein, ob der Rat oder der Bürgermeister die (alleinige) Organkompetenz hat, vgl. z.B. § 73 Abs. 1 GO NRW. 261

In kreisfreien Städten besteht die Besonderheit, dass den Bezirksvertretungen gem. § 37 GO NRW eigene Entscheidungszuständigkeiten zugewiesen sind. Diese schließen eine Zuständigkeit des Rates ebenfalls aus. Auch insoweit kann im Einzelfall die Zuständigkeit schwierig abzugrenzen sein, da das zuständigkeitsbegründende Merkmal der rein stadtbezirklichen Bedeutung nicht immer zweifelsfrei bestimmbar ist. 262

Geschäfte der laufenden Verwaltung *gelten* als vom Rat auf den Bürgermeister übertragen (vgl. § 41 Abs. 3 GO NRW). Diese Konstruktion des Gesetzes führt dazu, dass es nicht in jedem Einzelfall einer Übertragung der Aufgabe durch den Rat bedarf.

263 Unter den Begriff der *Geschäfte der laufenden Verwaltung* fallen die regelmäßig vorkommenden Geschäfte, die im Rahmen der normalen Übung erledigt werden[41].
Geschäfte der laufenden Verwaltung erledigt der Bürgermeister (bzw. in seinem Auftrag die Gemeindebediensteten)

Bei den Geschäften der laufenden Verwaltung besteht allerdings eine Besonderheit gegenüber den anderen Spezialzuweisungen. Die Übertragung auf den Bürgermeister ist nicht endgültig. Der Rat kann sich (oder einem Ausschuss) Geschäfte der laufenden Verwaltung vorbehalten, für einen bestimmten Kreis von Geschäften oder für einen Einzelfall (sog „Rückholrecht"; § 41 Abs. 3 Hs. 2 GO NRW).

c) Möglichkeit der Aufgabenübertragung des Rates auf einen Ausschuss oder den Bürgermeister

264 Soweit keine ausschließliche gesetzliche Zuweisung zum Rat oder zum Bürgermeister ohne „Rückholrecht", in kreisfreien Städten ggf. zur Bezirksvertretung, erfolgt ist, verbleibt es bei der Allzuständigkeit des Rates. Nur in diesen Fällen darf der Rat im Rahmen seiner Organisationshoheit Entscheidungen über bestimmte Angelegenheiten auf Ausschüsse oder den Bürgermeister übertragen. Er kann ferner Ausschüsse ermächtigen, in Angelegenheiten ihres Aufgabenbereiches die Entscheidung dem Bürgermeister zu übertragen (vgl. § 42 Abs. 2 GO NRW).

Wie das Zusammenspiel des Rates, der Ausschüsse und der Bezirksvertretungen funktioniert, ist in der Gemeindeordnung geregelt und wird ergänzend in der Hauptsatzung konkretisiert.

V. GESCHÄFTSORDNUNG DES RATES

Die Geschäftsordnung (GeschO) ist ein materieller Rechtssatz des Innenrechts.

265 Die GeschO dient der inneren Organisation des Rates und der Regelung des inneren Ablaufs der Meinungs- und Willensbildung.

Sie kann als Satzung beschlossen (eher unpassend und unüblich) oder durch **einfachen Beschluss** (gängige Praxis) verabschiedet werden. Änderungen müssen in gleicher Weise erfolgen.

[41] vgl. ausführliche Ausführungen zur Definition unter Rn 428 f.; vgl. auch Sundermann, DVP 2006, 405; DVP 2009, 48 mit Vorschlägen für eine genauere Definition.

Die Entscheidungszuständigkeit (Organkompetenz) liegt allein beim Rat (**Alleinzuständigkeit**).

Für sie gilt nicht der Grundsatz der Diskontinuität. D.h., sie gilt nach der Neuwahl des Rates weiter, ohne dass sie erneut beschlossen werden müsste.

Die GeschO kann Vorschriften der Gemeindeordnung ergänzen und konkretisieren. So ist z.B. die Ausweitung des Initiativrechts aus § 48 Abs. 1 S. 2 GO NRW auf fraktionslose einzelne Ratsmitglieder zulässig (dasselbe gilt dann auch für § 47 Abs. 1 S. 4 GO NRW). Auch eine Erhöhung des Quorums für die geheime Abstimmung (§ 50 Abs. 1 S. 5 GO NRW) zählt dazu.

Abweichungen von der GeschO in der Sitzung für einzelne Tagesordnungspunkte sind unzulässig. Dazu müsste zunächst unter einem eigenen TOP die GeschO geändert werden. 266

Verstöße gegen Bestimmungen der GeschO führen nicht generell zur Unwirksamkeit der Entscheidungen, wohl aber, wenn die GeschO zwingendes Gesetzesrecht wiederholt, umsetzt oder die Beschlussfähigkeit betroffen ist. 267
In jedem Fall lösen Verstöße gegen Regelungen der GeschO die Beanstandungspflicht (§ 54 Abs. 2 GO NRW) des Bürgermeisters aus, weil auch die GeschO zum „geltenden Recht" i.S. von § 54 Abs. 2 GO NRW zählt.

Beim **Inhalt** der GeschO kann unterschieden werden zwischen 268

- Pflichtinhalt
- Bedingtem Pflichtinhalt
- Fakultativem Inhalt

Pflichtinhalt 269

- § 36 Abs. 6 S. 3 GO NRW: Teilnahme von Rats- und Ausschussmitgliedern an nichtöffentlichen Sitzungen der Bezirksvertretungen (nur in kreisfreien Städten)

- § 47 Abs. 2 S. 1 GO NRW: Regelungen über die Ladungsfrist, die Form der Einberufung und die Geschäftsführung des Rates sowie die Art der Information der Öffentlichkeit über den Zugang der Öffentlichkeit zu einer digitalen Sitzung

- § 47 Abs. 2 S. 2 GO NRW: Regelungen zu Inhalt und Umfang des Fragerechts der Ratsmitglieder

- § 48 Abs. 1 S. 2 GO NRW: Frist für die Vorschläge zur Tagesordnung

- § 50 Abs. 1 S. 4 GO NRW: Mindestzahl für die namentliche Abstimmung

- § 56 Abs. 4 S. 2 GO NRW: Nähere Einzelheiten über die Bildung der Fraktionen

- § 56 Abs. 4 S. 3 GO NRW: Regelungen zur Aufnahme von Hospitanten bei den Fraktionen

- § 57 Abs. 4 S. 2 GO NRW: Frist für den Einspruch gegen Beschlüsse von Ausschüssen mit Entscheidungsbefugnis

270 **Bedingter Pflichtinhalt**

- § 48 Abs. 1 S. 3 GO NRW: Einzelheiten zu Fragestunden für Einwohner
- § 48 Abs. 2 S. 2 GO NRW: Aufzählung von Angelegenheiten für die nichtöffentliche Sitzung
- § 48 Abs. 4 GO NRW: Teilnahme von Mitgliedern der Bezirksvertretungen (BZV) und der Ausschüsse an nichtöffentlichen Ratssitzungen
- § 50 Abs. 1 S. 7 GO NRW: Weitere Regelungen zu den Formen der Abstimmung bei Beschlüssen
- § 51 Abs. 2 GO NRW: Regelungen über die Entziehung von Entschädigungen bei Ordnungsverstößen
- § 58 Abs. 1 S. 4 GO NRW: Teilnahme von Mitgliedern der BZV und Mitgliedern anderer Ausschüsse an nichtöffentlichen Ausschusssitzungen

271 **Fakultativer Inhalt**

- Einzelheiten zur Auskunft über die wirtschaftlichen und persönlichen Verhältnisse der Rats- und Ausschussmitglieder und der Mitglieder der BZV, § 43 Abs. 3 S. 2 GO NRW
- Einzelheiten zu Form und Inhalt der Niederschrift, § 52 GO NRW
- Anzeigepflicht bei Verhinderungen an der Sitzungsteilnahme (und vorzeitiges Verlassen)
- Änderung der Tagesordnung
- Redeordnung, Anträge zur Geschäftsordnung
- Einzelheiten zur Handhabung der Ordnung und Ausübung des Hausrechts, § 51 Abs. 1 GO NRW
- Abweichende Regelungen für das Verfahren in den Ausschüssen

VI. RECHTE DER RATSMITGLIEDER

Die Gemeindeordnung räumt den Mitgliedern des Rates unterschiedliche Rechte ein. Man unterscheidet hier zwischen Rechten, die mehreren Ratsmitgliedern gemeinsam zustehen ("Minderheitenrechte") und Rechten, die jedem Ratsmitglied einzeln zustehen. Die sozialnutzbaren Rechte beziehen sich überwiegend auf Regelungen bezüglich des Ablaufes der Sitzungen. Die Rechtsgrundlagen finden sich in der Gemeindeordnung, während eine Konkretisierung in der Regel speziell für die jeweilige Gemeinde z.T. in der Geschäftsordnung des Rates erfolgt. 272

1. Rechte mehrerer Ratsmitglieder („Minderheitenrechte")

Bestimmte Rechte können nicht vom einzelnen Ratsmitglied, sondern nur von einer bestimmten Anzahl von Ratsmitgliedern gemeinsam wahrgenommen werden. Dies kann z. B. ein Fünftel der Ratsmitglieder (also entsprechend dem Wortlaut ohne Bürgermeister; vgl. auch § 40 Abs. 2 S. 6 GO NRW) oder eine Fraktion sein. Bereits aus dem Wortlaut „Ratsmitglieder" folgt, dass der Bürgermeister bei der Ermittlung der Anzahl (des sog. „Quorums") nicht mitzählt (vgl. auch § 40 Abs. 2 S. 6 GO NRW). 273

Fraktionen sind freiwillige Vereinigungen von Ratsmitgliedern oder von Mitgliedern einer Bezirksvertretung, die sich auf der Grundlage grundsätzlicher politischer Übereinstimmung zu möglichst gleichgerichtetem Wirken zusammengeschlossen haben (§ 56 Abs. 1 S. 1 GO NRW). 273a

Eine Fraktion ist also

- der freiwillige Zusammenschluss
- einer gesetzlich bestimmten Anzahl (eines sog. „Quorums")
- grundsätzlich politisch übereinstimmender
- Ratsmitglieder (oder Mitglieder einer Bezirksvertretung)
- in der Regel derselben politischen Partei/Wählervereinigung
- für die Dauer einer Wahlperiode

um durch eine organisierte, koordinierte Mitwirkung den Ablauf der Meinungsbildung und Beschlussfassung im Rat (in gewissem Grade) zu steuern und damit zu erleichtern („zu möglichst gleichgerichtetem Wirken").

In kreisangehörigen Gemeinden muss eine Fraktion aus mindestens zwei Ratsmitgliedern, in kreisfreien Städten aus mindestens drei Ratsmitgliedern bestehen (§ 56 Abs. 1 S. 2 GO NRW). Aus dem Wortlaut („Ratsmitglieder") folgt, dass der Bürgermeister nicht Mitglied einer Fraktion sein kann.

Die Fraktionen geben sich gem. § 56 Abs. 2 S. 3 GO NRW ein Statut (häufig auch „Fraktionsgeschäftsordnung" genannt), in dem Regelungen zu folgenden Punkten getroffen werden müssen/sollten:

- Bezeichnung/Name der Fraktion
- Aufgaben, Ziele der Fraktionsarbeit
- Erwerb und Verlust der Fraktionsmitgliedschaft
- Organe der Fraktion, ihre Bildung, ihre Zuständigkeiten und Verfahrensabläufe (insbesondere für die Fraktionsversammlung, den Fraktionsvorstand, den Fraktionsvorsitzenden)
- Ordnungsmaßnahmen
- Abstimmungsverfahren
- Datenschutz
- Öffentlichkeitsarbeit der Fraktion
- Finanzierung der Fraktionsarbeit
- Aufnahme von Hospitanten
- Beschäftigung von hauptamtlichen Mitarbeitern

a) Einberufung des Rates

274 **§ 47 Abs. 1 GO NRW (ein Fünftel der Ratsmitglieder oder eine Fraktion)**
Ein Fünftel der Ratsmitglieder oder eine Fraktion kann vom Bürgermeister die Einberufung des Rates verlangen. Der Bürgermeister ist dann verpflichtet, diesen Antrag umzusetzen und muss den Rat unverzüglich einberufen. Er hat hierbei aber die in der Geschäftsordnung verankerten Einladungsfristen und andere formelle Voraussetzungen zu beachten.

b) Bestimmung von Tagesordnungspunkten

275 **§ 48 Abs. 1 GO NRW (ein Fünftel der Ratsmitglieder oder eine Fraktion)**
Der Bürgermeister muss Vorschläge, die ihm innerhalb einer in der Geschäftsordnung zu bestimmenden Frist von einem Fünftel der Ratsmitglieder oder einer Fraktion vorgelegt werden, in die Tagesordnung aufnehmen:

Hierbei ist der Bürgermeister nicht berechtigt vor der Aufnahme des Punktes auf die Tagesordnung zu prüfen, inwieweit der gestellte Antrag materiell mit geltendem Recht vereinbar ist. **Er hat diesen Punkt in die Tagesordnung aufzunehmen.** Gleichwohl muss er in der Sitzung dafür sorgen, dass über Anträge, die materiell rechtswidrig sind, kein Beschluss gefasst wird. Hier sollte er den Ratsmitgliedern schon im Vorfeld seine Rechtsauffassung mitteilen, da es zu seinen Aufgaben nach § 62 GO NRW gehört, die Beschlüsse der politischen Gremien vorzubereiten. Entscheidet der Rat dennoch rechtswidrig über einen Tagesordnungspunkt, so ist der Bürgermeister gem. § 54 Abs. 2 GO verpflichtet, diesen Beschluss zu beanstanden.

276 Ein Fünftel der Ratsmitglieder oder eine Fraktion kann Einfluss auf die Gestaltung der Tagesordnung nehmen. Der Bürgermeister hat hier kein materielles Vorprüfungsrecht.

c) Akteneinsicht

§ 55 Abs. 3 und 4 GO NRW (ein Fünftel der Ratsmitglieder oder eine Fraktion) 277

Der Rat überwacht die Durchführung seiner Beschlüsse und der Beschlüsse der Bezirksvertretungen und Ausschüsse sowie den Ablauf der Verwaltungsangelegenheiten. Zu diesem Zweck kann der Rat mit der Mehrheit der Ratsmitglieder vom Bürgermeister Einsicht in die Akten durch einen von ihm bestimmten Ausschuss oder einzelne von ihm beauftragte Mitglieder verlangen. Jedoch ist für die Wahrnehmung der Akteneinsicht nicht in jedem Fall ein Beschluss erforderlich, es reicht auch die Beantragung durch ein Fünftel der Ratsmitglieder oder eine Fraktion. Der Bürgermeister hat dann die einschlägigen Akten zusammenzustellen und zur Einsichtnahme vorzulegen. Eine Aushändigung der Akten ist aber nicht zulässig. Die Einsichtnahme wird in den Räumen der Verwaltung durchgeführt. Ob ein Recht auf Anfertigung von Kopien besteht, wird unterschiedlich beurteilt. Trotz Fehlens einer ausdrücklichen Regelung wird man einen Anspruch auf Entscheidung über die Anfertigung von Kopien im Einzelfall nach pflichtgemäßem Ermessen anerkennen können. Über den Anspruch wird dann jeweils im Einzelfall entschieden[42].

d) Fraktionsbildung und Rechte der Fraktionen

§ 56 Abs. 1 GO NRW 278

Zu den gemeinsam wahrnehmbaren Rechten der Ratsmitglieder gehört es, sich zu einer Fraktion zusammenzuschließen (zu den Voraussetzungen zur Bildung vgl. Rn 273a). Eine Fraktion hat vielfältige Rechte im Rat und in den Ausschüssen:

- Verlangen auf Einberufung des Rates, § 47 Abs. 1 S. 4 GO NRW
- Zwingende Vorschläge zur Tagesordnung des Rates, § 48 Abs. 1 S. 2 GO NRW
- Zwingende Vorschläge zur Tagesordnung von Ausschüssen, § 58 Abs. 2 S. 4 GO NRW
- Wahlvorschläge für die Besetzung der Ausschüsse, § 50 Abs. 3 S. 3 GO NRW
- Nachfolgebestimmung für ausgeschiedene Ausschussmitglieder, § 50 Abs. 3 S. 7
- Wahlvorschläge für die Wahl der stellvertretenden Bürgermeister, § 67 Abs. 2 S. 2 GO NRW
- Mitbestimmung bei der Zuteilung von Ausschussvorsitzen, § 58 Abs. 5 GO NRW
- Bestimmung des Nachfolgers für einen ausgeschiedenen Ausschussvorsitzenden, § 58 Abs. 5 S. 5 GO NRW
- Verlangen nach Akteneinsicht, § 55 Abs. 4 S. 1 GO NRW
- Anspruch auf Haushaltsmittel zu den Aufwendungen für die Geschäftsführung, § 56 Abs. 3 S. 1 NRW
- Anspruch auf öffentliche Darstellung ihrer Auffassungen zur Willensbildung und Entscheidungsfindung im Rat, § 56 Abs. 2 S. 1 GO NRW.

e) Einspruchsrecht gegen Ausschussbeschlüsse

§ 57 Abs. 4 S. 2 GO NRW (Bürgermeister oder ein Fünftel der Ausschussmitglieder) 280

Nach § 41 Abs. 2 GO NRW kann der Rat die Entscheidung über Angelegenheiten, die nicht

---

[42] Vgl. VG Gelsenkirchen, Urt. v. 18.12.2013 – 15 K 2741/11 – einerseits und VG Aachen, Beschl. v. 25.08.2014 – 4 L 492/14 andererseits.

in seine ausschließliche Zuständigkeit nach § 41 Abs. 1 S. 2 GO NRW fallen und die keinem anderen Organ zugewiesen ist (Beispiel: Originäre Zuständigkeit der Bezirksvertretungen nach § 37 Abs. 1 GO NRW), auf die von ihm nach § 57 GO NRW gebildeten Ausschüsse übertragen. Diese Ausschüsse entscheiden dann in diesen Angelegenheiten abschließend. Gleichwohl ist es nach § 57 Abs. 4 S. 2 GO NRW dem Bürgermeister oder ein Fünftel der Ausschussmitglieder möglich, Einspruch einzulegen. Hierzu ist in der Geschäftsordnung des Rates zu regeln, innerhalb welcher Frist nach der Beschlussfassung der Einspruch erfolgen muss. Über den Einspruch entscheidet dann der Rat. Er trifft aber nicht die Sachentscheidung, sondern entscheidet nur über den Einspruch. Die Zuständigkeit verbleibt beim Ausschuss, es sei denn, der Rat macht von seinem Rückholrecht Gebrauch und entzieht dem Ausschuss die Zuständigkeit, um selbst zu entscheiden.

f) Widerspruchsrecht gegen die Einigung über die Verteilung der Ausschussvorsitze

281 **§ 58 Abs. 5 S. 1 GO NRW (ein Fünftel der Ratsmitglieder)**

Die Fraktionen versuchen sich im Anschluss an eine Kommunalwahl über die Verteilung der Ausschussvorsitze zu einigen. Dieser Vereinbarung zwischen den Fraktionen kann aber von einem Fünftel der Ratsmitglieder widersprochen werden, so dass dann die Verteilung nach dem Höchstzahlverfahren nach d'Hondt erfolgt (vgl. dazu Teil 8).

g) Antrag zur Bewertung von Stellungnahmen nach § 107 Abs. 5 S. 2 durch den Bürgermeister

281a **§ 107 Abs. 2 S. 3 GO NRW (ein Fünftel der Mitglieder des Rates)**

Im Zusammenhang mit der Gründung von wirtschaftlichen Unternehmen durch die Gemeinde ist der Rat auf der Grundlage einer Marktanalyse u.a. über die Auswirkungen dieses Engagements auf das Handwerk und die mittelständische Wirtschaft zu unterrichten. Die Selbstverwaltungsorganisationen und die Gewerkschaften der betroffenen Branchen erhalten Gelegenheit zur Stellungnahme zu den Marktanalysen (Branchendialog).

Die o.a. Vorschrift gibt den Ratsmitgliedern durch den qualifizierten Antrag das Recht, vom Bürgermeister eine Bewertung zu allen oder zu einzelnen abgegebenen Stellungnahmen zu erhalten.

2. Rechte einzelner Ratsmitglieder

Bestimmte Rechte stehen jedem einzelnen Mandatsträger zu.

a) Das „freie Mandat“

282 **§ 43 Abs. 1 GO NRW**

§ 43 Abs. 1 GO NRW verpflichtet die Ratsmitglieder, in ihrer Tätigkeit ausschließlich nach dem Gesetz und ihrer freien, nur durch Rücksicht auf das öffentliche Wohl bestimmten Überzeugung zu handeln; sie sind an Aufträge nicht gebunden.

Aus dieser Vorschrift leitet die Rechtsprechung das „freie Mandat“ der Ratsmitglieder ab. Das bedeutet vor allem auch, dass die Ratsmitglieder ihre politische Überzeugung im Rahmen der Teilnahme an Ratssitzungen äußern können müssen. Eine Bindung erfolgt an das Gesetz (z. B. über die allgemeine Treupflicht (§ 43 Abs. 2 GO NRW i.V.m. § 32 S. GO NRW) oder die Pflicht, Ausschließungsgründe von sich aus zu offenbaren (§ 43 Abs. 2 Nr. 3 i.V.m. § 31 GO NRW).

Für das freie Mandat zwingend ist also die organschaftliche Befugnis, in Wahrnehmung der Aufgabe, für die er gewählt ist, die Meinung im Austausch der verschiedenen Positionen (im „politischen Meinungskampf") äußern zu können.

Das OVG NRW fasst den Umfang des freien Mandates in ständiger Rechtsprechung wie folgt zusammen:

§ 43 Abs. 1 GO NRW stattet die Ratsmitglieder als Vertreter der gesamten Gemeindebürgerschaft mit einem freien Mandat aus. Sie haben dabei insbesondere auch das Recht zur -ggf. gegenüber der Gemeinde und ihrer Politik kritischen- freien Meinungsäußerung, das im Übrigen nicht nur statusrechtlich, sondern - jedenfalls außerhalb von Ratssitzungen - zudem über Art. 5 Abs. 1 S. 1 Hs. 1 GG grundrechtlich geschützt ist. Das freie Mandat, das mit Blick auf die grundlegende Bedeutung des politischen Meinungskampfes für die Konstituierung eines demokratischen Gemeinwesens auch auf Gemeindeebene von ganz erheblichem Gewicht ist, erfährt durch § 43 Abs. 1 GO NRW nur insofern eine Beschränkung, als die Ratsmitglieder an das Gesetz gebunden sind und auf das öffentliche Wohl Rücksicht nehmen müssen[43].

b) Beteiligungsrechte /Ausschluss der Öffentlichkeit

§ 48 Abs. 2 S. 3 GO NRW 283

Mitglieder des Rates haben das Recht, an allen Entscheidungen, die vom Rat getroffen werden, beteiligt zu werden, zu Punkten der Tagesordnung Stellung zu nehmen und Anträge zu stellen. Eingeschränkt werden kann dieses Recht nur durch eine in der Geschäftsordnung verankerte Redezeitbeschränkung. Darüber hinaus ist eine Teilnahme an der Beratung und der Beschlussfassung auch nicht möglich, wenn Ausschließungsgründe nach § 43 Abs. 2 GO NRW i. V. m. § 31 GO NRW vorliegen (siehe dazu unter VII 2).

c) Akteneinsicht

§ 55 Abs. 5 GO NRW 284

Jedem Ratsmitglied und jedem Mitglied einer Bezirksvertretung ist auf Verlangen Akteneinsicht zu gewähren, soweit dies für die Vorbereitung einer Entscheidung des Gremiums, dem das Mitglied angehört, dient oder der Kontrolle zur Ausführung eines Beschlusses. Zu diesem Zweck werden dann alle in der Verwaltung zu diesem Thema verfügbaren Akten zusammengestellt und dem Mandatsträger zur Einsichtnahme vorgelegt. Die Einsichtnahme erfolgt in der Verwaltung.

> Die Akteneinsicht dient der Kontrolle der Verwaltung und der Kontrolle der korrekten und zeitnahen Ausführung der gefassten Beschlüsse 285

[43] ständige Rechtsprechung, vgl. z.B. OVG NRW, Urteil v. 15.09.2015 – 15 A 1961/13 -, Juris, Rn. 47 mit weiteren Nachweisen.

d) Freiheit zur Bewerbung, Annahme und Ausübung des Mandates

286 **§ 44 Abs. 1 GO NRW**

Niemand darf gehindert werden, sich um ein kommunales Mandat zu bewerben. So sind Kündigungen oder Entlassungen, die anlässlich einer Bewerbung um ein kommunales Mandat wegen der zu erwartenden zeitlichen Bindung ausgesprochen werden, unzulässig. Auch die Versetzung auf einen anderen Arbeitsplatz wäre unzulässig.

e) Freistellungsanspruch

287 **§ 44 Abs. 2 GO NRW**

Mitglieder kommunaler Vertretungen sind von der Arbeit freizustellen, soweit dies für die Wahrnehmung des Mandates erforderlich ist. Zur Ausübung des Mandates zählen alle Tätigkeiten, die in unmittelbarem Zusammenhang mit dem Mandat stehen oder die auf Veranlassung des Rates, einer Bezirksvertretung oder eines Ausschusses erfolgen. So zählen Sitzungen der politischen Gremien, denen ein Mandatsträger angehört, zu den Tätigkeiten, für die ein Freistellungsanspruch besteht. Auch wichtige Besprechungen mit dem Bürgermeister oder bedeutende repräsentative Termine dürften zu diesen Tätigkeiten zählen. Mandatsträger, die vom Rat in Organe oder Gremien von juristischen Personen und Vereinigungen des privaten oder des öffentlichen Rechts entsandt werden, nehmen diese Tätigkeiten auf Veranlassung des Rates wahr und sind für die Sitzungen dieser Gremien entsprechend von der Arbeit freizustellen. Die persönliche Sitzungsvorbereitung oder auch die Durchführung von oder die Teilnahmen an Wahlveranstaltungen gehören aber nicht zu den Tätigkeiten, für die ein Freistellungsanspruch besteht.
Im Gegenzug zu diesem Freistellungsanspruch kann der Arbeitgeber dem Mandatsträger die Entlohnung für die Zeiten der anerkannten Mandatsausübung vom Gehalt abziehen. Der Arbeitgeber ist nur verpflichtet für die Zeiten zu zahlen, in denen auch gearbeitet wurde.

288 Mitglieder kommunaler Vertretungen sind für die Zeit der Ausübung des Mandates von der Verpflichtung zur Arbeit freizustellen

f) Anspruch auf Weiterbildung

289 **§ 44 Abs. 3 GO NRW**

Ratsmitglieder, Mitglieder von Bezirksvertretungen oder Mitglieder von Ausschüssen haben darüber hinaus einen **Anspruch auf Weiterbildung**, soweit diese für die Ausübung des Mandates erforderlich ist. Hierzu haben sie Anspruch auf Urlaub an bis zu acht Arbeitstagen in jeder Wahlperiode, jedoch nur höchstens an vier aufeinanderfolgenden Tagen im Jahr. Der Arbeitgeber kann diesen Urlaub aber ablehnen, wenn zwingende betriebliche Belange diesem entgegenstehen. Einen Anspruch auf Lohnfortzahlung hat der Mandatsträger für diesen Urlaub zur Weiterbildung aber nicht.

g) Entschädigung der Ratsmitglieder

290 **§ 45 Abs. 5 GO NRW**

Die Ratsmitglieder sowie die Mitglieder der Ausschüsse und Bezirksvertretungen haben Anspruch auf eine angemessene Aufwandsentschädigung und auf Ersatz des Verdienstausfalles, der ihnen durch die Mandatsausübung entsteht, soweit sie während der Arbeitszeit erforderlich ist. Personen, die nicht oder weniger als 20 Stunden pro Woche erwerbstätig sind, jedoch einen Haushalt von mindestens zwei Personen, wovon eine Person ein pflege- oder betreuungsbedürftiger Angehöriger ist, oder einen Haushalt von mindestens drei Personen führen, erhalten anstelle des Verdienstausfalls eine Entschädigung in Form eines Stundenpauschalsatzes. Aufwendungen für die entgeltliche Betreuung von pflege- oder betreuungsbedürftigen Angehörigen während der Ausübung des Mandats werden erstattet.

> Ratsmitglieder haben Anspruch auf den Ausgleich eines entstandenen Verdienstausfalls oder Entschädigung für Kinderbetreuung anstelle von Verdienstausfall.

h) Zusätzliche Aufwandsentschädigung

§ 46 GO NRW 291

Neben den Entschädigungen, die den Ratsmitgliedern nach § 45 zustehen, erhalten die (ehrenamtlichen) Stellvertreter des Bürgermeisters nach § 67 Abs. 1 GO NRW, Vorsitzende von Ausschüssen des Rates mit Ausnahme des Wahlprüfungsausschusses, Fraktionsvorsitzende - bei Fraktionen mit mindestens acht Mitgliedern auch ein stellvertretender Vorsitzender, mit mindestens 16 Mitgliedern auch zwei und mit mindestens 24 Mitgliedern auch drei stellvertretende Vorsitzende - eine vom für Kommunales zuständigen Ministerium durch Rechtsverordnung festzusetzende angemessene Aufwandsentschädigung. Eine Aufwandsentschädigung ist nicht zu gewähren, wenn das Ratsmitglied hauptberuflich tätiger Mitarbeiter einer Fraktion ist. Die Aufwandsentschädigung wird als monatliche Pauschale gezahlt. Der Rat kann in der Hauptsatzung innerhalb des gesetzlichen Rahmens Abweichendes beschließen (vgl. § 46 Abs. 2 GO NRW).

Soweit ein Stellvertreter des Bürgermeisters gleichzeitig Fraktionsvorsitzender oder stellvertretender Fraktionsvorsitzender ist, erhält er aus diesen Funktionen nur eine Aufwandsentschädigung (vgl. § 4 Abs. 2 EntSchVO).

> An bestimmte Funktionen knüpft das Gesetz weitere Aufwands-entschädigungen. 292

i) Auslagenersatz

§ 45 Abs. 2 GO NRW 293

Der Rat kann in der Hauptsatzung beschließen, dass den Ratsmitgliedern sowie den Mitgliedern der Ausschüsse und Bezirksvertretungen zusätzlich zu den Ansprüchen gem. § 45 Abs. 1 GO NRW weiterer Auslagenersatz sowie sonstige Leistungen gewährt werden, soweit diese nicht durch Rechtsverordnung geregelt sind (bislang: EntSchVO; künftig nach einer gem. § 133 Abs. 5 GO NRW zu erlassenden Rechtsverordnung) und einen unmittelbaren Bezug zur Mandatsausübung aufweisen.

Die Gemeinde kann selbst entscheiden, ob und in welcher Form sie z.B. Fahrt- und Parkkosten erstattet. Die entsprechenden Regelungen trifft der Rat in der Hauptsatzung. So kann die Hauptsatzung z. B. eine Regelung zur Erstattung der entstandenen Fahrtkosten gehören. Je nach den örtlichen Gegebenheiten käme z.B. alternativ die Gewährung einer Monats- oder Jahreskarte für die Nutzung des öffentlichen Personennahverkehrs in Betracht.

j) Auskunftsrecht in den Sitzungen

296 **§ 69 Abs. 1 GO NRW**

Der Bürgermeister ist in den Sitzungen des Rates verpflichtet, zu einem Punkt der Tagesordnung Stellung zu nehmen, wenn es ein Ratsmitglied verlangt.

297

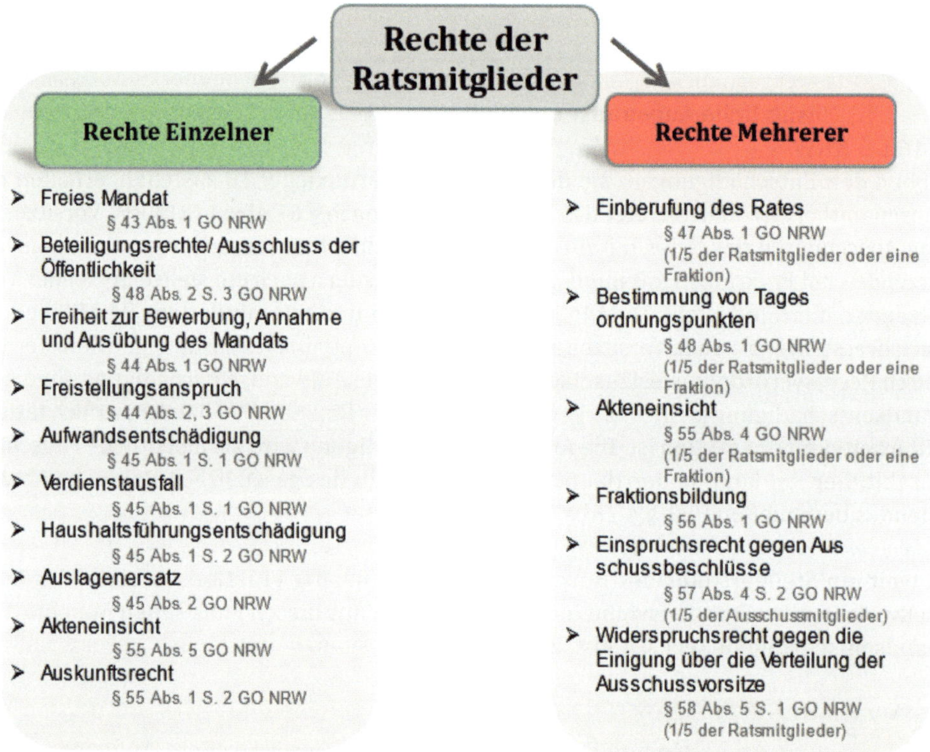

VII. PFLICHTEN DER RATSMITGLIEDER

298 Ratsmitglieder sind nach § 43 Abs. 1 GO NRW verpflichtet, in ihrer Tätigkeit ausschließlich nach dem Gesetz und ihrer freien, nur durch Rücksicht auf das öffentliche Wohl bestimmten Überzeugung zu handeln. Sie sind in ihren Entscheidungen vollkommen frei und weder an ihre Aussagen vor der Wahl noch an Absprachen innerhalb ihrer Partei oder Fraktion gebunden. Da die Tätigkeit als Ratsmitglied weder eine ehrenamtliche Tätigkeit nach § 28 Abs. 1 GO NRW noch die Wahrnehmung eines Ehrenamtes nach § 28 Abs. 2 GO NRW

darstellt, regelt § 43 Abs. 2 GO NRW, dass die Vorschriften der §§ 30 - 32 GO NRW für die Tätigkeit als Ratsmitglied, Mitglied einer Bezirksvertretung oder Mitglied eines Ausschusses mit den Maßgaben des § 43 Abs. 2 Nr. 1 - 6 GO NRW **entsprechend** Anwendung finden.

1. Verschwiegenheitspflicht

Mitglieder kommunaler Vertretungen haben nach § 30 Abs. 1 i.V.m. § 43 Abs. 2 GO NRW über 299
alle ihnen bekannt gewordenen Angelegenheiten Verschwiegenheit zu wahren. Das gilt auch nach Beendigung ihrer Tätigkeit. Hier geht es um Angelegenheiten, deren Geheimhaltung entweder gesetzlich vorgeschrieben oder ihrer Natur nach erforderlich ist. Zum Beispiel können schutzwürdige personenbezogene Daten betroffen sein, deren Mitteilung an andere dem berechtigten Interesse der betroffenen Personen zuwiderlaufen würde. Auch ist es den Mandatsträgern nicht erlaubt, ohne Genehmigung vor Gericht oder außergerichtlich auszusagen oder Erklärungen abzugeben. Die Genehmigung als Zeugen auszusagen, erteilt nach § 43 Abs. 2 Nr. 2 GO NRW bei Ratsmitgliedern der Rat, bei Mitgliedern der Bezirksvertretung die Bezirksvertretung und bei Ausschussmitgliedern der Ausschuss.

> Die Verschwiegenheitspflicht besteht auch nach Beendigung des Man- 300
> dates.

2. Ausschließungsgründe

Die Mitglieder kommunaler Vertretungen haben Ausschließungsgründe, die sich aus 301
§ 31 i.V.m. § 43 Abs. 2 GO NRW ergeben, zu offenbaren. Diese Offenbarungspflicht wegen des Ausschließungsgrundes der Befangenheit besteht nach § 43 Abs. 2 Nr. 3 GO NRW bei Ratsmitgliedern gegenüber dem Bürgermeister, bei Bezirksvertretern gegenüber dem Bezirksbürgermeister und bei Ausschussmitgliedern gegenüber dem Ausschussvorsitzenden.

Der Sinn und Zweck der in § 31 GO NRW normierten Mitwirkungsverbote ist u.a. darin zu sehen, dass sie

- das Vertrauen der Bürger in eine „saubere" Kommunalverwaltung stärken sollen
- das einzelne Ratsmitglied vor inneren Interessenkonflikten schützen wollen
- schon den „bösen Schein" einer unzulässigen Einflussnahme zu vermeiden helfen
- eine Vettern- und Günstlingswirtschaft verhindern sollen.

Gem. § 50 Abs. 6 GO NRW gelten die Ausschließungsgründe des § 31 GO NRW für die Mitglieder des Rates, also hiernach auch für den Bürgermeister.

302 Geht es also um die Befangenheit des Bürgermeisters, so müssen Sie diese anhand der Normen **§§ 50 Abs. 6 i.V.m. § 31 GO NRW** prüfen! § 43 GO NRW richtet sich nur an die Ratsmitglieder.

a) Ausschließungsgründe nach § 43 Abs. 2 i.V.m. § 31 Abs. 1 („Befangenheit")

303 Nach § 43 Abs. 2 i.V.m. § 31 Abs. 1 GO NRW darf ein Mandatsträger, dem die Entscheidung einer Angelegenheit einen unmittelbaren Vor- oder Nachteil bringen kann, weder beratend noch entscheidend an der Entscheidung mitwirken. Dieser Ausschluss von der Beteiligung gilt ebenso für Entscheidungen, die für Angehörige des Mandatsträgers und für von ihm kraft Gesetzes oder kraft Vollmacht vertretenen natürlichen oder juristischen Personen einen unmittelbaren Vor- oder Nachteil haben können. Der Begriff des „Angehörigen" wird in § 31 Abs. 5 GO NRW durch eine abschließende Aufzählung konkretisiert.

Bei der Frage der Befangenheit ist nicht darauf abzustellen, ob der Vor- oder Nachteil tatsächlich eintritt, sondern auf die bloße Wahrscheinlichkeit, dass dieser Vor- oder Nachteil eintreten kann. Darüber hinaus ist immer zu prüfen, ob der Vor- oder Nachteil auch unmittelbar im Zusammenhang mit der Entscheidung eintreten wird.

Beschließt der Rat, dass die Verwaltung ein Konzept für die Sanierung einer Straße erstellen soll, sind die Mitglieder des Rates, die an dieser Straße wohnen, noch nicht befangen. Befasst sich der Rat später mit diesem Konzept, dürfte, je nach Sachlage, eine Befangenheit zu bejahen sein und ein Mitwirkungsverbot vorliegen. Da der Rat aber auch Entscheidungen zu treffen hat, die für alle Einwohnerinnen und Einwohner einer Gemeinde oder für eine größere Gruppe von Einwohnerinnen und Einwohner Vor- oder Nachteile bringen können, hat der Gesetzgeber in § 31 Abs. 3 GO NRW eine sogenannte Gegennorm zu § 31 Abs. 1 und 2 GO NRW verankert. Hier werden Tatbestände genannt, nach denen ein festgestelltes Mitwirkungsverbot nicht gilt. So ist z.B. ein Ratsmitglied, das auch Hundebesitzer ist, bei der Entscheidung über die Höhe der Hundesteuer befangen. Dieses Mitwirkungsverbot wird aber in § 31 Abs. 3 GO NRW aufgelöst, da es sich hier nicht nur um individuelle Interessen handelt, sondern vielmehr um die Interessen der Bevölkerungsgruppe der Hundebesitzer. Somit darf das betroffene Ratsmitglied an dieser Entscheidung mitwirken.

Bei einer möglichen Befangenheit ist immer zu prüfen, ob die Entscheidung einer Angelegenheit einem Mandatsträger oder einem seiner Angehörigen einen Vor- oder Nachteil bringen kann, der unmittelbar wirkt[44].
Daraus ergibt sich folgendes **Prüfungsschema für die Befangenheit:**

[44] Siehe zur Befangenheit auch die Übungsfälle 1 und 2 Rn 345, 346.

<u>§ 43 Abs. 2 (oder § 50 Abs. 6) i.V.m. § 31 GO NRW:</u> 304

1. Entscheidung einer **Angelegenheit** (§ 31 Abs. 1)
2. betroffener **Personenkreis** (§ 31 Abs. 1 Nr. 1 - 3, Abs. 5)
3. möglicher **Vor- oder Nachteil** (§ 31 Abs. 1)
4. **unmittelbare** Wirkung (§ 31 Abs. 1)
5. Gegennorm: Kein Mitwirkungsverbot (Abs. 3 Nr. 1 – 5)

b) Ausschließungsgründe nach § 31 Abs. 2 305

aa) Ausschließungsgründe nach § 31 Abs. 2 Nr. 1

Neben der persönlichen Befangenheit kann ein Mandatsträger auch als Arbeitnehmer in 306
einen Interessenwiderstreit geraten, wenn bei der Entscheidung einer Angelegenheit der Arbeitgeber des entsprechenden Ratsmitgliedes betroffen ist. Nach § 31 Abs. 2 GO NRW ist in diesen Fällen immer zu prüfen, ob die Entscheidung einer Angelegenheit für den Arbeitgeber, bei dem der Mandatsträger gegen Entgelt beschäftigt ist, einen unmittelbaren Vor- oder Nachteil bringen kann. Ist dies der Fall, ist aber noch zu prüfen, welche Funktion der Mandatsträger bei dem jeweiligen Arbeitgeber ausübt. Hat die Art der Beschäftigung eher einen untergeordneten Charakter, ist nicht zwingend von einem Interessenswiderstreit auszugehen. Gehört er zur „Führungsetage" des Betriebes oder ist sein Verantwortungsbereich konkret betroffen, kann ein Interessenwiderstreit schon angenommen werden. Es kommt jedoch immer auf die in Rede stehende Entscheidung und zu guter Letzt auch auf die Frage an, ob der unterstellte Vor- oder Nachteil auch unmittelbar eintreten kann.

<u>Beispiel:</u>
Die Firma „Tiefbau-GmbH" hat sich an der Ausschreibung für die Vergabe des Auftrags „Erneuerung der Fahrbahndecke der Bismarckstraße" beteiligt.
Der Bauausschuss entscheidet über die Auftragsvergabe. Müller ist als sachkundiger Bürger Mitglied des Bauausschusses, aber auch Sachbearbeiter für die Kalkulation von Angeboten bei der Firma „Tiefbau-GmbH".
Müller ist dann bei der Behandlung dieses Tagesordnungspunktes befangen.

bb) Ausschließungsgründe nach § 31 Abs. 2 Nr. 2

Auch Mitglieder von Aufsichts- oder Steuerungsorganen, wie Vorständen, Aufsichtsräten 307
oder gleichartigen Organen einer juristischen Person oder Vereinigung können in einen Interessenwiderstreit geraten, wenn die Entscheidung einer Angelegenheit dieser juristischen Person oder Personenvereinigung einen unmittelbaren Vor- oder Nachteil bringen kann. Auch sie dürfen dann als Mandatsträger der Gemeinde an der Beratung und Entscheidung einer Angelegenheit nicht mitwirken, es sei denn, sie gehören diesem Organ als Vertreter oder auf Vorschlag der Gemeinde an. Hier wird davon ausgegangen, dass sie in ihrer Tätigkeit in der Gesellschaft vorrangig die Interessen der Gemeinde vertreten und nicht die Interessen der Gesellschaft.

Beispiel:
Der Gesangverein Harmonie hat einen Zuschuss bei der Stadt beantragt für die Anschaffung eines neuen Klaviers.
Die Angelegenheit wird im Kulturausschuss behandelt.
Meier ist stimmberechtigtes Mitglied im Kulturausschuss, aber auch Vorsitzender des Gesangvereins „Harmonie".
Meier ist bei diesem Tagesordnungspunkt befangen.

c) Verhalten bei „Befangenheit"

308 Wer annehmen muss, nach **§ 43 Abs. 2** (oder § 50 Abs. 6) **i.V.m. § 31 Abs. 1 oder 2** GO NRW **(immer zusammen zitieren)** „befangen" zu sein, hat dies nach § 31 Abs. 4 GO NRW unaufgefordert gegenüber der Sitzungsleitung (Bürgermeister, Bezirksvorsteher, Ausschussvorsitzender) anzuzeigen und den Sitzungsraum zu verlassen. In öffentlichen Sitzungen kann er der Beratung dieses Tagesordnungspunktes aus dem Zuschauerbereich folgen, bei einer nichtöffentlichen Beratung hat er, wie alle Zuschauer, den Sitzungssaal zu verlassen. Ist die Befangenheit eines Mandatsträgers streitig, entscheidet das jeweilige Gremium über die Teilnahme.

d) Konsequenzen einer Mitwirkung bei „Befangenheit"

309 Die Mitwirkung eines wegen Befangenheit Auszuschließenden führt verfahrenstechnisch zur Rechtwidrigkeit des gefassten Beschlusses. Um dies zu heilen, ist es möglich, dass das jeweilige Organ einen fehlerfreien Beschluss folgen lässt. Gleichwohl hat der Gesetzgeber aber Vorsorge getroffen, gefasste Beschlüsse nicht dauerhaft der Gefahr der Rechtswidrigkeit auszusetzen. So ist in **§ 31 Abs. 6 GO NRW** geregelt, dass die Mitwirkung eines wegen Befangenheit Betroffenen **nach Beendigung der Abstimmung nur** geltend gemacht werden kann, **wenn sie für das Abstimmungsergebnis (rein mathematisch) entscheidend war**.

310 Abs. 6 kann also dazu führen, dass ein festgestellter Verstoß gegen das Mitwirkungsverbot und ein so entstandener rechtwidriger Ratsbeschluss folgenlos bleiben!

311 Nach § 54 Abs. 4 GO NRW kann die Verletzung eines Mitwirkungsverbotes in jedem Fall nur bis zum Ablauf von sechs Monaten nach dem Beschluss bzw. bei Angelegenheiten, die der öffentlichen Bekanntmachung bedürfen (Satzungen etc.), nach der öffentlichen Bekanntmachung geltend gemacht werden, es sei denn, dass der Bürgermeister diesen Beschluss bereits vorher nach § 54 Abs. 2 GO NRW beanstandet hat oder die Verletzung des Mitwirkungsverbotes bereits vorher von anderen gegenüber der Gemeinde gerügt worden ist.

3. Treupflicht / Vertretungsverbot

Ratsmitglieder haben nach § 43 Abs. 2 i.V.m. § 32 Abs. 1 S. 1 GO NRW eine besondere Treupflicht gegenüber der Gemeinde. Aufgrund ihrer Treupflicht haben sie alles zu unterlassen, was dem Wohl der Gemeinde und ihrer Einwohnerschaft zuwiderläuft. Sie müssen danach alles in ihrer Macht Stehende tun, um Schaden von der Gemeinde abzuhalten und das Wohl der Einwohnerschaft zu fördern[45]. Kritische Äußerungen sind dadurch nicht verboten, sondern im Sinne einer „lebendigen Demokratie" durchaus erwünscht. Der „politische Meinungskampf" ist in der demokratischen Grundstruktur angelegt und gewollt. 312

Die „besondere" Treupflicht i.S.d. § 43 Abs. 2 i.V.m. § 32 Abs. 1 S. 1 GO NRW verlangt jedoch eine nach pflichtgemäßer Prüfung wahrheitsgemäße und nicht diffamierende Äußerung.

Liegt eine Treupflichtverletzung vor, ist der Rat befugt, diesen Verstoß festzustellen. Weitergehende Sanktionsmöglichkeiten (Rüge, Ordnungsgeld, Ausschluss aus Sitzungen o. Ä.) hat der Rat mangels gesetzlicher Grundlage nicht[46].

Einen besonders geregelten Fall der besonderen Treupflicht enthält das Vertretungsverbot des § 43 Abs. 2 i.V.m. § 31 Abs. 1 S. 2 GO NRW.

Ratsmitglieder dürfen Ansprüche anderer gegen die Gemeinde nicht geltend machen, es sei denn, diese handeln als gesetzliche Vertreter. Von dieser Regelung sind in erster Linie Berufstätige erfasst, die Interessen Dritter gegenüber Behörden oder auch Gerichten vertreten. Hierzu zählen insbesondere Rechtsanwälte, Architekten und Steuerberater. 313

VIII. VORBEREITUNG VON ENTSCHEIDUNGEN

1. Einberufung des Rates

Der Rat wird nach § 47 Abs. 1 GO NRW vom Bürgermeister einberufen, so oft es die Geschäftslage erfordert. Nach Beginn der Wahlperiode muss die erste Sitzung innerhalb von sechs Wochen stattfinden. In der Regel beruft der Bürgermeister den Rat auf der Basis eines im Vorfeld abgesprochenen Terminplanes ein, so dass sich alle Ratsmitglieder bereits im Vorfeld auf die Termine einstellen können. Natürlich ist es auch außerhalb dieser vorgesehenen Termine möglich, den Rat einzuberufen. Darüber hinaus hat der Bürgermeister das unverzüglich zu tun, wenn ein Fünftel der Ratsmitglieder oder eine Fraktion es beantragt und die zur Beratung zu stellenden Gegenstände benennt. Der Rat ist zwar in diesem Fall unverzüglich einzuladen, aber der Bürgermeister hat gleichwohl die für eine Einberufung in der Geschäftsordnung des Rates festgelegten Fristen zu beachten. 314
Ist der Bürgermeister verhindert, wird der Rat nach überwiegender Ansicht vom allgemei-

[45] Vgl. OVG NRW, Urteil v. 15.09.2015 – 15 A 1961/13.
[46] Vgl. OVG NRW a.a.O.

nen Vertreter des Bürgermeisters nach § 68 GO NRW als Verwaltungschef einberufen. Die ehrenamtlichen Vertreter nach § 67 Abs. 1 S. 2 GO NRW vertreten den Bürgermeister nur bei der Sitzungsleitung und bei der Repräsentation.

314a Aus Anlass der andauernden **Coronavirus-Pandemie** hat die Gesetzgebung neue Möglichkeiten geschaffen, Sitzungen kommunaler Gremien auch ohne die gleichzeitige Anwesenheit der Mitglieder (vgl. § 49 GO NRW) und ohne Verstoß gegen den Grundsatz der Öffentlichkeit von Sitzungen (vgl. § 48 Abs. 2 GO NRW) rechtskonform durchführen zu dürfen.

Mit dem **Gesetz zur Einführung digitaler Sitzungen** für kommunale Gremien und zur Änderung kommunalrechtlicher Vorschriften vom 05.04.2022 (GV. NRW S. 490) schafft die Gesetzgebung die Voraussetzungen für digitale und hybride Formate der Gremienarbeit.

Eine generelle, voraussetzungslose Verlagerung aller Sitzungen in den virtuellen Raum wird allerdings durch das Gesetz nicht ermöglicht. Eine solche wäre auch kaum mit dem Grundsatz der Öffentlichkeit vereinbar. (vgl. LT-Drs. 17/16295 S. 62 m. w. N.).

314b Daher beschränkt das Gesetz rein digitale Sitzungen auf „besondere Ausnahmefälle". Digitale Sitzungen dürfen in besonderen Ausnahmefällen wie Katastrophen, epidemischen Lagen oder anderen außergewöhnlichen Notsituationen durchgeführt werden, sofern die dafür erforderlichen Voraussetzungen erfüllt sind (§ 47a Abs. 1 GO NRW).

Der „besondere Ausnahmefall" im Sinne des Gesetzes ist ausschließlich vom Rat mit Zweidrittelmehrheit seiner Mitglieder zu beschließen. Er gilt längstens für zwei Monate (vgl. § 47a Abs. 3 GO NRW). Die Stimmabgaben können in Textform erfolgen. Damit kann der Beschluss über das Bestehen eines besonderen Ausnahmefalls ohne körperliche Anwesenheit der Mitglieder gefasst werden. Eine Verlängerung ist möglich, erfordert dann wiederum eine Zweidrittelmehrheit.

314c Bei einer digitalen Sitzung nehmen alle Gremienmitglieder ohne persönliche Anwesenheit am Sitzungsort unter Einsatz technischer Hilfsmittel durch zeitgleiche Bild-Ton-Übertragung an der Sitzung teil. Bei einer digitalen Sitzung gelten per Bild-Ton-Übertragung teilnehmende Gremienmitglieder als anwesend im Sinne von § 49 Absatz 1 Satz 1 (§ 47a Abs. 2 GO NRW).

Die Grundlagen für die technischen Voraussetzungen und die Pflichten an die Gemeinde und die Ratsmitglieder ergeben sich aus § 47a Abs. 4 GO NRW. Die Zulassung von digitalen Sitzungsformaten steht insoweit u. a. unter einem Zertifizierungsvorbehalt sowie der näheren Ausgestaltung durch Rechtsverordnung. Diese regelt u. a die technischen Voraussetzungen sowie die formellen Anforderungen an die Durchführung der Sitzungen (vgl. dazu im Einzelnen die Verordnung über die Durchführung digitaler und hybrider Sitzungen kommunaler Vertretungen (Digitalsitzungsverordnung – DigiSiVO – vom 27.04.2022 GV. NRW S. 712).

314d § 47a Abs. 5 GO NRW regelt die Herstellung der Öffentlichkeit bei digitalen Sitzungen. Bei vollständig digitalen Sitzungen ist es mangels körperlichen Zusammenkommens nicht möglich, die Sitzung durch Zutritt zum Sitzungssaal zu verfolgen. Dies macht es notwendig, die Herstellung einer „digitalen Öffentlichkeit“ zuzulassen. Das Gesetz legt in § 47a Abs. 5 S. 2 fest, dass die digitale Zugangseröffnung über die Bereitstellung eines geschützten Zugangs zur digitalen Ratssitzung erfolgt. Ein „freies Livestreaming“ sei demgegenüber nicht vorzugswürdig (so die Gesetzesbegründung a. a. O. S. 70 f.).

Neben der – ausnahmsweise – zulässigen Durchführung der Ratssitzung als digitaler Sitzung 314e besteht auch die Möglichkeit, die Sitzung als **sog. hybride Sitzung** durchzuführen. Unter einer hybriden Sitzung versteht das Gesetz ausweislich der Gesetzesbegründung folgendes: Bei einer hybriden Sitzung schalten sich lediglich einige Gremienmitglieder digital per Bild-Ton-Übertragung zur im Übrigen in Präsenz stattfindenden Sitzung hinzu. Aber auch dann müssen die Anforderungen an die grundsätzliche Wahrnehmbarkeit erfüllt werden. Das heißt, dass alle digital teilnehmenden Gremienmitglieder für die vor Ort anwesenden Mitglieder sowie die Öffentlichkeit insbesondere bei Beiträgen und aktiven Mitwirkungen akustisch und optisch wahrnehmbar sein müssen. Auch müssen die digital Teilnehmenden die Sitzung vor Ort wahrnehmen und verfolgen können. Zudem wird klargestellt, dass die Sitzungsleitung in der hybriden Sitzung im Sitzungssaal präsent sein muss, da es zum Wesen einer hybriden Sitzung gehört, dass das eigentliche Sitzungsgeschehen im Sitzungssaal stattfindet. Eine digitale Sitzungsteilnahme der Sitzungsleitung bei einer hybriden Sitzung scheidet damit aus. Zum Wesen einer hybriden Sitzung gehört auch, dass der Öffentlichkeit eine Sitzungsteilnahme im Sitzungssaal selbst ermöglicht wird (so LT Drs. 17/16295 S. 68).

Soweit § 47a keine besonderen Regelungen enthält, gelten für digitale und hybride Sit- 314f zungen die allgemeinen Verfahrensvorschriften für die (Rats-)Sitzungen entsprechend. Insbesondere gelten auch für digitale und hybride Sitzungen die Anforderungen an die Einberufung und Ladung nach § 47 Abs. 1 S. 1 und Abs. 2 S. 1 VwGO.

Der Gesetzgeber hat wie aufgezeigt rein digitale Sitzungen unter den Vorbehalt des „be- 314g sonderen Ausnahmefalls“ gestellt, der vom Rat zu beschließen ist. In jenem Fall sind digitale Sitzungen und hybride Sitzungen zulässig.

Für hybride Sitzungen gelten die Beschränkungen der vorherigen Feststellung eines besonderen Ausnahmefalles nicht. In den Bezirksvertretungen und den Ausschüssen mit Ausnahme des Hauptausschusses, des Finanzausschusses und des Rechnungsprüfungsausschusses können daher hybride Sitzungen durchgeführt werden, soweit die Hauptsatzung dies vorsieht (vgl. § 58a GO NRW; Rn. 396). Weiterhin müssen selbstverständlich die technischen Voraussetzungen gegeben sein.

2. Ladungsfrist

Nach § 47 Abs. 2 S. 1 GO NRW sind die Ladungsfrist, die Form der Einberufung und die Ge- 315 schäftsführung des Rates sowie die Art der Information der Öffentlichkeit über den Zugang der Öffentlichkeit zu einer digitalen Sitzung durch die Geschäftsordnung zu regeln, soweit hierüber die Gemeindeordnung selbst keine Regelungen trifft. Diese Frist soll sicherstellen, dass sich alle Mitglieder des Rates im erforderlichen Umfang auf die Sitzung vorbereiten können. In der Praxis beträgt die Einladungsfrist ca. eine Woche vor der Sitzung. Häufig werden die Tagesordnung und die Unterlagen, die der Bürgermeister zur Vorbereitung der Beschlüsse im Sinne von § 62 Abs. 2 GO NRW erstellt, bereits einige Tage vor Fristablauf versandt. Dies ist insbesondere in größeren Städten auch erforderlich, da die Tagesordnungen dort recht umfangreich sind. In der Praxis wird zunehmend für die Übermittlung von Einladung und Tagesordnung das Internet oder Intranet genutzt.

Hinsichtlich der **Rechtsfolgen einer fehlerhaften Ladung** ist zu differenzieren:
Eine fehlerhafte Ladung führt dann regelmäßig zur Unwirksamkeit der in der betreffenden Ratssitzung getroffenen Entscheidungen (Beschlüsse, Wahlen), wenn es sich um schwerwiegende Verstöße handelt (z.B. öffentliche Bekanntmachung versäumt; bei einer per FAX erfolgten Ladung fehlt die Tagesordnung.
Weniger schwerwiegende (z.B. Schreibfehler, offensichtige Zahlendreher) bleiben unbeachtlich. Verstöße gegen die Ladungsfrist werden geheilt, wenn alle Mitglieder zu der Ratssitzung gekommen sind und niemand den Fehler reklamiert.
Ratsmitglieder können Ladungsmängel verwaltungsgerichtlich überprüfen lassen.

3. Tagesordnung für die Sitzungen des Rates

316 Der Bürgermeister setzt die Tagesordnung fest (§ 48 Abs. 1 GO NRW). Die Basis dieser Tagesordnung bilden die Verwaltungsvorlagen, die der Bürgermeister zur Vorbereitung der Beschlüsse im Sinne von § 62 Abs. 2 GO NRW erstellt hat. Diese Vorlagen werden schon durch die Fachausschüsse vorberaten. Darüber hinaus hat der Bürgermeister in die Tagesordnung aufzunehmen:

- Vorschläge, die ihm innerhalb einer in der Geschäftsordnung zu bestimmenden Frist von einem Fünftel der Ratsmitglieder oder einer Fraktion vorgelegt werden (§ 48 Abs. 1 S. 2 GO NRW)[47]
- Anregungen und Beschwerden nach § 24 GO NRW
- Antrag auf Vorprüfung der Zulässigkeit eines Bürgerbegehrens gem. § 26 Abs. 2 S. 7 GO NRW (soweit nicht der Rat die Entscheidung auf den Hauptausschuss übertragen hat)
- Anregungen des Integrationsrates bzw. Integrationsausschusses nach § 27 Abs. 8 S. 3 GO NRW
- Anregungen von Bezirksvertretungen (in kreisfreien Städten), § 37 Abs. 5 S. 5 GO NRW
- Fragestunden für Einwohner (§ 48 Abs. 1 S. 3 GO NRW), wenn dies in der Geschäftsordnung geregelt ist.

[47] Nach der Rechtsprechung ist der Rat über den Wortlaut des § 48 Abs. 1 Satz 2 GO NRW hinaus befugt, das Recht, Vorschläge zur Aufnahme in die Tagesordnung vorzulegen (Initiativrecht), durch Regelung in der Geschäftsordnung zu erweitern (vgl. OVG NRW Beschluss v. 29.11.2012 – 15 B 1308/12 unter Hinweis auf OVG NRW Urteil v. 30.03.2004 - 15 A 2360/02 -, NVwZ-RR 2004, 674 = DÖV 2004, 973). Mit einer entsprechenden Regelung in der Geschäftsordnung des Rates können also auch einzelne Ratsmitglieder vorschlagsberechtigt sein.

- Entscheidungen im Falle eines Widerspruchs des Bürgermeisters nach § 54 Abs. 1 GO NRW (siehe Rn 442 ff.)
- Entscheidungen im Falle einer Beanstandung eines Beschlusses durch den Bürgermeister nach § 54 Abs. 2 GO NRW (siehe Rn 442 ff.)
- Entscheidungen über den Einspruch gegen einen Ausschussbeschluss (§ 57 Abs. 4 GO NRW), siehe Rn 396 und Schaubild.
- Entscheidungen nach einem rechtswidrigem Ausschussbeschluss (§ 54 Abs. 3 S. 2 GO NRW)

Bei den Vorschlägen von einem Fünftel der Ratsmitglieder oder einer Fraktion hat der Bürgermeister nicht zu prüfen, inwieweit die gestellten Anträge materiell mit geltendem Recht vereinbar sind. Er hat diese Punkte in die Tagesordnung aufzunehmen, ein materielles Prüfungsrecht steht ihm nicht zu.

> Der Bürgermeister hat alle Anträge von einem Fünftel der Ratsmitglieder oder von Fraktionen in die Tagesordnung aufzunehmen. 317

In der Sitzung können nur Beschlüsse in Angelegenheiten gefasst werden, die auf der Tagesordnung stehen. Dies hat seine Begründung zum einen in der Tatsache, dass alle Mitglieder des Rates die Möglichkeit haben müssen, sich hinreichend auf die zu fassenden Beschlüsse vorzubereiten, und, dass zum anderen auch der Grundsatz der Öffentlichkeit es den Bürgern ermöglichen muss, zu wissen, was auf der Tagesordnung steht.

4. Zeitpunkt und Ort der Sitzung

Der Zeitpunkt der Sitzung ist so zu wählen, dass zum einen alle Ratsmitglieder problemlos 318
teilnehmen können und zum anderen auch der Öffentlichkeit eine Teilnahme möglich ist. Daher sollen die Sitzungen im jeweiligen Gemeindegebiet in der Regel nicht vor 16 Uhr stattfinden.

> Die Sitzungen des Rates müssen im Gebiet der Gemeinde stattfinden, 319
> ansonsten liegt ein Verstoß gegen das Gebot der Öffentlichkeit von Ratssitzungen vor.

5. Bekanntmachung der Tagesordnung

Um die Öffentlichkeit über Sitzungen des Rates und die dort zur Verhandlung stehenden 320
Sachverhalte zu informieren, sind nach § 48 Abs. 1 S. 4 GO NRW Zeit und Ort der Sitzung sowie die Tagesordnung öffentlich bekannt zu machen. Hier handelt es sich nicht um eine bloße Bekanntgabe, sondern um eine formelle öffentliche Bekanntmachung.

321 Die Gemeinde bestimmt gem. § 7 Abs. 7 GO NRW in ihrer Hauptsatzung die Form der öffentlichen Bekanntmachung. Für die Form und den Vollzug gilt die Bekanntmachungs-verordnung (= Rechtsverordnung nach § 7 Abs. 5 GO NRW) entsprechend. Die BekanntmVO sieht in § 4 folgende Möglichkeiten der Bekanntmachung vor:

- Veröffentlichung im Amtsblatt der Gemeinde (bei kreisangehörigen Gemeinden auch in einem gemeinsamen Amtsblatt des Kreises), § 4 Abs. 1 Nr. 1, Nr. 4, S. 2 BekanntmVO,
- Veröffentlichung in regelmäßig, mindestens einmal wöchentlich erscheinenden Zeitung, § 4 Abs. 1 Nr. 2 BekanntmVO,
- Aushang an den örtlichen Bekanntmachungstafeln, § 4 Abs. 1 Nr. 3 BekanntmVO oder
- Bereitstellung im Internet (unter Hinweis auf die erfolgte Bereitstellung und die Internetadresse in einer der drei anderen Formen (Amtsblatt, Zeitung, Bekanntmachungstafel), § 4 Abs. 1 Nr. 4, § 6 Abs. 1 BekanntmVO

322 Unterbleibt die öffentliche Bekanntmachung der Tagesordnung des Rates, führt dies zur Rechtswidrigkeit aller gefassten Beschlüsse.

6. Beschlussfähigkeit

323 Zu Beginn der Ratssitzung stellt der Bürgermeister fest, ob der Rat beschlussfähig gem. § 49 Abs. 1 GO NRW ist. Der Rat ist beschlussfähig, wenn mehr als die Hälfte der gesetzlichen Mitgliederzahl anwesend ist.

324 Wird die Sitzung des Rates nach Feststellung der Beschlussfähigkeit fortgesetzt, so gilt der Rat als beschlussfähig, solange die Beschlussunfähigkeit nicht ausdrücklich festgestellt worden ist, vgl. § 49 Abs. 1 S. 2 GO NRW.

Mit dieser Regelung will der Gesetzgeber sicherstellen, dass Ratsbeschlüsse nicht zu einem späteren Zeitpunkt rechtlich in Frage gestellt werden, nur weil während der Sitzung mal kurzzeitig die Beschlussfähigkeit nicht gegeben war. Unabhängig von der Feststellung der Beschlussunfähigkeit des Rates ist er aber auch dann beschlussunfähig, wenn dieser Umstand offensichtlich ist. Wird während der Sitzung die Beschlussunfähigkeit formal festgestellt, ist die Sitzung zu beenden. Die bis zu diesem Zeitpunkt gefassten Beschlüsse bleiben unabhängig von der Beschlussfähigkeit zum jeweiligen Zeitpunkt des Beschlusses rechtswirksam.

7. Öffentlichkeit von Ratssitzungen

Grundsätzlich sind die Sitzungen des Rates nach § 48 Abs. 2 GO NRW öffentlich. Die Gemeinden können aber in ihrer Geschäftsordnung regeln, dass die Öffentlichkeit für Angelegenheiten einer bestimmten Art ausgeschlossen wird. Dies sind z.B. Personalentscheidungen, Grundstücksgeschäfte und Auftragsvergaben. In diesem nichtöffentlichen Teil der Sitzung werden personenbezogene und schutzwürdige Daten verhandelt. Der Persönlichkeitsschutz und der Datenschutz stehen dann über dem Öffentlichkeitsgebot der Gemeindeordnung. 325

Diese Beschränkung des Öffentlichkeitsgrundsatzes ergibt sich zwar nicht direkt aufgrund des Wortlauts des § 48 Abs. 2 GO NRW, das Gesetz setzt aber die öffentliche Ratssitzung als Regelfall voraus (§ 48 Abs. 2 S. 1 GO NRW). Die Öffentlichkeit darf also nicht ohne weiteren Grund allein aufgrund einer Geschäftsordnungsregelung ausgeschlossen werden. Der Ausschluss bedarf seinerseits der Rechtfertigung. Die nur eingeschränkte Zulässigkeit des Ausschlusses muss also aus anderen Rechtsgrundsätzen und – Prinzipien sowie anderen Rechtsvorschriften hergeleitet werden. Eine dieser Rechtsvorschriften kann die Verschwiegenheitspflicht der Ratsmitglieder gem. § 43 Abs. 2 GO NRW i.V.m. § 30 GO NRW sein. Eine gewisse „Wechselbezüglichkeit" zwischen Ausschluss der Öffentlichkeit und Verschwiegenheitspflicht besteht also. Besteht z. B. eine ihrer Natur nach geheimhaltungsbedürftige Angelegenheit, so ergibt sich hieraus unmittelbar die Pflicht, diese Angelegenheit nicht in öffentlicher Sitzung zu verhandeln. Umgekehrt darf man allerdings nicht argumentieren: Wenn der Rat die Nichtöffentlichkeit beschließt, besteht formal die Verschwiegenheitspflicht (§ 43 Abs. 2 Nr. 1 i.V.m. § 30 Var. 3 GO NRW (*„vom Rat beschlossen"*). Daraus folgt aber nicht, dass der Beschluss rechtmäßig ist, weil zwischen § 30 GO NRW und § 48 Abs. 2 GO NRW ein Bezug besteht nach dem Motto, worüber Verschwiegenheit zu wahren ist, darüber kann die Öffentlichkeit ausgeschlossen werden.

Das OVG NRW fasst den Grundsatz der Öffentlichkeit und die Beschränkungen daher wie folgt zusammen: 326
Dem Wortlaut des § 48 Abs. 2 S. 2 GO NRW sind keine inhaltlichen Kriterien dafür zu entnehmen, in Angelegenheiten welcher Art der Gemeinderat die Öffentlichkeit durch die Geschäftsordnung ausschließen darf. Wegen der großen Bedeutung des Grundsatzes der Sitzungsöffentlichkeit[48], ist hieraus aber nicht zu schließen, dass der Gemeinderat insoweit keinen Bindungen unterläge. § 48 Abs. 2 S. 2 GO NRW setzt vielmehr voraus, dass aus anderen Rechtsvorschriften oder Rechtsgrundsätzen herzuleiten ist, in welcher Art von Angelegenheiten in nichtöffentlicher Sitzung beraten werden muss. In gesetzessystematischer Hinsicht sind einschlägige Vorgaben insbesondere den Regelungen über die Verschwiegenheitspflicht der Ratsmitglieder zu entnehmen, § 30 Abs. 1 i.V.m. § 43 Abs. 2 GO NRW. Danach haben Ratsmitglieder u.a. über die bei ihrer Tätigkeit bekannt gewordene Angelegenheiten Verschwiegenheit zu wahren, deren Geheimhaltung ihrer Natur nach erforderlich oder besonders vorgeschrieben ist. Ihrer Natur nach geheim sind nach § 30 Abs. 1 S. 2 GO NRW u.a. Angelegenheiten, deren Mitteilung an andere dem Gemeinwohl zuwiderlaufen würde. Geht der Gesetzgeber damit von der Geheimhaltungsbedürftigkeit

[48] vgl. OVG NRW, Urteil v. 24.04.2001 - 15 A 3021/97 -.

bestimmter Angelegenheiten aus, so ist der Rat jedenfalls berechtigt, durch die Geschäftsordnung die Öffentlichkeit für diese Angelegenheiten von den Sitzungen des Rates auszuschließen. Sind nach § 30 Abs. 1 S. 2 GO NRW ihrer Natur nach insbesondere Angelegenheiten geheim, deren Mitteilung an andere dem Gemeinwohl zuwiderlaufen würde, so darf der Rat dementsprechend die Öffentlichkeit für Angelegenheiten ausschließen, bei denen das Gemeinwohl einer Behandlung in öffentlicher Sitzung entgegensteht, vgl. § 30 Abs. 1 S. 2 GO NRW[49].

326a Ähnlich wie bei den Folgen im Falle einer fehlerhaften Ladung ist auch hinsichtlich der **Fehlerfolgen bei Verstößen gegen den Grundsatz der Öffentlichkeit** zu unterscheiden. Beschlüsse, die fehlerhaft in öffentlicher statt in nichtöffentlicher Sitzung gefasst werden, sind **wirksam**.
Beschlüsse, die fehlerhaft unter vollständigem Ausschluss der Öffentlichkeit in nichtöffentlicher Sitzung statt in öffentlicher Sitzung gefasst werden, obwohl kein Grund für den vollständigen Ausschluss der Öffentlichkeit vorlag, sind **unwirksam**.
Bei weniger schwerwiegenden Verstößen als dem unrechtmäßigen vollständigen Ausschluss der Öffentlichkeit bleibt es bei der Wirksamkeit der verfahrensfehlerhaften Beschlüsse, bis sie durch den Rat, die Kommunalaufsichtsbehörde oder eine gerichtliche Entscheidung aufgehoben werden.

8. Redeordnung

327 Nach Eröffnung der Sitzung ruft der Bürgermeister die Beratungspunkte in der Tagesordnung vorgegebenen Reihenfolge auf, fragt nach Wortmeldungen und erteilt in der Reihenfolge der Wortmeldungen das Wort. Folgende Personen sind im Rat redeberechtigt:

- jedes Mitglied des Rates
- der Bürgermeister
- die Gleichstellungsbeauftragte (§ 5 Abs. 4 S. 2 GO NRW)
- die Beigeordneten, falls der Rat oder der Bürgermeister dies verlangt nach § 69 Abs. 1 S. 3 GO NRW
- Fragesteller im Rahmen der Einwohnerfragestunde (§ 48 Abs. 1 S. 3 GO NRW)
- In kreisfreien Städten: Bezirksbürgermeister (§ 37 Abs. 5 S. 7 GO NRW), wenn im Rat über eine Anregung der Bezirksvertretung beraten wird
- Vorsitzender des Integrationsrates (§ 27 Abs. 8 S. 4 GO NRW), wenn im Rat über eine Anregung des Integrationsrates/Integrationsausschusses beraten wird
- Vertreter eines Einwohnerantrages (§ 25 Abs. 7 S. 3 GO NRW)
- Vertreter eines Bürgerbegehrens (§ 26 Abs. 6 S. 6 GO NRW)

Aktiv an der Diskussion beteiligen dürfen sich aber nur die Ratsmitglieder und der Bürgermeister.

[49] vgl. OVG NRW, Urteil v. 02.05.2006 – 15 A 817/04 -, juris Rn. 66 ff.

9. Ordnung in den Sitzungen

Die Sitzung wird vom Bürgermeister eröffnet und geleitet (§ 51 Abs. 1 GO NRW). Ist der 328
Bürgermeister verhindert, wird er in dieser Funktion von seinem Stellvertreter nach § 67 Abs. 1 GO NRW (den stellvertretenden ehrenamtlichen Bürgermeistern) vertreten. Darüber hinaus ist der Bürgermeister auch für den ordnungsgemäßen Ablauf der Ratssitzung zuständig. Dies geschieht zum Beispiel durch folgende Maßnahmen:

- Ermahnung von Rednern, die vom Thema abschweifen oder sich in ihren Ausdrucksformen mäßigen sollen
- Kontrolle der möglicherweise in der Geschäftsordnung festgelegten Redezeit
- Wortentzug
- Unterbrechung der Sitzung
- Ermahnung der Zuschauer, von Beifalls- und Missfallenskundgebungen abzusehen
- Ausübung des Hausrechtes

Der Bürgermeister muss den ordnungsgemäßen Ablauf der Ratssitzung 329
und damit die Funktionsfähigkeit dieses Organs sicherstellen.

10. Abstimmungen

Die Entscheidungen des Rates werden in der Regel auf der Grundlage von Verwaltungsvor- 330
lagen oder von Anträgen getroffen. Hierbei hat der Bürgermeister dafür zu sorgen, dass er alle zu einem Tagesordnungspunkt vorgelegten Anträge auch zur Abstimmung bringt.

Formen der Abstimmung:
Die Gemeindeordnung kennt drei Formen der Abstimmung: Offen, namentlich, geheim.

- **Offene Abstimmung** bedeutet, dass erkennbar (sichtbar) sein muss, wer wie 331
  abstimmt. Das geschieht i.d.R. durch Handzeichen, kann aber auch durch Erheben von den Plätzen deutlich werden.

- **Namentliche Abstimmung** bedeutet, dass jedes Mitglied mit seinem Namen auf- 332
  gerufen wird und dann mündlich erklärt, ob es mit Ja, Nein oder Enthaltung stimmt. Es handelt sich hierbei also um eine besondere Form der offenen Abstimmung. Das Ergebnis wird in einer besonderen Liste festgehalten, die Anlage zum Protokoll wird. Sie findet aber nur statt, wenn sie von einer in der Geschäftsordnung bestimmten Zahl von Mitgliedern beantragt wird (§ 50 Abs. 1 S. 4 GO NRW) und nicht gleichzeitig ein Antrag auf geheime Abstimmung gestellt wird- Gesetzlich vorgeschrieben ist die namentliche Abstimmung bei dem Antrag auf Einleitung des Abwahlverfahrens zur Abwahl des Bürgermeisters (§ 66 Abs. 1 S. 2 Nr. 1 GO NRW).

Bei Wahlen gibt es diese Form der Abstimmung nicht (vgl. § 50 Abs. 2 GO NRW).

Eine Sonderform der namentlichen Abstimmung ist die außerhalb einer Ratssitzung stattfindende **Stimmabgabe in Textform** nach § 47a Abs. 3 S. 3 GO NRW für die Feststellung eines Ausnahmefalles nach § 47a Abs. 1 GO NRW (z.B. Katastrophen, epidemische Lage oder andere außergewöhnliche Notsituationen).

333 • **Geheime Abstimmung** bedeutet, dass gerade nicht erkennbar sein darf, wer wie gestimmt hat. Dazu lässt der Sitzungsleiter Stimmzettel verteilen, die an einem abgeschirmten Platz im Sitzungssaal ausgefüllt und in eine Stimmzettelbox gesteckt werden.
Auch hierfür bedarf es eines Antrages, und zwar von mindestens einem Fünftel der (anwesenden) Mitglieder (§ 50 Abs. 1 S. 5 GO NRW). Eine Erhöhung dieses Quorums durch die Geschäftsordnung ist zulässig (§ 50 Abs. 1 S. 7 GO NRW).

Bei Wahlen muss schon dann geheim abgestimmt werden, wenn es gesetzlich vorgeschrieben ist (z.B. Wahl des Bürgermeisters, vgl. § 65 Abs. 1 S. 1 GO NRW; Wahl der Stellvertreter des Bürgermeisters, vgl. § 67 Abs. 2 S. 1 GO NRW) oder von einem Mitglied des Rates verlangt wird (vgl. § 50 Abs. 2 S. 1 GO NRW).

Beschlüsse:

334 Beschlüsse sind Abstimmungen bei Sachentscheidungen oder bei Personalentscheidungen ohne theoretische Auswahlmöglichkeit (z.B. Höhergruppierung, Beförderung, Kündigung, Entlassung).
Sie werden grundsätzlich mit Stimmenmehrheit gefasst (§ 50 Abs. 1 GO NRW), d.h. es braucht mehr „Ja"- als „Nein"-Stimmen der anwesenden Mitglieder, denn Stimmenthaltungen zählen dabei nicht mit (§ 50 Abs. 5 GO NRW).

335 Die Gemeindeordnung kennt folgende besonderen Beschlussmehrheiten:

- Mehrheit der gesetzlichen Zahl der Mitglieder
  (z.B. § 7 Abs. 3 S. 3 GO NRW).
- Mehrheit von zwei Dritteln der gesetzlichen Zahl der Ratsmitglieder (ohne BM) (§ 66 Abs. 1 S. 2 Nr. 1 GO NRW)
- Mehrheit von zwei Dritteln der gesetzlichen Zahl der Mitglieder (mit BM) (z.B. § 71 Abs. 7 S. 5, § 47a Abs. 3 S. 2 GO NRW)
- Mehrheit von zwei Drittel „seiner Mitglieder" (= gesetzliche Zahl der Mitglieder) (z.B. Feststellung und Entscheidung über digitale oder hybride Sitzungen, § 47a Abs. 3 S. 2 GO NRW)
- Mehrheit von drei Vierteln „seiner Mitglieder" (= der gesetzlichen Zahl der Mitglieder) (z.B. § 13 Abs. 1 S. 2 GO NRW)

Stellt der Bürgermeister einen Punkt der Tagesordnung zur Abstimmung, haben die Mitglieder des Rates die Möglichkeit, ihre Zustimmung oder Ablehnung durch Handzeichen oder durch Erheben von den Plätzen zu dokumentieren.

Wahlen:

Stehen Personalentscheidungen mit theoretischer Auswahlmöglichkeit an, handelt es sich 336
um Wahlen. Gewählt ist die vorgeschlagene Person, die mehr als die Hälfte der abgegebenen gültigen Stimmen auf sich vereinigt hat. Nur Stimmen für Personen, die in der Sitzung zur Wahl vorgeschlagen worden sind, sind gültig. Erreicht bei der Abstimmung keine der vorgeschlagenen Personen mehr als die Hälfte der abgegebenen gültigen Stimmen, findet zwischen den Personen, die die meisten Stimmen auf sich vereinigt haben, eine Stichwahl statt. Führt diese Abstimmung zu einem Patt, entscheidet das Los.

Stehen bei einer Personalentscheidung mehrere Kandidaten zur Wahl, 337
gelten auch Nein-Stimmen als gültige Stimmen, da sie den Willen des Abstimmenden klar erkennen lassen. Der Abstimmende will keine der vorgeschlagenen Personen wählen.

11. Mitwirkungsverbot

Grundsätzlich haben alle Mitglieder des Rates das Recht auf freie Mandatsausübung (§ 43 338
Abs. 1 GO NRW). Sie haben das Recht, an allen Entscheidungen des Rates beteiligt zu sein, soweit bei ihnen kein Interessenswiderstreit nach § 43 Abs. 2 i.V.m. § 31 GO NRW anzunehmen ist. Siehe dazu den Prüfungsaufbau unter Teil 8 VI und VII.

12. Niederschrift

Über die in der Sitzung gefassten Beschlüsse ist eine Niederschrift aufzunehmen. Diese 339
wird vom Schriftführer, der durch den Rat bestellt wird, abgefasst und gemeinsam mit dem Bürgermeister unterzeichnet (§ 52 Abs. 1 GO NRW). Zum Schriftführer kann nur ein Ratsmitglied oder ein Mitarbeiter der Verwaltung bestellt werden, da andere Personen nicht an den nichtöffentlichen Sitzungen teilnehmen dürfen. In die Niederschrift sind mindestens die Namen der anwesenden Ratsmitglieder, die behandelten Tagesordnungspunkte, Beschlüsse zu Fragen der Geschäftsordnung, alle Abstimmungen und die konkret gefassten Beschlüsse aufzunehmen.

Tonaufzeichnungen von der Sitzung darf der Schriftführer mit Zustimmung des Rates als Hilfsmittel zur Anfertigung der Niederschrift verwenden; sie sind allerdings danach zu löschen.
Eine Genehmigung der Niederschrift durch Beschluss des Rates sieht die GO nicht vor. Sie dient aber der Rechtssicherheit und vermeidet spätere Einwendungen.

340 Die Niederschrift hat den Charakter einer Urkunde, die vom Bürgermeister und dem Schriftführer unterzeichnet wird.

Die Niederschrift wird allen Mitgliedern des Rates zugeleitet. Die Einsicht in die Niederschrift über den öffentlichen Teil der Sitzung steht auch allen Einwohnern frei; dasselbe gilt für Auswärtige, die in der Gemeinde ein Grundstück besitzen oder einen Gewerbebetrieb haben (sog. Forensen).

341 13. Mitwirkung anderer Gremien

a) Bezirksvertretungen

342 In kreisfreien Städten haben die Bezirksvertretungen ein gesetzlich verankertes Recht, an allen Entscheidungen, die ihren Stadtbezirk berühren, nach näherer Maßgabe des § 37 Abs. 5 GO NRW beteiligt zu sein.

343 Die Bezirksvertretungen haben in allen Angelegenheiten, die für den Stadtbezirk von besonderer Bedeutung sind, ein Anhörungsrecht.

b) Ausschüsse

344 Nach § 58 GO NRW kann der Rat Ausschüsse bilden. Diese Ausschüsse können eine beratende und entscheidende Funktion übernehmen. Nach § 41 Abs. 2 GO NRW kann der Rat die Entscheidung über Angelegenheiten, die nicht in seine ausschließliche Zuständigkeit (§ 41 Abs. 1 S. 2 GO NRW) fallen und für die kein anderes Organ zuständig ist, auf einen Ausschuss übertragen. Als vorberatende Gremien haben die Ausschüsse auch bei Entscheidungszuständigkeit des Rates die Funktion, Ratsentscheidungen vorzuberaten und dem Rat einen entsprechenden Entscheidungsvorschlag zu unterbreiten (vgl. dazu Teil 9).

Fall 1:

345 Die kreisangehörige Gemeinde Berg (B) hat 17.000 Einwohner. Zur regulären, planmäßigen Sitzung des Rates am 12. April hatte, weil der Bürgermeister Fleißig (F) sich auf einer Auslandsreise befand, der zum allgemeinen Vertreter bestellte Stadtoberamtsrat Gründlich (G) form und fristgerecht geladen.

An der Ratssitzung nehmen 18 Ratsmitglieder nicht teil. Ferner befindet sich Bürgermeister Fleißig derzeit wegen einer fiebrigen Grippe im Krankenhaus. Die Ratssitzung wird darauf hin vom Ratsmitglied Harms (H), 1. stellvertretender Bürgermeister, eröffnet.

Noch bevor die Beratung der Tagesordnungspunkte aufgenommen werden kann, beantragt der Fraktionsvorsitzende Sturm (S) die Erweiterung der Tagesordnung um den Punkt „Kauf des Grundstücks Sandstraße 10“. Er entschuldigt die Verspätung mit einem Büroversehen. Den Antrag selbst begründet er damit, dass die Stadt Berg (B) auf dem seit Jahren brachliegenden und seither zum Verkauf stehenden Grundstück ein Heimathaus errichten sollte. Einige Ratsmitglieder halten diesen Vorschlag für eine gute Idee. Der Rat beschließt daraufhin, die Tagesordnung um diesen Tagesordnungspunkt zu erweitern.

Im nichtöffentlichen Teil der Sitzung kommt der Kauf des Grundstücks zur Beratung. Ratsmitglied Klamm (K), Eigentümer des Grundstücks, nimmt an der hitzigen Diskussion rege teil und rechtfertigt seine Kaufpreisforderung in Höhe von 200.000 Euro. Bei der anschließenden namentlichen Abstimmung sprechen sich 7 Ratsmitglieder, darunter auch Ratsmitglied Klamm (K) für einen Kauf, 6 Ratsmitglieder gegen einen Kauf aus. Alle anderen anwesenden Ratsmitglieder enthalten sich.

Nach seiner Rückkehr aus dem Krankenhaus in den aktiven Dienst erfährt der Bürgermeister von dem Ablauf der Ratssitzung.

Aufgabe: Nehmen Sie zu den folgenden Fragen gutachterlich Stellung:

1. War die Ladung durch G sowie die Leitung der Ratssitzung durch H zulässig?
2. War der Rat aufgrund der vielen fehlenden Mitglieder des Rates überhaupt beschlussfähig?
3. Hatte der Rat das Recht, den von S im Namen seiner Fraktion zusätzlich eingebrachten Punkt „Kauf des Grundstücks Sandstraße 10 vom Ratsmitglied Klamm (K) durch die Stadt Berg zum stadtbekannten Festpreis von 200.000 €“ noch in der Sitzung zu behandeln?
4. Durfte das Ratsmitglied K mitwirken? Wie wirkt sich ein Mitwirkungsverbot gegebenenfalls aus? Wie hat sich ein befangenes Ratsmitglied zu verhalten?
5. Was wird der Bürgermeister nach seiner Rückkehr hinsichtlich der Beratung und des Beschlusses über den Kauf des Grundstücks zu prüfen und gegebenenfalls zu veranlassen haben?

Lösung unter Rn 602 ff..

Fall 2:

In der kreisfreien Stadt D ist der Ausbau einer Haupterschließungsstraße eines 346
neuen Wohngebietes in aller Munde. Die Anwohner dieser Straße, zu denen auch Ratsherr Müller zählt, sprechen sich gegen den Ausbau aus, da hierdurch aus der bisherigen reinen Zufahrtsstraße eine Durchgangsstraße wird. Herr Meyer, ebenfalls Anwohner der Straße, gründet daraufhin eine Bürgerinitiative „Gegen den Ausbau“. Dieser Initiative tritt Ratsherr Müller bei.
In der Ratssitzung am 12. August, zu der der hauptamtliche Oberbürgermeister mit Schreiben vom 04. August eingeladen hat, steht dieses Thema auf der Tages-

ordnung. Zu dieser Sitzung hatte auch Ratsherr Doll, einziger Vertreter der D-Partei im Rat, einen Antrag auf Aufnahme eines Tagesordnungspunktes „Neubau einer Ortsumgehung" gestellt. Diesen Antrag hatte der Oberbürgermeister nicht in die Tagesordnung aufgenommen.

Als Ratsherr Doll das sieht, wendet er sich mit folgendem Schreiben an den Rat:

> An den Rat der Stadt D
> Herrn Oberbürgermeister Filz
>
> Betrifft: Anregung gemäß § 24 GO NRW
> Antrag: In der Stadt D wird zur Entlastung der Innenstadt
> eine Ortsumgehung gebaut.

In der Ratssitzung am 12. August sind von den 66 Ratsmitgliedern 64 anwesend.

Zu Beginn ruft der Oberbürgermeister den Punkt Neubau der Haupterschließungsstraße auf. Als sich dann Ratsherr Müller zu Wort melden will, erteilt ihm der Oberbürgermeister nicht das Wort mit dem Hinweis, dass er nicht mitwirken dürfe. Ratsherr Müller ist über dieses Vorgehen erbost und erklärt, dass er mit sofortiger Wirkung sein Ratsmandat niederlege.

Nach einer kurzen Diskussion beschließt daraufhin der Rat mit 31 Ja-Stimmen bei 33 Nein-Stimmen, die Straße nicht auszubauen.

Im weiteren Sitzungsverlauf bittet Ratsherr Doll den Oberbürgermeister die Anregung zu behandeln. Dieser weigert sich jedoch mit dem Hinweis, dass Ratsherr Doll nicht berechtigt sei, eine Anregung an den Rat zu richten.

Aufgabe: Überprüfen Sie gutachterlich, ob

1. der Beschluss des Rates rechtmäßig ist (umfassende Prüfung).
2. der Oberbürgermeister den Antrag von Ratsherrn Doll in die Tagesordnung hätte aufnehmen müssen.
3. sich der Rat mit der Anregung beschäftigen muss.
4. ob Ratsherr Müller seinen Sitz im Rat verliert.

Auszug aus der Geschäftsordnung des Rates der Stadt D:

§ 1 Einberufung der Ratssitzung

(1) Der Oberbürgermeister beruft den Rat ein, sooft es die Geschäftslage erfordert, jedoch soll er den Rat wenigstens alle 2 Monate einberufen (§ 47 Abs. 1 S. 3 GO NRW). Der Rat ist unverzüglich einzuberufen, wenn mindestens ein Fünftel der Ratsmitglieder oder eine

Fraktion unter Angabe der zu Beratung zu stellenden Gegenstände dies verlangen (§ 47 Abs.1 S. 4 GO NRW).

(2) Die Einberufung erfolgt durch Übersendung einer schriftlichen Einladung an alle Ratsmitglieder und die Beigeordneten.

(3) In der Einladung sind Zeit, Ort und Tagesordnung anzugeben. Zu den einzelnen Verhandlungsgegenständen sollen schriftliche Erläuterungen (Vorlagen) versandt werden.

§ 2 Ladungsfrist

(1) Die Einladung zu den Sitzungen muss den Ratsmitgliedern mindestens 5 volle Tage vor dem Sitzungstag, den Tag der Absendung nicht eingerechnet, zugehen.

(2) In dringenden Fällen kann der/die Oberbürgermeister/in mit kürzerer Frist einladen. Die Dringlichkeit ist in der Einladung zu begründen.

Lösung unter Rn 607 ff..

TEIL 9: AUSSCHÜSSE

I. FUNKTION DER AUSSCHÜSSE

347 Ausschüsse haben für die Volksvertretungen eine große Bedeutung. Auf der **kommunalen Ebene** liegt ihre Hauptaufgabe in der

348 **Entlastung des Rates!**

Die Entlastung geschieht durch

349 **a)** die **Vorberatung von Ratsentscheidungen**

Dies ist die Aufgabe **aller** Ausschüsse.

Die Vorberatung muss streng getrennt werden von der **Vorbereitung**, die dem Bürgermeister obliegt (§ 62 Abs. 2 S. 1 GO NRW).

Da Ausschüsse deutlich weniger Mitglieder haben als der Rat und nur einen abgegrenzten Bereich von Angelegenheiten behandeln (im Gegensatz zur Allzuständigkeit des Rates), können sie die einzelnen Tagesordnungspunkte gründlicher und zeitintensiver beraten als es dem Rat möglich ist. Dennoch münden die Beratungsergebnisse in einen Beschluss, den sog. **Empfehlungsbeschluss**, der dem Rat zur Entscheidung weitergeleitet wird. Der Rat folgt dieser Empfehlung in aller Regel, weil sich die politischen Kräfteverhältnisse in beiden Gremien in etwa gleichen und auch in den Fraktionen die Angelegenheiten bereits parallel zur Ausschussberatung diskutiert worden sind.

350 **b)** die Übertragung von **Entscheidungsbefugnissen**

und zwar

- durch **Gesetz**, z.B. auf den Hauptausschuss durch die §§ 37 Abs. 2, 60 Abs. 1 S. 1 GO NRW

oder

- durch **Ratsbeschluss** nach § 41 Abs. 2 und Abs. 3, § 73 Abs. 3 S. 2 GO NRW.

Die in diesen Angelegenheiten gefassten **Entscheidungsbeschlüsse** werden, wie alle Beschlüsse der politischen Organe, vom Bürgermeister durchgeführt (§ 62 Abs. 2 GO NRW). Ein einzelner Ausschuss kann für beides nebeneinander zuständig sein, also teils Vorberatungs-, teils Entscheidungszuständigkeiten besitzen. Die Delegation von Entscheidungsbefugnissen darf sich nach § 41 Abs. 2 GO NRW nur auf **bestimmte** Angelegenheiten beziehen, sie müssen also für jeden Ausschuss **einzeln** und **konkret** formuliert werden.

351 Die **Aufgaben (Zuständigkeiten)** der Ausschüsse regelt der Rat entweder

- in der **Hauptsatzung** 352
Dann sind Veränderungen (Rückholrecht des Rates) nur zulässig

  - durch Änderung der Hauptsatzung. Das ist jedoch sehr aufwändig und langwierig und bedarf der Mehrheit der gesetzlichen Zahl der Mitglieder, vgl. § 7 Abs. 3 S. 3 GO NRW.

  - durch Beschluss, wenn die Hauptsatzung ein Rückholrecht im Einzelfall vorsieht.

- oder durch eine **Zuständigkeitsordnung** 353
Sie hat den Rechtscharakter eines Ratsbeschlusses und kann jederzeit durch einen Ratsbeschluss mit einfacher Mehrheit geändert werden.

II. ARTEN DER AUSSCHÜSSE

Nach § 57 Abs. 1 GO NRW liegt es im **Ermessen** des Rates, Ausschüsse zu bilden. Er wird 354
es dann tun, wenn er dafür einen Bedarf erkennt.

1. Freiwillige Ausschüsse

Diese Ausschüsse werden freiwillige Ausschüsse oder Ausschüsse nach Bedarf genannt, 355
weil es in der Entscheidungsbefugnis des Rates liegt, ob und welche Ausschüsse er hier einrichtet. Er wird allerdings prüfen müssen, ob das Bedürfnis besteht, für bestimmte Angelegenheiten einen eigenen Ausschuss zu begründen, so dass hier oft vom Sachzwang her die Freiwilligkeit so eingeschränkt wird, dass die Bezeichnung „nach Bedarf" treffender erscheint. Eine Großstadt bildet oft mehr als 20 Ausschüsse, wovon der größte Teil zu der Gruppe der „freiwilligen" Ausschüsse gehört, die der Rat bilden und auch jederzeit wieder auflösen kann.
Um eine kontinuierliche Ausschussarbeit zu ermöglichen und dem o.a. Sachzwang Rechnung zu tragen, bindet sich der Rat oft selbst, indem er die Einrichtung von Ausschüssen in der **Hauptsatzung** vorsieht und damit ihre Bildung und Auflösung nur noch unter den erschwerenden Bedingungen einer Änderung der Hauptsatzung zulässt (Mehrheit der gesetzlichen Zahl der Mitglieder, § 7 Abs. 3 S. 3 GO NRW).
Nach § 24 Abs. 2 S. 3 GO NRW kann der Rat die Erledigung von Anregungen und Beschwerden einem Ausschuss übertragen. Bei erheblichem Anfall solcher Eingaben könnte das die Bildung eines **Beschwerdeausschusses** zum Bedürfnis machen.

Zu den freiwilligen Ausschüssen zählen z.B. 356

- Bau-/ Planungsausschuss
- Kultur-/ Sportausschuss
- Liegenschaftsausschuss

- Umweltausschuss
- Verkehrs- und Gewerbeausschuss
- Schulausschuss
- Ausschuss für öffentliche Sicherheit und Feuerschutz
- Ausschuss für Gleichstellungsangelegenheiten
- Ausschuss für Freizeit und Erholung
- Ausschuss für Stadtmarketing, Tourismus und Städtepartnerschaften
- Vergabeausschuss
- Integrationsausschuss

2. Pflichtausschüsse nach der Gemeindeordnung

357 § 57 Abs. 2 GO NRW verpflichtet die Gemeinden zur Bildung von folgenden Ausschüssen:

- **Hauptausschuss**
- **Finanzausschuss**
- **Rechnungsprüfungsausschuss.**

358 § 57 Abs. 2 S. 2 GO NRW wiederum stellt es in das Ermessen des Rates, die Aufgaben des Finanzausschusses durch den Hauptausschuss wahrnehmen zu lassen (in der Praxis wird der dann als „Haupt- und Finanzausschuss" bezeichnet). Dabei werden aber nicht zwei Ausschüsse zusammengelegt, sondern der eine (Hauptausschuss) übernimmt die Aufgaben des anderen (Finanzausschuss).

359 

Die Bürger fordern im Wege des Bürgerbegehrens in der Gemeinde keinen Finanzausschuss einzurichten. Dürfte der Finanzausschuss im Wege eines Bürgerbegehrens/Bürgerentscheides entfallen?

Die Verbandskompetenz der Gemeinde ergibt sich aus Art. 28 Abs. 2 S. 1 GG aus der Zuständigkeit für die Organisation der Gemeinde. Die Bürger entscheiden an Stelle des Rates (§ 26 Abs. 1 GO NRW). Die Organkompetenz des Rates ergibt sich in diesem Fall direkt aus § 57 Abs. 2 S. 2 GO NRW. Dass § 57 Abs. 1 GO NRW den Finanzausschuss als Pflichtausschuss nennt, ist kein Hinderungsgrund. Gem. Abs. 2 kann auch der Hauptausschuss die Aufgaben des Finanzausschusses übernehmen.
Ein Verbotstatbestand nach § 26 Abs. 5 GO NRW ist nicht zu erkennen. Die innere Organisation der Gemeindeverwaltung wird nicht berührt. Unter der inneren Organisation werden der Aufbau und der Ablauf der hauptamtlichen Verwaltung verstanden. Ein Bürgerbegehren/Bürgerentscheid ist in dieser Angelegenheit somit zulässig.

360 Während die Ausschüsse nach Bedarf neben ihrer Beratungsfunktion nur durch eine Delegation nach § 41 Abs. 2 GO NRW Entscheidungsbefugnisse erlangen können, haben die Pflichtausschüsse neben der gleichen Möglichkeit der Übertragung von Entscheidungsbefugnissen eigenständige Befugnisse aufgrund **gesetzlicher** Delegation. Einzelne Funktionen

dieser Art begründen die Stellung des Hauptausschusses (§ 60 Abs. 1 GO NRW) und des Finanzausschusses (§ 59 Abs. 2 GO NRW) als weitere Gemeinde**organe**. Der Hauptausschuss unterscheidet sich von anderen Ausschüssen dadurch, dass ihm sachkundige Bürger und sachkundige Einwohner **nicht** angehören dürfen (§ 58 Abs. 3 S. 1 GO NRW).

a) Hauptausschuss

Dieser Ausschuss - auch der „kleine Rat" genannt - hebt sich schon durch seine Zusam- 361
mensetzung von den übrigen Ratsausschüssen ab. So gehören ihm nur Ratsmitglieder an und der Bürgermeister ist kraft Amtes der geborene Vorsitzende des Hauptausschusses. Stellvertretende Vorsitzende werden aus der Mitte des Hauptausschusses **gewählt** (§ 57 Abs. 3 S. 3 GO NRW).

Die Aufgaben des Hauptausschusses ergeben sich aus 362

- der **Übertragung von Zuständigkeiten** durch den Rat 363
  - zur Vorberatung (§ 58 Abs. 1 GO NRW)
  - zur Entscheidung (§ 41 Abs. 2 GO NRW); z.B. §§ 26 Abs. 2 S. 10, 73 Abs. 3 S. 2 GO NRW

- der **gesetzlichen Zuweisung** 364
  - von Entscheidungszuständigkeiten
  - von sonstigen Kompetenzen.

Hier sollen die Funktionen interessieren, die dem Hauptausschuss kraft **gesetzlicher Delegation** zukommen.

aa) Koordination und Schlichtung

§ 59 Abs. 1 und § 37 Abs. 2 GO NRW weisen dem Hauptausschuss die Koordinationsaufgabe 365
zu, d.h., dass der Hauptausschuss im Falle voneinander abweichender (divergierender) Beschlüsse mehrerer Ausschüsse diese Entscheidungen aufeinander abzustimmen hat. Er wird in solchen Fällen die betreffenden Ausschüsse durch ihre Vorsitzenden hören und möglichst eine Kompromisslösung erarbeiten, die dem Rat vorgelegt wird, falls dieser darüber zu entscheiden hat.

Die Koordinationsfunktion räumt dem Hauptausschuss aber nicht das Recht ein, die Empfehlungsbeschlüsse der Fachausschüsse zu kontrollieren oder gar zu korrigieren (es sei denn, der Rat hat dem Hauptausschuss sogar die Entscheidungskompetenzen übertragen). Wegen der „verhältnismäßigen" Zusammensetzung der Fachausschüsse würde ein solches Verfahren ohnehin nur die Entscheidungsprozesse verzögern. Der Rat hat im Übrigen Anspruch darauf, dass ihn die Arbeitsergebnisse der von ihm eingesetzten Fachausschüsse ungefiltert erreichen.

In diesem Rahmen ist dem Hauptausschuss durch § 37 Abs. 2 GO NRW eine weitere Aufgabe in kreisfreien Städten zugewiesen worden. Der Hauptausschuss muss demnach die „Schlichter"-Funktion bei Streitigkeiten der Bezirksvertretungen untereinander und zwischen Bezirksvertretungen und den Ausschüssen über Zuständigkeiten im Einzelfall übernehmen und letztlich entscheiden. Diese Vorschrift unterstreicht die besondere Stellung des Hauptausschusses auch im Verhältnis zu den Bezirksvertretungen.

bb) Eil- und Dringlichkeitsentscheidungen

366 Der Hauptausschuss entscheidet an Stelle des Rates, falls eine Einberufung des Rates nicht rechtzeitig möglich ist (§ 60 Abs. 1 S. 1 GO NRW **Eilentscheidungen**). Zuvor ist also zu prüfen, ob der Rat die betreffende Angelegenheit durch

- fristgerechte Einberufung einer Sondersitzung
- Einberufung einer Sondersitzung unter Abkürzung der Ladungsfrist (wenn die Geschäftsordnung das vorsieht)
- Erweiterung der Tagesordnung in einer schon einberufenen turnusmäßigen Sitzung

noch selbst behandeln kann. In der Praxis geschieht dies selten, denn für den Hauptausschuss gelten i.d.R. die gleichen Einladungsfristen wie für den Rat. Siehe auch Rn. 447.

Ist aber auch die Einberufung des Hauptausschusses nicht rechtzeitig möglich und kann die Entscheidung nicht aufgeschoben werden, weil sonst erhebliche Nachteile oder Gefahren entstehen können, kann der Bürgermeister mit einem (von ihm auszuwählenden) Ratsmitglied entscheiden= **Dringlichkeitsentscheidung**, § 60 Abs. 1 S. 2 GO NRW.
Eil- und Dringlichkeitsentscheidungen sind dem Rat in der nächsten Sitzung zur Genehmigung vorzulegen. Eine Aufhebung der Entscheidungen ist nur zulässig, soweit nicht schon Rechte anderer durch die Ausführung des Beschlusses entstanden sind.
Da die Eilbeschlüsse in der Regel dazu dienen, Rechte anderer entstehen zu lassen (z.B. Vergabeentscheidungen), läuft das Aufhebungsrecht des Rates weitgehend ins Leere.

Der Hauptausschuss entscheidet auch dann anstelle des Rates, wenn und solange nach § 11 IfSBG-NRW eine epidemische Lage von landesweiter Tragweite festgestellt ist. Dazu müssen zwei Drittel der Mitglieder des Rates einer Delegierung an den Hauptausschuss zugestimmt haben. Die Stimmabgabe erfolgt in Textform (§ 60 Abs. 1 S. 2 und 3 GO NRW). Diese Regelung gilt nur noch bis zum 11.12.2022.

cc) Planung bedeutender Verwaltungsaufgaben

367 § 61 GO NRW beauftragt den Hauptausschuss, im Rahmen der Entwicklung wichtiger Projekte über die Planung der Verwaltungsaufgaben von besonderer Bedeutung zu entscheiden. Die Einschaltung des Hauptausschusses liegt zeitlich nach der Konkretisierung von Planungsvorstellungen des Bürgermeisters. Die Entscheidung des Hauptausschusses signalisiert dem Bürgermeister „grünes Licht“ für die Weiterverfolgung seiner Ideen bis zur Entscheidungsreife. Das dazu notwendige Zusammenspiel zwischen Bürgermeister und Hauptausschuss wird durch eine besondere gesetzliche Unterrichtungspflicht gegenüber dem Hauptausschuss unterstrichen (§ 61 S. 2 GO NRW) und durch seine Funktion als Vorsitzender des Hauptausschusses erleichtert.

dd) Hauptausschuss und Bürgermeister

Dass der Gesetzgeber im Übrigen den Hauptausschuss genau an der Nahtstelle zwischen der Vertretung und der Verwaltung ansiedeln wollte, ergibt sich aus der Vermittlerstellung, die § 70 Abs. 4 GO NRW dem Hauptausschuss zugedacht hat. Die vorgeschriebenen regelmäßigen gemeinsamen Beratungen des Verwaltungsvorstandes wahren das hierarchische Prinzip insoweit, dass bei Meinungsverschiedenheiten die Entscheidung des Bürgermeisters den Ausschlag gibt, jedoch mit der Besonderheit, dass die Beigeordneten in Angelegenheiten ihres Geschäftsbereiches ihre abweichende Meinung dem Hauptausschuss vortragen können (was sie dem Bürgermeister vorab mitzuteilen haben). Da der Hauptausschuss nicht ohne Weiteres berechtigt ist, in die Kompetenzen von Rat und Bürgermeister einzugreifen, wird er primär seine Rolle als **Vermittler** sehen müssen. Das wiederum passt in sein Gesamtkonzept, einen Ausgleich divergierender Kräfte herbeizuführen. 368

Eine ähnliche „Friedensmission“ hat der Hauptausschuss für den Fall, dass die Betriebsleitung eines Eigenbetriebes glaubt, die Durchführung einer Weisung des Bürgermeisters nicht verantworten zu können. Bleibt die Anrufung des Betriebsausschusses durch die Betriebsleitung erfolglos, ist nach § 6 Abs. 2 S. 4 EigVO NRW die **Entscheidung** des Hauptausschusses herbeizuführen.
Eine Ergänzung hat diese Zuständigkeit durch § 8 Abs. 2 GemKHBVO NRW erfahren, wonach der Hauptausschuss **entscheidet**, wenn zwischen Krankenhausausschuss und Bürgermeister eine Übereinstimmung nicht erzielt werden kann.

§ 73 Abs. 3 GO NRW lässt die Möglichkeit zu, die beamtenrechtlichen Grundentscheidungen für die Bediensteten in Führungsfunktionen per Hauptsatzung auf den Hauptausschuss zu übertragen, der diese Entscheidungen dann im Einvernehmen mit dem Bürgermeister zu treffen hat. Kommt dieses Einvernehmen nicht zu Stande, kann der Rat die Entscheidung treffen. Dazu ist allerdings eine Mehrheit von zwei Dritteln der gesetzlichen Zahl der Ratsmitglieder (also ohne Bürgermeister) erforderlich.

Der Rat hat sich per Hauptsatzung die Entscheidung über die Beförderung von Führungskräften vorbehalten. Ist ein Einvernehmen des Bürgermeisters noch erforderlich, wenn der Rat auf seinen Vorschlag hin den Leiter der Kämmerei befördert?

In dem Beförderungsvorschlag des Bürgermeisters liegt sein vorweg erklärtes Einvernehmen. Ein nachträgliches Einvernehmen des Bürgermeisters ist somit nicht mehr erforderlich.

b) Finanzausschuss

Der Finanzausschuss ist ein zweites wichtiges Instrument der kommunalen Führung. Nach § 59 Abs. 2 GO NRW **bereitet er die Haushaltssatzung vor und trifft die für die Ausführung des Haushaltsplanes erforderlichen Entscheidungen**. 369
Die verwaltungsmäßige Vorbereitung der Haushaltssatzung obliegt dem Bürgermeister (§ 62 Abs. 2 GO NRW).

Auch dem Finanzausschuss können weitere Befugnisse nach § 41 Abs. 2 GO NRW übertragen werden, z.B. die Entscheidung bei überplanmäßigen und außerplanmäßigen Aufwendungen und Auszahlungen, die nicht erheblich sind (§ 83 Abs. 1 GO NRW, wenn der Rat von seinem Recht, andere Regelungen zu treffen, Gebrauch macht).

Die Tatsache, dass die Haushaltssatzung regelmäßig jährlich zu erlassen ist, gibt – in Verbindung mit der Bedeutung, die ihr zukommt – dem Finanzausschuss eine bemerkenswerte Stellung, setzt ihn aber auch oft heftiger Kritik aus, insbesondere, wenn er eine feste Haltung gegenüber einer zu expansiven Ausgabenwirtschaft einnimmt.
Zusätzliche Aufgaben entstehen, wenn im Verlaufe des Haushaltsjahres Nachtragssatzungen erforderlich werden.

c) Rechnungsprüfungsausschuss

370 Als weiterer Pflichtausschuss tritt er wenig in Erscheinung, ist jedoch nach § 59 Abs. 3 S. 1 GO NRW mit der wichtigen Aufgabe betraut, den **Jahresabschluss** (§ 95 GO NRW) zu prüfen. Die Arbeit des Ausschusses wird wesentlich erleichtert, wenn in der Gemeinde eine örtliche Rechnungsprüfung (Rechnungsprüfungsamt) besteht, die ihm in diesem Fall gem. § 59 Abs. 3 S. 2 GO NRW für die Wahrnehmung seiner Aufgaben zur Verfügung steht.

§ 101 Abs. 1 GO NRW schreibt zunächst für alle

- -kreisfreien Städte
- -Großen und Mittleren kreisangehörigen Städte

eine örtliche Rechnungsprüfung zwingend vor. Große und Mittlere kreisangehörige Städte dürfen sich aber auch einer anderen örtlichen Rechnungsprüfung bedienen. Dazu wird (nach entsprechendem Ratsbeschluss) eine öffentlich-rechtliche Vereinbarung nach dem GkG NRW mit der übernehmenden Stadt geschlossen.
Gemeinden ohne örtliche Rechnungsprüfung können einen geeigneten Bediensteten als Rechnungsprüfer bestellen oder sich eines anderen kommunalen Rechnungsprüfers oder eines Wirtschaftsprüfers oder einer Wirtschaftsprüfungsgesellschaft bedienen (§ 101 Abs. 1 S. 3 GO NRW).
Die Leitung der örtlichen Rechnungsprüfung und die Prüfer werden vom Rat bestellt und auch abberufen (§ 101 Abs. 4 S. 1 GO NRW). Die Leitungskraft muss die für ihr Amt erforderliche Vorbildung, Erfahrung und Eignung besitzen, § 101 Abs. 3 GO NRW. Ihre Abberufung (gegen ihren Willen) ist nur dann zulässig, wenn die ordnungsgemäße Erfüllung der Aufgaben nicht mehr gewährleistet ist. Der entsprechende Beschluss des Rates bedarf einer Mehrheit von zwei Dritteln aller Mitglieder des Rates (also einschließlich Bürgermeister).
An der Beratung des Jahresabschlusses haben die Verantwortlichen der örtlichen Rechnungsprüfung teilzunehmen und über die wesentlichen Ergebnisse ihrer Prüfung zu berichten. Der Rechnungsprüfungsausschuss nimmt zu dem Ergebnis der Jahresabschlussprüfung schriftlich gegenüber dem Rat Stellung und erklärt, ob er den vom Bürgermeister aufgestellten Jahresabschluss billigt (§ 59 Abs. 3 S. 5 GO NRW).
Der Rat stellt den vom Rechnungsprüfungsausschuss geprüften Jahresabschluss durch Beschluss fest (mit Bürgermeister), und die Ratsmitglieder (also ohne Bürgermeister) entscheiden über die **Entlastung des Bürgermeisters**.

Der Leiter der örtlichen Rechnungsprüfung heiratet die Schwester des Bürgermeisters. Hat diese Heirat Konsequenzen für seine Leitungstätigkeit bei der örtlichen Rechnungsprüfung? 371

Nach § 101 Abs. 6 GO NRW darf die Leitung der örtlichen Rechnungsprüfung nicht Angehöriger des Bürgermeisters sein. Angehörige sind nach § 31 Abs. 5 Nr. 5 GO NRW die Ehegatten der Geschwister (Schwager, Schwägerin). Welche Rechtsfolgen sich aus einem Verstoß gegen dieses Verbot ergeben, regelt die GO NRW nicht. Die Heirat hat somit Konsequenzen. Der Bürgermeister wird im Wege der Umsetzung eine andere Leitungsstelle für seinen Schwager finden müssen.

3. Pflichtausschüsse nach Spezialgesetz

bilden eine dritte Gruppe von Ausschüssen. Dazu zählen u.a. 372

- der Wahlausschuss, § 2 KWahlG
- der Wahlprüfungsausschuss, § 40 KWahlG
- der Jugendhilfeausschuss, §§ 70, 71 SBG VIII, §§ 4, 5 AG-KJHG

Ihre Zusammensetzung folgt den **spezialgesetzlichen** Vorgaben und unterscheidet sich dadurch von den Ausschüssen nach der Gemeindeordnung.

4. Bedingte Pflichtausschüsse

stellen eine vierte Art von Ausschüssen dar. Hier erfüllt die Gemeinde zunächst **freiwillig** eine Bedingung, aus der dann die **Pflicht** zur Bildung eines bestimmten Ausschusses resultiert. 373

Beispiel: Die Gemeinde verfügt über eigene Gemeindewerke (Stadtwerke) für die Versorgung der Bevölkerung mit Strom, Gas, Wasser. Dann kann sie diese Werke im Rahmen ihrer Organisationshoheit als Regiebetrieb, Eigenbetrieb oder als GmbH führen. Entscheidet sie sich (**freiwillig**) für die Form **„Eigenbetrieb"** (das ist die Bedingung), dann **muss** sie dafür einen Betriebsausschuss bilden (§ 114 GO NRW i.V.m. § 5 EigVO NRW), was bei den Formen Regiebetrieb und GmbH entfällt.

Gleiches gilt für

- den **Bezirksausschuss** in kreisangehörigen Gemeinden (unter der Bedingung, dass die Gemeinde Gemeinde-/Stadtbezirke gebildet hat), § 39 GO NRW

- den **Krankenhausausschuss** (unter der Bedingung, dass das städtische Krankenhaus als eigenbetriebsähnliche Einrichtung geführt wird), §§ 1, 6 GemKHBVO NRW.

374 Aus den verschiedenen Ausschussarten ergibt sich folgendes Schaubild:

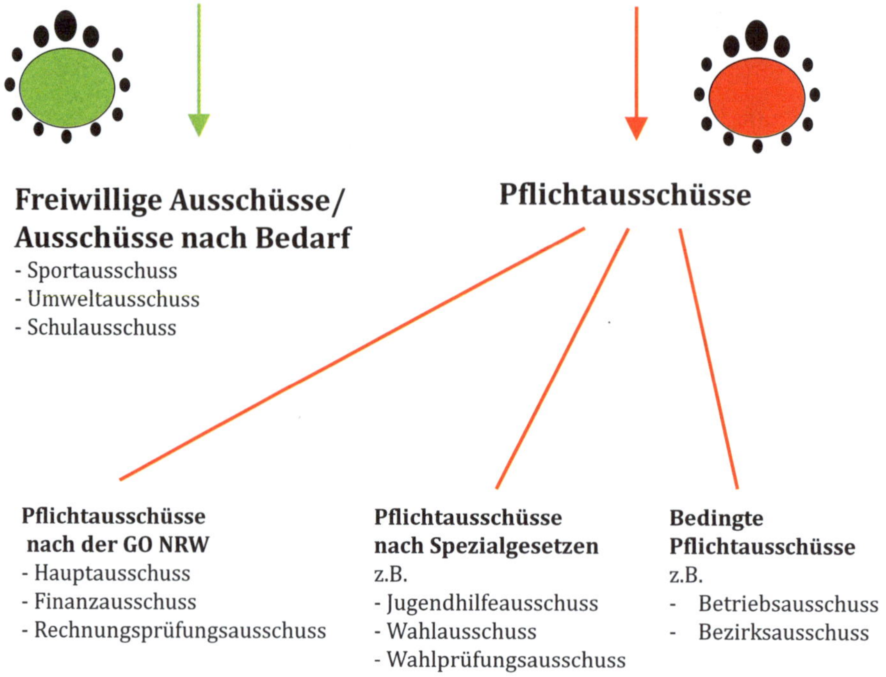

III. BILDUNG DER AUSSCHÜSSE

375 Bei der Bildung der Ausschüsse sind folgende Entscheidungen vom Rat zu treffen:

- welche Ausschüsse (neben den Pflichtausschüssen) sollen gebildet werden, § 57 Abs. 1 GO NRW (der Bürgermeister **stimmt mit**)

- welche Aufgaben (Zuständigkeiten) sollen die Ausschüsse haben, § 41 Abs. 2 GO NRW (der Bürgermeister **stimmt mit**)

- wie viele Mitglieder und welche (Ratsmitglieder, sachkundige Bürger, sachkundige Einwohner) sollen den Ausschüssen im Einzelnen angehören, § 58 Abs. 1 GO NRW (Bürgermeister stimmt **nicht** mit)

- wer soll Mitglied in den Ausschüssen werden = Wahl der Ausschussmitglieder, § 41 Abs. 1 S. 2 lit. b), § 50 Abs. 3 GO NRW (Bürgermeister stimmt **nicht** mit).

1. Wahl der Ausschussmitglieder

Auf die Besetzung der Ausschüsse haben die **Fraktionen** wesentlichen Einfluss. Sie unter- 376
breiten Wahlvorschläge, über die im Rat per **Verhältniswahl** abgestimmt wird.

Nach § 50 Abs. 3 S. 1 GO NRW kann allerdings von einer Verhältniswahl abgesehen werden, wenn sich die Ratsmitglieder auf einen **einheitlichen Wahlvorschlag** einigen und über diese Einheitsliste einen **einstimmigen Beschluss** fassen. Einstimmig heißt: Einstimmig ja; Enthaltungen hindern die Einstimmigkeit nicht (§ 50 Abs. 5 GO NRW). Kommt eine Einigung nicht zustande oder scheitert der einheitliche Wahlvorschlag bei der Abstimmung an einer oder mehreren Nein-Stimmen, so wird nach den Grundsätzen der Verhältniswahl über die von den Fraktionen und Gruppen des Rates vorgelegten Wahlvorschläge in einem Wahlgang abgestimmt. Für die Berechnung der Sitzzuteilung schreibt das Gesetz die Anwendung des Verfahrens nach **Hare-Niemeyer** vor. Dieses Verfahren ist ein geeignetes und verfassungsrechtlich unbedenkliches Verfahren zur Sitzverteilung entsprechend dem vorgegebenen Stimmen- oder Stärkeverhältnis. Auch der Minderheitenschutz steht seiner Anwendung nicht entgegen. Keinesfalls haben kleine Gruppen im Rat einen Anspruch auf ein sogenanntes „Grundmandat".
Die Auswirkungen dieses Verfahrens sollen an einem Beispiel verdeutlicht werden:

> Beispiel: Es ist der Bauausschuss zu besetzen, der 9 Mitglieder haben soll. Die Stimmen der 50 anwesenden Ratsmitglieder (der Bürgermeister stimmt **nicht** mit) werden wie folgt für die nachstehenden Listen abgegeben:
> Fraktion A 24 Stimmen
> Fraktion B 18 Stimmen
> Fraktion C 5 Stimmen
> Fraktion D 3 Stimmen.
>
> Die Formel für die Berechnung der Sitzverteilung lautet:

377

$$\frac{\textbf{Zahl der auf eine Liste entfallenden Stimmen} \times \textbf{Zahl der zu besetzenden Ausschusssitze}}{\textbf{Zahl der insgesamt abgegebenen Stimmen}}$$

> Das bedeutet im Beispielsfall:
>
> A-Fraktion: 24 x 9 : 50 = **4**,320
> B-Fraktion: 18 x 9 : 50 = **3**,240
> C-Fraktion: 5 x 9 : 50 = 0,**900**
> D-Fraktion: 3 x 9 : 50 = 0,**540**

> Es sind dann zunächst so viele Sitze zu vergeben, wie sich **ganze Zahlen** ergeben. Danach sind aber erst 7 Sitze verteilt. Deshalb werden in der Reihenfolge der höchsten Zahlen**bruchteile** die restlichen 2 Sitze (je einer für die C- und D-Fraktion) zugeteilt.

Die Verpflichtung des Rates, die Besetzung der Ausschüsse nach dem Prinzip der Verhältnismäßigkeit zu vollziehen, soll die Minderheit schützen und gewährleisten, dass die stärkste Gruppe nicht auf dem Umweg über die Ausschüsse ihre tatsächliche Mehrheit ausbaut. Nur die Einheitsliste macht die Verhältniswahl entbehrlich, weil bei einstimmiger Annahme eines einzigen Wahlvorschlages kein Interesse mehr an einem Minderheitenschutz bestehen kann.

378 Bei jeder Art von Ausschussbesetzung ist eine **namentliche Benennung** der Ausschussmitglieder erforderlich. Eine Abstimmung nur über Ausschusssitze und die nachträgliche Ausfüllung mit Personen durch die Fraktionen widerspricht dem Begriff der Wahl.
Die stellvertretenden Ausschussmitglieder werden ebenfalls vom Rat gewählt (§ 41 Abs. 1 lit. b) GO NRW). Dabei ist die **Reihenfolge der Vertretung** zu regeln (§ 58 Abs. 1 S. 2 GO NRW). Die Reihenfolge ergibt sich aus den dem einheitlichen Wahlvorschlag zugrunde liegenden Listen der Fraktionen, die entweder eine abstrakte oder eine persönliche Stellvertretung vorsehen.

379 Einen weiteren Schutz kleinerer Gruppen bewirkt § 58 Abs. 1 S. 7 GO NRW. Danach können Fraktionen, die bei der Besetzung eines Ausschusses keinen Sitz erhalten, für diesen Ausschuss ein Ratsmitglied oder einen sachkundigen Bürger benennen. Der Rat bestellt den Vorgeschlagenen zum Ausschussmitglied. Wenn bei der Wahl der Ratsmitglieder für eine Partei nur ein Kandidat in den Rat einzieht, dann räumt § 58 Abs. 1 S. 11 GO NRW diesem „Solisten" das Recht ein, mindestens einem der Ausschüsse als Mitglied mit beratender Stimme anzugehören. Dasselbe muss gelten für Ratsmitglieder, die aus ihrer Fraktion ausgetreten sind oder ausgeschlossen wurden, soweit sie nicht über den Wahlvorschlag ihrer Fraktion zuvor zum Ausschussmitglied gewählt worden waren. Da ein solches Ausschussmitglied nur **beratend** mitwirkt und weder für die Zusammensetzung noch für die Beschlussfähigkeit des Ausschusses eine Rolle spielt, schafft hier die Gemeindeordnung einen besonderen Typ von Ausschussmitgliedern.

Die vom Rat festzusetzende Zahl der Ausschussmitglieder ist **beliebig**. Eine ungerade Zahl erleichtert die Mehrheitsbildung.

2. Arten der Ausschussmitglieder

380 Zu beachten ist, dass neben den **Ratsmitgliedern** auch **sachkundige Bürger** den Ausschüssen angehören können. Diese sind in einem Wahlgang zusammen mit den Ratsmitgliedern zu wählen (§ 58 Abs. 3 GO NRW). Eine Ausnahme bildet der Hauptausschuss. Ihm dürfen nur Ratsmitglieder angehören, vgl. § 58 Abs. 3 S. 1 GO NRW.
Die sachkundigen Bürger haben Stimmrecht im Ausschuss. Weil sie aber nicht direkt von den Bürgern gewählt werden und ihnen insoweit eine unmittelbare demokratische Legitimation

fehlt, darf ihre Zahl die der Ratsmitglieder in den einzelnen Ausschüssen nicht erreichen. Davon gibt es eine Ausnahme: Den Bezirksausschüssen können mehr sachkundige Bürger als Ratsmitglieder angehören (§ 39 Abs. 4 Nr. 2 GO NRW).
Zum sachkundigen Bürger kann gewählt werden, wer *dem Rat angehören kann* (§ 58 Abs. 3 GO NRW). Sie müssen also dieselben Wählbarkeitsvoraussetzungen erfüllen wie die Ratsmitglieder (§ 12 KWahlG).

Zu ihrer **Rechtsstellung** ist Folgendes festzuhalten: 381
Die sachkundigen Bürger

- werden nach ihrer Wahl vom Ausschussvorsitzenden in gleicher Weise auf ihre Aufgaben verpflichtet wie die Ratsmitglieder durch den Bürgermeister
- besitzen Stimmrecht im Ausschuss
- haben Anspruch auf Ersatz des Verdienstausfalls (§ 45 Abs. 1 GO NRW) und auf eine angemessene Aufwandsentschädigung in der Form eines Sitzungsgeldes (§ 45 Abs. 5 Nr. 2 GO NRW i.V.m. § 2 EntschVO)
- können weder den Vorsitz noch den stellvertretenden Vorsitz eines Ausschusses innehaben (§ 58 Abs. 5 GO NRW).

Die in Politik und Wissenschaft immer wieder diskutierte Forderung nach Verleihung des Kommunalwahlrechts an alle Ausländer hat in der GO NRW mit einer Kompromisslösung ihren Niederschlag gefunden. § 58 Abs. 4 GO NRW eröffnet dem Rat die Möglichkeit, volljährige **sachkundige Einwohner** - und damit Ausländer, die nicht „Unionsbürger" sind - als Mitglieder mit beratender Stimme in die Ausschüsse zu wählen. Die Regelung ist aber nicht auf Ausländer beschränkt, sondern erfasst z.B. auch Deutsche, die in der Gemeinde nur mit einer Nebenwohnung gemeldet sind. 382

Die **Rechtsstellung** der sachkundigen Einwohner äußert sich u.a. darin, dass sie 383

- zwar nicht Unionsbürger sein müssen, wohl aber den sonstigen Wählbarkeitsvoraussetzungen zum Rat und den Inkompatibilitätsvorschriften des KWahlG NRW unterliegen (§ 58 Abs. 4 S. 2 i.V.m. Abs. 3 S. 1 GO NRW)
- nach ihrer Wahl vom Ausschussvorsitzenden verpflichtet werden
- kein Stimmrecht, wohl aber **Rede- und Antragsrecht** besitzen
- keine Begrenzung ihrer Mitgliederzahl durch Relationsvorschriften wie bei den sachkundigen Bürgern besteht
- nicht dem Hauptausschuss angehören dürfen (§ 58 Abs. 4 S. 2 i.V.m. Abs. 3 S.1 GO NRW)
- ein Anspruch auf Ersatz des **Verdienstausfalls** und auf eine angemessene **Aufwandsentschädigung** besteht.

384 

Haben sachkundige Bürger/sachkundige Einwohner ein Recht auf Akteneinsicht?

Ein Recht auf Akteneinsicht haben

- Bezirksvorsteher und Ausschussvorsitzende, § 55 Abs. 2 GO NRW
- vom Rat beauftragte einzelne Ratsmitglieder, § 55 Abs. 3 S. 2 GO NRW
- von den Antragstellern nach § 56 Abs. 4 benannte Ratsmitglieder
- jedes Ratsmitglied und jedes Mitglied einer Bezirksvertretung, § 56 Abs. 5 GO NRW.

Anderen steht ein Akteneinsichtsrecht nicht zu.
Sachkundige Bürger und sachkundige Einwohner haben somit kein Recht auf Akteneinsicht.

385 Es gibt also folgende **Ausschussmitglieder**:

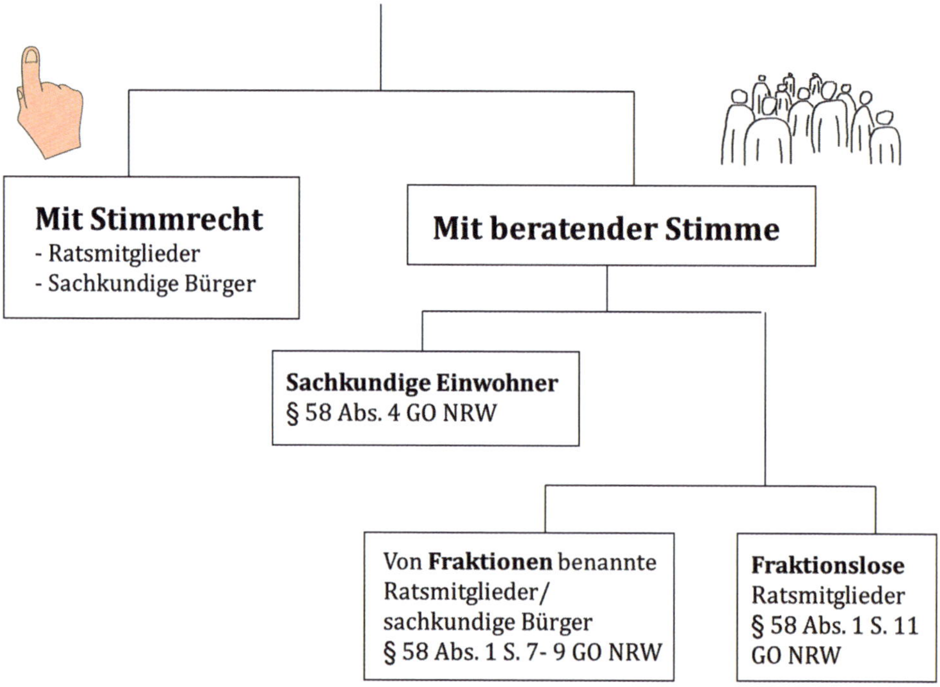

3. Verlust des Ausschussmandats

386 Die **Abberufung** von Ausschussmitgliedern ist grundsätzlich ausgeschlossen, auch wenn dazu z.B. durch Fraktionsausschluss, -austritt, -wechsel, -spaltung o.Ä. Anlass bestehen könnte. Die Wahl der Ausschussmitglieder über den einstimmigen Ratsbeschluss oder die Verhältniswahl erlaubt es nicht, einzelne Ausschusssitze durch Mehrheitsbeschluss umzubesetzen. So bleibt nur der Weg, Ausschüsse durch Mehrheitsbeschluss aufzulösen und anschließend mit anderen Besetzungslisten neu zu bilden.

Bei **Ausscheiden** eines Ausschussmitgliedes (z.B. durch Tod, nachträglichen Verlust der Wählbarkeit, Verzicht usw. – vgl. § 37 KWahlG), regelt § 50 Abs. 3 S. 7 GO NRW die Nachfolge. Der Rat wählt in diesem Fall auf Vorschlag der Fraktion oder Gruppe, welcher das ausgeschiedene Mitglied bei seiner Wahl angehörte, einen Nachfolger.
Die Berechtigung des Rates, Ausschüsse **aufzulösen**, bezieht auch die Pflichtausschüsse (§ 57 Abs. 2 GO NRW) ein. Es ist allerdings ihre sofortige Wiederbegründung gleich nach der Auflösung erforderlich, um der Pflicht zu genügen, diese Ausschüsse zu bilden. Entsprechendes gilt für die „Ausschüsse nach Bedürfnis", wenn die Hauptsatzung ihr Vorhandensein fordert.

Fall 1: Herr Neumann wohnt in der Stadt S und ist Leiter des Personalamtes bei der Stadtverwaltung S. Er möchte Mitglied des Personal- und Gleichstellungsausschusses werden. 387
Ist das möglich?

Lösung siehe Rn 618.

4. Bestimmung der Ausschussvorsitzenden

Die Ausschussvorsitzenden werden **nicht gewählt**. Entweder einigen sich die Fraktionen über die Verteilung der Ausschuss**vorsitze** und bestimmen dann aus der Mitte der den Ausschüssen angehörenden stimmberechtigten Ratsmitglieder den **Vorsitzenden** (§ 58 Abs. 5 S. 1 GO NRW) oder die Ausschussvorsitze werden den Fraktionen **zugeteilt**. Letzteres geschieht, wenn eine Einigung der Fraktionen scheitert oder einer Einigung von einem Fünftel der Ratsmitglieder widersprochen wird. 388
Die Fraktionen benennen dann die Ausschüsse, deren Vorsitz sie beanspruchen, und zwar in der Reihenfolge der Höchstzahlen, die sich aus der Teilung ihrer Mitgliederzahlen durch 1, 2, 3 usw. ergeben.

Beispiel: Der Rat der Stadt (50 Ratsmitglieder) beschließt die Bildung von 9 Ausschüssen (dazu kommt der Hauptausschuss, in dem der Bürgermeister den Vorsitz kraft Gesetzes führt, § 57 Abs. 3 S. 1 GO NRW). 389
Die X-Fraktion hat 25 Mitglieder, die Y-Fraktion 20 Mitglieder, die Z-Fraktion 5 Mitglieder.

Teiler	X-Fraktion (25)	Y-Fraktion (20)	Z-Fraktion (5)
: 1	= 25 (1)	= 20 (2)	= 5 (8)
: 2	= 12,5 (3)	= 10 (4)	= 2,5
: 3	= 8,33 (5)	= 6,67 (6)	
: 4	= 6,25 (7)	= 5,00 (8)	
: 5	= 5,00 (8)		

Die erste Höchstzahl (1) entfällt auf die X-Fraktion (25). Sie greift auf den ihr am wichtigsten erscheinenden Ausschussvorsitz zu. Die zweite Höchstzahl (2) fällt auf die Y-Fraktion (20). Sie darf sich für einen der verbliebenen acht Ausschussvorsitze entscheiden. Danach ist wieder die X-Fraktion an der Reihe (3) usw. Bei dem vorletzten Ausschussvorsitz haben alle drei Fraktionen dieselbe Höchstzahl (8). Hier entscheidet das vom Bürgermeister zu ziehende Los (§ 58 Abs. 5 S. 3 GO NRW). Nur die beiden „Verlierer" losen dann noch um den letzten zu vergebenden Ausschussvorsitz. Auf diese Weise entscheidet das Losglück darüber, ob die

X-Fraktion 4 oder 5 Ausschussvorsitze,
Y-Fraktion 4 oder 3
Z-Fraktion 1 oder keinen Ausschussvorsitz erhält.

Für die Bestimmung der stellvertretenden Ausschussvorsitze gilt dieses Verfahren entsprechend. Für den Hauptausschuss besteht erneut eine Sonderregelung, wonach er einen oder mehrere Vertreter des Vorsitzenden aus seiner Mitte **wählt** (§ 57 Abs. 3 S. 3 GO NRW). Nach den Erfahrungen der Praxis ist zu raten, überall mindestens zwei Stellvertreter des Ausschussvorsitzenden zu bestimmen.

390 

Können die stellvertretenden Hauptausschuss-Vorsitzenden abgewählt werden?

Abberufungsvorschriften finden sich in der GO NRW für
- Bezirksvorsteher, § 36 Abs. 3 S. 3 i.V.m. § 67 Abs. 4 GO NRW
- Ortsvorsteher, § 39 Abs. 6 S. 3 i.V.m. § 67 Abs. 4 GO NRW
- stellvertretende Bürgermeister, § 67 Abs. 4 GO NRW
- Bürgermeister, § 66 GO NRW
- Beigeordnete, § 71 Abs. 7 GO NRW
- Leitung und Prüfer der örtlichen Rechnungsprüfung, § 41 Abs. 1 S. 2 lit. r), § 101 Abs. 4 u. 5 GO NRW

Für die stellvertretenden Vorsitzenden des Hauptausschusses fehlt eine entsprechende Regelung in § 57 Abs. 3 GO NRW. Eine analoge Anwendung des § 67 Abs. 4 GO NRW über § 58 Abs. 2 S. 1 GO NRW scheitert daran, dass die Abberufung der Gewählten nicht zum Verfahren in den Ausschüssen gehört. So bleibt nur die Auflösung des Hauptausschusses und seine sofortige Neubildung. Danach werden die stellvertretenden Vorsitzenden ebenfalls neu gewählt. Eine Abwahl ist somit nicht möglich.

391 Das Verteilungsverfahren ist insgesamt zu **wiederholen**, wenn während der Wahlperiode
- weitere Ausschüsse gebildet
- vorhandene Ausschüsse endgültig aufgelöst
- die Aufgaben vorhandener Ausschüsse wesentlich verändert werden.

Es ist **nicht** zu wiederholen, wenn die Auflösung eines Ausschusses nur dem Zwecke der Neubesetzung frei gewordener Ausschusssitze dient, also mit einer sofortigen Neubildung des Ausschusses einhergeht.

Fall 2: Der Vorsitzende des Finanzausschusses (V) verzieht aus beruflichen Gründen in die Nachbarstadt. 392
Welche kommunalrechtlichen Folgen löst das aus?

Lösung siehe Rn 619.

Nach der so erfolgten Zuteilung der Ausschussvorsitze, bestimmen die jeweiligen Fraktionen die Ausschussvorsitzenden aus der Mitte der den Ausschüssen angehörenden Ratsmitglieder. Scheidet ein Ausschussvorsitzender während der Wahlperiode aus, bestimmt die Fraktion, der er angehört, ein Ratsmitglied zum Nachfolger.

IV. VERFAHREN IN DEN AUSSCHÜSSEN

Für die Verfahrensabläufe in den Ausschüssen ist zu beachten, dass einerseits die Vorschriften für den Rat entsprechend anzuwenden sind, andererseits aber auch einige Besonderheiten bestehen. 393

1. Entsprechende Anwendung der Ratsvorschriften

§ 58 Abs. 2 S. 1 GO NRW bestimmt, dass auf die Ausschussmitglieder und das Verfahren in den Ausschüssen die für den Rat geltenden Vorschriften entsprechende Anwendung finden. Das bedeutet im Einzelnen, dass 394

- der Ausschussvorsitzende den Ausschuss einberuft und ein Fünftel der Ausschussmitglieder die unverzügliche Einberufung des Ausschusses unter Angabe der zur Beratung zu stellenden Gegenstände erzwingen kann (Fraktionen gibt es in Ausschüssen nicht)

- in die Tagesordnung Vorschläge aufzunehmen sind, die innerhalb einer in der Geschäftsordnung zu bestimmenden Frist von einem Fünftel der Ausschussmitglieder vorgelegt werden

- die Tagesordnung unter den Voraussetzungen des § 48 Abs.1 S. 5 GO NRW (äußerste Dringlichkeit) erweitert werden kann

- die Ausschusssitzungen öffentlich sind und sich der Ausschluss der Öffentlichkeit nach § 48 Abs. 2 und § 30 Abs. 1 GO NRW richtet

- Fragestunden für Einwohner nach Maßgabe der Geschäftsordnung in die Tagesordnung aufgenommen werden können

- der Ausschuss beschlussfähig ist, wenn mehr als die Hälfte der vom Rat festgesetzten Zahl der stimmberechtigten Ausschussmitglieder anwesend ist

- für Abstimmungen im Ausschuss die Bestimmungen des § 50 GO NRW gelten

- die Ausschussmitglieder ein Fragerecht haben, dessen Inhalt und Umfang in der Geschäftsordnung zu regeln ist

- der Bürgermeister auf Verlangen eines Fünftels der Ausschussmitglieder verpflichtet ist, zu einem Punkt der Tagesordnung vor dem Ausschuss Stellung zu nehmen

- die Niederschrift über die Beschlüsse der Ausschüsse vom Ausschussvorsitzenden und dem Schriftführer zu unterzeichnen ist, den der Ausschuss bestellt.

395 Fall 3: Im Umweltausschuss muss der Schriftführer bestellt werden. Der Ausschussvorsitzende möchte wissen, ob dazu auch ein pensionierter Schulleiter (der nicht dem Ausschuss angehört), ein sachkundiger Einwohner aus dem Ausschuss und der Leiter des Umweltamtes aus der Stadtverwaltung „gewählt" werden können.

Lösung siehe Rn 620.

2. Besonderheiten

396 Darüber hinaus gelten für das Verfahren in den Ausschüssen folgende Besonderheiten:

- Die Tagesordnung setzt der Ausschussvorsitzende im Benehmen mit dem Bürgermeister fest (§ 58 Abs. 2 S. 2 GO NRW). Die Einbeziehung des Bürgermeisters ist erforderlich, weil

  - die meisten Vorschläge für die Tagesordnung aus der Verwaltung kommen
  - der Bürgermeister für die Vorbereitung der Ausschussbeschlüsse (Anfertigung der Ausschussvorlagen) zuständig ist (§ 62 Abs. 2 S. 1 GO NRW)
  - Rechtsfragen bei der Aufstellung der Tagesordnung (öffentlicher Teil, nichtöffentlicher Teil) vom Bürgermeister (von der Verwaltung) besser beurteilt werden können.

- Der Bürgermeister kann vom Ausschussvorsitzenden **verlangen**, dass bestimmte Angelegenheiten auf die Tagesordnung gesetzt werden.

- Auch Fraktionen des Rates haben das Recht, verbindliche Vorschläge für die Tagesordnung der Ausschüsse zu machen.

- Abweichend von § 48 Abs. 1 S. 4 GO NRW brauchen Zeit und Ort der Ausschusssitzungen sowie die Tagesordnung nicht öffentlich bekannt gemacht zu werden;

der Bürgermeister (nicht der Ausschussvorsitzende) soll die Öffentlichkeit hierüber vorher **in geeigneter Weise** unterrichten (§ 58 Abs. 2 S. 5 Hs. 2 GO NRW).

- § 58 a GO NRW ermöglicht es den Ausschüssen (mit Ausnahme der Pflichtausschüsse nach § 57 Abs. 2 GO NRW), hybride Sitzungen durchzuführen, ohne dass ein besonderer Ausnahmefall nach § 47a Abs. 1 GO NRW gegeben ist. Das sind Sitzungen, in denen Ausschussmitglieder teils persönlich anwesend und teils ohne persönliche Anwesenheit an der Sitzung teilnehmen (s. § 47a Abs. 2 S. 3 GO NRW und Rn 314a ff.),

- Voraussetzungen dafür sind
  - eine entsprechende Regelung in der Hauptsatzung. Dort kann diese Möglichkeit auf bestimmte Ausschüsse beschränkt werden.
  - ein Beschluss des Ausschusses (mit einfacher Mehrheit). Der Ausschuss kann das für eine oder mehrere künftige Sitzungen bestimmen.

- Ausschüsse sind nur dann **beschlussfähig**, wenn die Zahl der anwesenden Ratsmitglieder die Zahl der **anwesenden** sachkundigen Bürger übersteigt (§ 58 Abs. 3 S. 4 GO NRW).

- Beschlüsse werden nur mit **Stimmenmehrheit** gefasst; Wahlen finden in Ausschüssen nicht statt (Ausnahme: Wahl der stellvertretenden Vorsitzenden des Hauptausschusses).

- ist die Einberufung eines Ausschusses mit Entscheidungsbefugnis nicht rechtzeitig möglich, kann der Bürgermeister nach seiner Wahl entweder mit dem Ausschussvorsitzenden (das ist die Regel) oder einem anderen dem Ausschuss angehörenden (stimmberechtigten) Ratsmitglied entscheiden (§ 60 Abs. 2 S. 1 GO NRW).

- an den nichtöffentlichen Sitzungen der Ausschüsse darf der Bürgermeister mit beratender Stimme teilnehmen (§ 58 Abs. 1 S. 3, § 69 Abs. 2 GO NRW).

- Ratsmitglieder, die dem Ausschuss nicht angehören sowie sachkundige Bürger, die zu stellvertretenden Ausschussmitgliedern gewählt worden sind, können an den nichtöffentlichen Sitzungen als **Zuhörer** teilnehmen. Für Mitglieder anderer Ausschüsse und der Bezirksvertretungen gilt Entsprechendes nach Maßgabe der Geschäftsordnung (§ 58 Abs. 1 S. 4 GO NRW).

- Mitglieder der Ausschüsse können nach Maßgabe der Geschäftsordnung an den nichtöffentlichen Sitzungen des Rates als Zuhörer teilnehmen, soweit deren Aufgabenbereich durch den Beratungsgegenstand berührt wird (§ 48 Abs. 4 GO NRW).

- zu einzelnen Punkten der Tagesordnung können **Sachverständige** und **Einwohner** hinzugezogen werden (§ 58 Abs. 3 S. 6 GO NRW). Die Hinzuziehung ermöglicht eine aktive Mitberatung und geht damit über eine bloße Anhörung hinaus. Sie kommt deshalb nur bei Tagesordnungspunkten der öffentlichen Sitzung in Betracht und setzt einen entsprechenden Ausschussbeschluss voraus.

- Ausschussvorsitzende besitzen ein Recht auf **Auskunft und Akteneinsicht** gegenüber dem Bürgermeister in solchen Angelegenheiten, die zum Aufgabenbereich ihrer Ausschüsse gehören (§ 55 Abs. 2 GO NRW). Das Recht auf Akteneinsicht steht zudem einem einzelnen, von den Antragstellern zu benennenden Ausschussmitglied aufgrund eines Ausschussbeschlusses zu (§ 55 Abs. 4 S. 2 GO NRW).

- Gegen Beschlüsse eines Ausschusses mit Entscheidungsbefugnis können der Bürgermeister und auch ein Fünftel der stimmberechtigten Ausschussmitglieder innerhalb einer in der Geschäftsordnung zu bestimmenden Frist **Einspruch** einlegen (§ 57 Abs. 4 S. 2 GO NRW), wenn ihrer Meinung nach das **Wohl der Gemeinde** gefährdet ist.

397 Unberührt davon bleibt die Pflicht des Bürgermeisters, **rechtsverletzende Beschlüsse** entscheidungsbefugter Ausschüsse zu **beanstanden** (§ 54 Abs. 3 GO NRW).

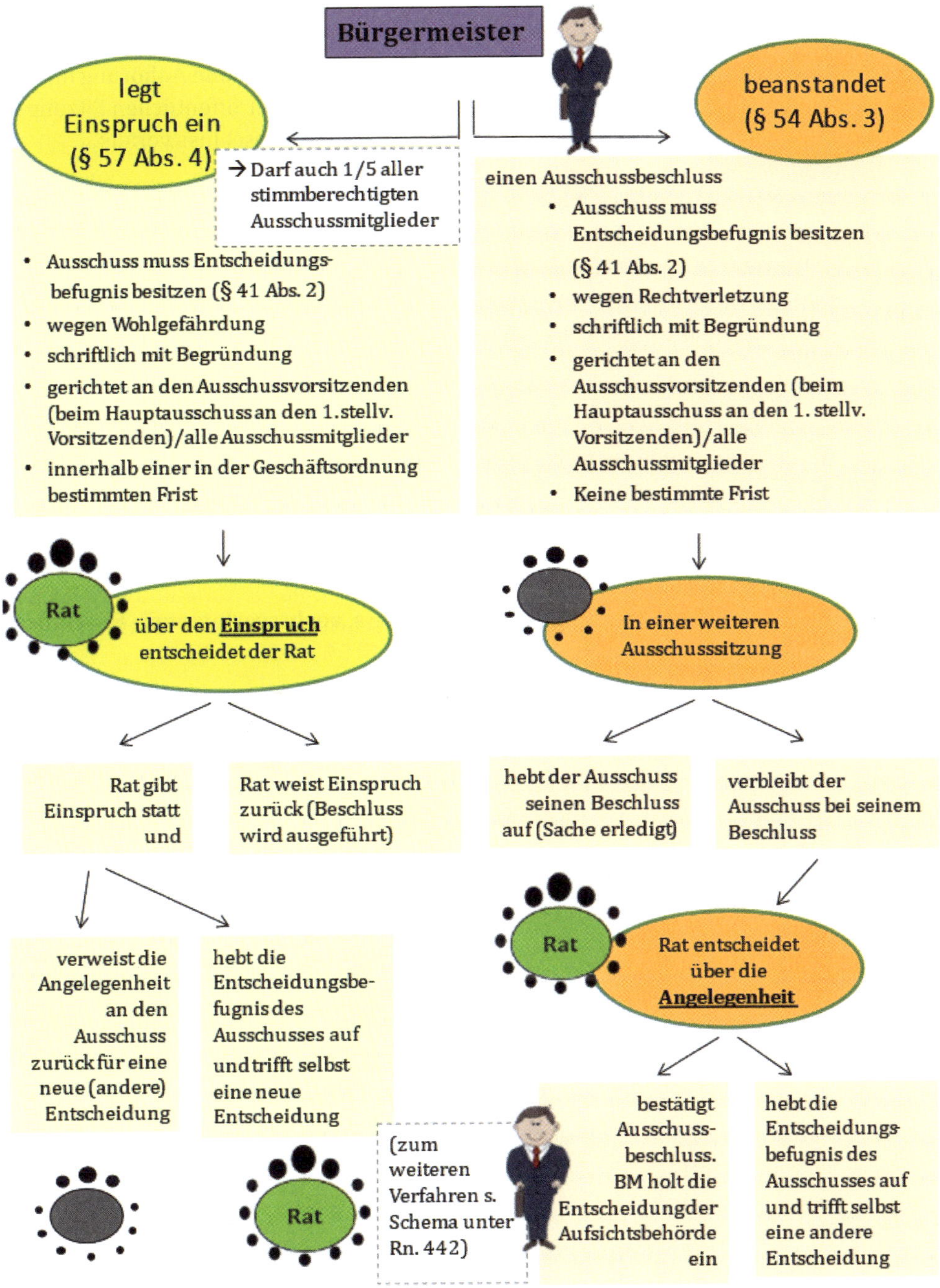
Bürgermeister
legt Einspruch ein (§ 57 Abs. 4)
→ Darf auch 1/5 aller stimmberechtigten Ausschussmitglieder
• Ausschuss muss Entscheidungsbefugnis besitzen (§ 41 Abs. 2)
• wegen Wohlgefährdung
• schriftlich mit Begründung
• gerichtet an den Ausschussvorsitzenden (beim Hauptausschuss an den 1.stellv. Vorsitzenden)/alle Ausschussmitglieder
• innerhalb einer in der Geschäftsordnung bestimmten Frist
beanstandet (§ 54 Abs. 3)
einen Ausschussbeschluss
• Ausschuss muss Entscheidungsbefugnis besitzen (§ 41 Abs. 2)
• wegen Rechtverletzung
• schriftlich mit Begründung
• gerichtet an den Ausschussvorsitzenden (beim Hauptausschuss an den 1. stellv. Vorsitzenden)/alle Ausschussmitglieder
• Keine bestimmte Frist
Rat
über den Einspruch entscheidet der Rat
In einer weiteren Ausschusssitzung
Rat gibt Einspruch statt und
Rat weist Einspruch zurück (Beschluss wird ausgeführt)
hebt der Ausschuss seinen Beschluss auf (Sache erledigt)
verbleibt der Ausschuss bei seinem Beschluss
Rat
Rat entscheidet über die Angelegenheit
verweist die Angelegenheit an den Ausschuss zurück für eine neue (andere) Entscheidung
hebt die Entscheidungsbefugnis des Ausschusses auf und trifft selbst eine neue Entscheidung
bestätigt Ausschuss-beschluss. BM holt die Entscheidung der Aufsichtsbehörde ein
hebt die Entscheidungsbefugnis des Ausschusses auf und trifft selbst eine andere Entscheidung
Rat
(zum weiteren Verfahren s. Schema unter Rn. 442)

398 <u>Fall 4:</u> Die Ratsmitglieder A und B würden gern die Angelegenheit „Volkshochschulprogramm für das Wintersemester" auf die Tagesordnung des Kulturausschusses bringen und fragen, auf welchen Wegen ihnen das gelingen könnte.

399 <u>Fall 5:</u> Im Bauausschuss soll über die Vergabe eines Auftrages zur Straßenerneuerung der Moltkestraße abgestimmt werden. Der Bauausschuss setzt sich zusammen aus sechs Ratsmitgliedern, fünf sachkundigen Bürgern und vier sachkundigen Einwohnern.
Zwei Ratsmitglieder und ein sachkundiger Einwohner stellen den Antrag, geheim abzustimmen. Inzwischen hat ein Ratsmitglied den Sitzungsraum kurzzeitig verlassen. Muss geheim abgestimmt werden?

Lösung siehe Rn 621, 622.

V. BEIRÄTE

400 Neben den Ausschüssen finden sich bei den Gemeinden sog. Beiräte, die entweder gebildet werden müssen oder gebildet werden können. Ihre Zusammensetzung und ihre Verfahrensabläufe regeln sich nach spezialgesetzlichen Vorschriften oder nach Bestimmungen, die die Gemeinde selbst erlassen hat.

401 Zu den **gesetzlich vorgeschriebenen Beiräten** zählen z.B.

- der Jagdbeirat (§ 51 LJG NRW)
- der Polizeibeirat (§ 15 POG NRW).

402 Neben diesen Pflichtbeiräten bilden die Gemeinden im Rahmen ihrer Verbandskompetenz und in Auswirkung ihrer Organisationshoheit für gesellschaftlich relevante Bereiche **Beiräte nach Bedarf** (freiwillige Beiräte).
<u>Beispiele:</u>

- Seniorenbeirat
- Flüchtlingsbeirat
- Behindertenbeirat
- Planungsbeirat
- Verkehrsbeirat
- Gestaltungsbeirat
- Sicherheitsbeirat
- Klimabeirat
  (vgl. § 27a GO NRW)

Der Rat kann diesen Beiräten Anhörungs-, Vorschlags- und Anregungsrechte einräumen; die Übertragung von Entscheidungsbefugnissen und die Bewirtschaftung von Haushaltsmitteln kommen jedoch nicht in Betracht.

Die Bildung der Beiräte liegt in der alleinigen Zuständigkeit des Rates. Die nach § 27a GO NRW ebenfalls mögliche Bestellung von **Beauftragten** ist dem Bürgermeister vorbehalten (Organisations- und Personalkompetenz, §§ 62 Abs. 1 S. 2 u. 3, 73 Abs. 3 GO NRW).

Eine Sonderstellung nimmt der **Integrationsrat** ein. 403

§ 27 GO NRW schreibt vor, dass

- in Gemeinden mit mindestens 5000 ausländischen Einwohnern ein Integrationsrat **gebildet werden muss**
- in Gemeinden mit mindestens 2000 ausländischen Einwohnern ein Integrationsrat **zu bilden ist**, wenn mindestens 200 Wahlberechtigte das beantragen
- in den anderen Gemeinden ein Integrationsrat **gebildet werden kann.**

Der Integrationsrat besteht aus Mitgliedern, die nach den fünf Wahlrechtsgrundsätzen für die Dauer der Wahlperiode des Rates am Tag der Kommunalwahl gewählt werden und aus Mitgliedern, die der Rat aus seiner Mitte bestellt. Die Gesamtzahl der Mitglieder bestimmt der Rat.
Der Integrationsrat kann neben den Themen und Aufgaben der Integration alle Angelegenheiten der Gemeinde behandeln, aber keine den Rat oder den Bürgermeister bindenden Beschlüsse fassen.
Der Integrationsrat kann aber über die ihm vom Rat zugewiesenen Haushaltsmittel entscheiden (innerhalb eines vom Rat nach Anhörung des Integrationsrates festgelegten Rahmens).

§ 27 Abs. 12 GO NRW stellt es in das Ermessen des Rates, anstelle eines Integrationsrates 404
einen **Integrationsausschuss** zu bilden, für den aber die Regelungen für den Integrationsrat entsprechend gelten. Das bezieht sich insbesondere auf

- die Direktwahl der Vertreter der Migranten und
- die Wahl des Vorsitzenden.

Bei der Zusammensetzung des Integrationsausschusses ist zu beachten, so dass die Zahl der direkt gewählten Vertreter der Migranten die Zahl der vom Rat bestellten Ratsmitglieder und sachkundigen Bürger übersteigen muss.
Der Integrationsausschuss ist als ein Ausschuss besonderer Art (sui generis) anzusehen, aber er wird wie ein Ratsausschuss in die Beratungsfolge des Rates eingebunden (§ 27 Abs. 12 S. 5 GO NRW).

TEIL 10: DER BÜRGERMEISTER

405 Der Bürgermeister ist neben dem Rat das weitere Organ der Gemeinde. Rat und Bürgermeister vertreten gemeinsam die Bürgerschaft (§ 40 Abs. 2 S. 1 GO NRW). Dem Bürgermeister obliegt zusätzlich die Vertretung und Repräsentation des Rates (§ 40 Abs. 2 S. 3 GO NRW).

406 In allen kreisangehörigen Gemeinden trägt er die Bezeichnung „Bürgermeister", in den kreisfreien Städten den Titel „Oberbürgermeister", vgl. § 40 Abs. 2 S. 3 GO NRW. Wird im Folgenden vom „Bürgermeister" gesprochen, ist der Oberbürgermeister stets mit gemeint.

407 Der hauptamtliche Bürgermeister ist ein sog. „kommunaler Wahlbeamter" (§ 62 Abs. 1 S. 1 GO NRW), er wird direkt von den Bürgern gewählt.

I. WAHL

1. Wahlrechtsgrundsätze

408 Die Wahl des Bürgermeisters erfolgt nach § 65 Abs. 1 GO NRW in allgemeiner, unmittelbarer, freier, gleicher und geheimer Wahl. Damit wird in der Gemeindeordnung deutlich gemacht, dass auch die Wahl zum Bürgermeister den Grundsätzen des Wahlrechts des Art. 28 Abs. 1 S. 2 GG entspricht.

2. Wählbarkeitsvoraussetzungen

409 Zum Bürgermeister können alle Personen gewählt werden,

- die am Wahltag Deutsche im Sinne von Art. 116 Abs. 1 GG oder Angehörige eines EU-Mitgliedstaates sind (= Unionsbürger)
- in der Bundesrepublik Deutschland wohnen und
- das 23. Lebensjahr vollendet haben.

Weil sie Wahlbeamte sind, müssen sie außerdem die Gewähr dafür bieten, für die freiheitlich demokratische Grundordnung i.S.d. GG einzutreten.

Nicht wählbar ist, wer am Wahltag infolge Richterspruchs in der Bundesrepublik Deutschland die Wählbarkeit oder die Fähigkeit zur Bekleidung öffentlicher Ämter nicht besitzt (vgl. § 65 Abs. 2 GO NRW).
Eine bestimmte berufliche oder andere fachliche Qualifikation wird vom Gesetz nicht verlangt.

3. Wahlverfahren

Das Verfahren zur Wahl des Bürgermeisters ist in § 65 GO NRW und §§ 46 b ff. KWahlG geregelt. 410

Für die Bürgermeisterwahl gelten die Grundsätze der **Mehrheitswahl**, d.h., dass derjenige als Bürgermeister gewählt ist, der mehr als die Hälfte der gültigen Stimmen erhalten hat (§ 46c Abs. 1 S. 2 KWahlG).
Wenn von mehreren Bewerbern keiner diese Mehrheit erhält, kommt es zur **Stichwahl** unter den beiden Bewerbern, die bei der ersten Wahl die höchsten Stimmenzahlen erhalten haben. Die Stichwahl findet am zweiten Sonntag nach der ersten Wahl statt; unter besonderen Umständen kann die Aufsichtsbehörde einen anderen Termin festsetzen.
Bei der Stichwahl ist dann der Bewerber gewählt, der von den gültigen Stimmen die höchste Stimmenzahl erhält. Sollte es hier zu einer gleichen Stimmenzahl kommen, so entscheidet das vom Wahlleiter zu ziehende Los (§ 46c Abs. 2 KWahlG). (Das ist vorgekommen in der Gemeinde Ahnatal -Hessen, 8.100 Einwohner-). Da hatten die beiden Kandidaten in der Stichwahl (24.11.2020) je 2.106 Stimmen errungen).

Gibt es **nur einen zugelassenen Wahlvorschlag (Kandidaten)**, so ist der Bewerber gewählt, wenn sich die Mehrheit der Wähler für ihn entschieden hat (§ 46c Abs. 1 S. 3 KWahlG).

Was geschieht, wenn sich zunächst kein Kandidat findet (was in der Praxis eher unwahrscheinlich ist) oder nur ein Kandidat vorhanden ist, dieser aber nicht die erforderliche Mehrheit erreicht? 411

Das Gesetz enthält dafür keine Regelungen. Die Lösung kann wohl nur darin bestehen, dass die Aufsichtsbehörde einen neuen Wahltermin bestimmt (§ 14 Abs. 1 Satz 3 KWahlG) und bis dahin erneut nach Kandidaten gesucht wird. Der dann hoffentlich Gewählte amtiert allerdings nur bis zum Ende der laufenden Wahlperiode (§ 65 Abs. 5 GO NRW analog).

Da der Bürgermeister nach § 65 Abs. 1 S. 1 GO zugleich mit dem Rat gewählt wird, ist für beide Wahlen der **Wahltag** ein Sonntag (§ 14 Abs. 1 KWahlG). Die **Wahlzeit** dauert von 8 bis 18 Uhr (§ 14 Abs. 3 S. 1 KWahlG).

Bewerber können **nicht gleichzeitig** für die Wahl zum Bürgermeister **in mehreren Gemeinden und Kreisen** kandidieren (§ 46d Abs. 2 KWahlG). Hingegen ist die gleichzeitige Kandidatur für das **Amt des Bürgermeisters und für einen Sitz im Gemeinderat** zulässig. 412

Wird ein Kandidat jedoch in beide Funktionen gewählt, so muss er sich für eines der beiden Ämter entscheiden, da der Bürgermeister nicht gleichzeitig (gewähltes) Ratsmitglied sein darf. Entscheidet sich der Gewählte für das Amt des Bürgermeisters, wird das so frei gewordene Ratsmandat durch einen Listenbewerber als Nachrücker besetzt.

Die gleichzeitige Kandidatur für die Wahl zum Bürgermeister und zum Landrat ist ebenfalls unzulässig. Gewinnt der Kandidat beide Wahlen, würde eines der Ämter bis zur notwendigen Neuwahl unbesetzt bleiben.

4. Amtszeit

413 Die Amtszeit eines Bürgermeisters beträgt **fünf Jahre**, § 65 Abs. 1 GO NRW. Eine Wiederwahl ist unbegrenzt möglich.

5. Ausscheiden des Bürgermeisters vor Ablauf der Amtszeit

414 Der Bürgermeister kann vorzeitig aus dem Amt ausscheiden u.a. durch Rücktritt, Dienstunfähigkeit oder Tod. Nicht möglich ist jedoch ein regulärer Eintritt in den Ruhestand, da der Bürgermeister ohne Altersbeschränkung für die gesamte Amtszeit gewählt ist.

Scheidet ein Bürgermeister aus seinem Amt aus, so tritt an seine Stelle weder einer seiner Stellvertreter nach § 67 Abs. 1 GO NRW noch sein allgemeiner Vertreter nach § 68 Abs. 1 GO NRW (siehe dazu unter IV.). Ihnen fehlt die demokratische Legitimation für dieses Amt, weil sie dafür nicht von den Bürgern gewählt wurden. Deshalb bedarf es in diesem Fall einer **Neuwahl.** Die findet spätestens sechs Monate nach Ausscheiden des Bürgermeisters aus dem Amt statt. Der Nachfolger wird dann bis zum Ende der **nächsten Wahlperiode des Rates** gewählt. Das gilt nicht, wenn die Amtszeit des Nachfolgers innerhalb der ersten zwei Jahre der Wahlperiode des Rates beginnt. Dann endet die Amtszeit des Nachfolgers mit dem Ende der **laufenden** Wahlperiode (§ 65 Abs. 5 GO NRW).

6. Abwahl des Bürgermeisters vor Ablauf seiner Amtszeit

415 Ein Bürgermeister kann jedoch vor dem Ende seiner Amtszeit nach den Regelungen des § 66 GO NRW von den Bürgern der Gemeinde abgewählt werden. Diese Abwahl erfolgt in einem zweistufigen Verfahren:

a) Einleitung des Abwahlverfahrens:

416 Die Einleitung eines solchen Abwahlverfahrens kann auf zwei verschiedenen Wegen erfolgen:

- **Durch den Rat**
  Mindestens die Hälfte der gesetzlichen Zahl der Ratsmitglieder stellt einen Antrag auf Abwahl des Bürgermeisters. Dieser lautet „Der Rat möge beschließen, das Abwahlverfahren gegen den Bürgermeister einzuleiten." Der entsprechende Beschluss ist dann von zwei Dritteln der gesetzlichen Zahl der Ratsmitglieder *ohne Aussprache in namentlicher Abstimmung* zu fassen. Zwischen dem Antrag auf Einleitung des Abwahlverfahrens und dem Ratsbeschluss hat eine Frist von mindestens zwei Wochen zu liegen (§ 66 Abs. 1 S. 2 Nr. **1** GO NRW).

- **Durch die Bürger**
  Eine bestimmte Anzahl Bürger der Gemeinde stellt den Antrag auf Abwahl des Bürgermeisters. Dies muss geschehen durch:

  - in Gemeinden mit bis zu 50.000 Einwohnern von mindestens 20%,
  - in Gemeinden mit 50.001 bis zu 100.000 Einwohnern von mindestens 17,5%
  - und in Gemeinden mit mehr als 100.000 Einwohnern von mindestens 15% der wahlberechtigten Bürger der Gemeinde (vgl. § 66 Abs. 1 S. 2 Nr. **2** GO NRW).

  Dieser Antrag ist gem. Abs. 3 schriftlich beim Rat einzureichen und muss das Begehren zweifelsfrei erkennen lassen. Der Antrag muss bis zu drei Bürger benennen, die die Unterzeichnenden vertreten. § 25 Abs. 4 GO NRW gilt entsprechend. Die Unterzeichner müssen am Tag ihrer Unterschrift wahlberechtigt sein und die Unterschriften bei Eingang des Antrags dürfen nicht älter als vier Monate sein, siehe § 66 Abs. 3 S. 5 GO NRW. Der Rat stellt die Zulässigkeit des Antrags fest, vgl. § 66 Abs. 3 S. 7 GO NRW.

b) Abwahlverfahren

Die wahlberechtigten Bürger stimmen dann über die Abwahl des Bürgermeisters ab. Dabei 417
gelten die Regelungen des KWahlG.

Der Bürgermeister ist abgewählt, wenn sich für die Abwahl eine Mehrheit der abgegebenen gültigen Stimmen ergibt *und gleichzeitig* diese Mehrheit 25% der Wahlberechtigten beträgt, § 66 Abs. 1 S. 3 GO NRW. Gehen also schon nicht einmal 25% aller Wahlberechtigten zur Abstimmung, ist die Abwahl des Bürgermeisters schon daran gescheitert.

Sind die Abwahlvoraussetzungen jedoch erfüllt, so scheidet der bisherige Bürgermeister *mit dem Ablauf des Tages*, an dem der Wahlausschuss die Abwahl feststellt, aus dem Amt aus, § 66 Abs. 1 S. 5 GO NRW.

Wenn der Rat es mit einer Mehrheit von zwei Dritteln seiner gesetzlichen Mitglieder beantragt, kann die Aufsichtsbehörde das Ruhen der Amtsgeschäfte des Bürgermeisters für die Dauer des Abwahlverfahrens anordnen, § 66 Abs. 1 S. 6 GO NRW.

Da der Bürgermeister vor einem Abwahlverfahren nicht schon freiwillig seinen Rücktritt 418
erklärt hat, wird ihm jedoch im laufenden Abwahlverfahren vom Gesetzgeber in § 66 Abs. 2 GO NRW die Chance gegeben, sich noch selber vom Amt zurückzuziehen:

So kann der Bürgermeister binnen einer Woche nachdem

- der Rat den Beschluss gefasst hat, das Abwahlverfahren einzuleiten (§ 66 Abs. 1 S. 2 Nr. 1 GO NRW) oder

- der Rat die Zulässigkeit des von den Bürgern nach § 66 Abs. 1 S. 2 Nr. 2 GO NRW gestellten Antrags auf Abwahl festgestellt hat, schriftlich gegenüber seinem ehrenamtlichen Stellvertreter (siehe unter IV.) auf die Entscheidung der Bürger über seine Abwahl verzichten. Hier gilt die Abwahl des bisherigen Bürgermeisters *mit dem Ablauf des Tages*, an dem der Verzicht dem ehrenamtlichen Stellvertreter zugeht, als erfolgt, § 66 Abs. 2 S. 3 GO NRW.

Spätestens sechs Monate nach dem Ausscheiden des Bürgermeisters aus dem Amt muss eine Neuwahl erfolgen, § 65 Abs. 1 GO NRW.

419

Die Abwahl/Abberufung des Bürgermeisters § 66 GO NRW

I. Einleitung des Abwahlverfahrens

Durch den Rat

Antrag
- von mind. 50 % der gesetzlichen Zahl der Ratsmitglieder
- Wartefrist von mind. zwei Wochen („Abkühlungsfrist")

TOP einer Ratssitzung
- öffentlicher Teil
- keine Aussprache
- namentliche Abstimmung
- Beschluss mit der Mehrheit von mindestens zwei Dritteln der gesetzlichen Zahl der Ratsmitglieder

Durch die Bürger

Antrag
- von mind. 20%/ 17,5%/ 15% der wahlberechtigten Bürger
- schriftlich
- mit Begehren (Fragestellung)
- mit Benennung von bis zu 3 Vertretern
- mit Unterschriften gem. § 25 Abs. 4

TOP einer Ratssitzung
- unverzüglich
- öffentlicher Teil
- Beschluss über die Feststellung der Zulässigkeit des Antrags mit einfacher Mehrheit

II. Abstimmung durch die Bürger („Bürgerentscheid") über den Antrag

Die Abwahl ist erfolgreich, wenn
- sich für die Abwahl eine Mehrheit der abgegebenen gültigen Stimmen ergibt und
- diese Mehrheit mindestens 25 % der (aller) Wahlberechtigten beträgt

II. RECHTLICHE STELLUNG DES BÜRGERMEISTERS

1. Kommunaler Wahlbeamter auf Zeit

Der gewählte Bürgermeisterkandidat begründet mit der Annahme der Wahl - frühestens 420
jedoch mit dem Ausscheiden seines Vorgängers aus dem Amt - ein Beamtenverhältnis zur Gemeinde, § 118 Abs. 3 S. 1 LBG NRW. Er wird also nicht (wie „normale" Beamte) ernannt und erhält auch keine Ernennungsurkunde. Beamtenrechtlich ist es also ein Wahlbeamtenverhältnis auf Zeit, (§ 62 Abs. 1 S. 1 GO NRW; § 118 Abs. 2 S. 1 LBG NRW).

Der Bürgermeister ist ein kommunaler Wahlbeamter auf Zeit. 421

2. Besoldung

Als kommunaler Wahlbeamter hat der Bürgermeister einen Anspruch auf Besoldung. Die 422
Höhe der Besoldung ist gestaffelt nach der Zahl der Einwohner der Gemeinde, die der Bürgermeister leitet, § 2 EingrVO NRW.

Zahl der Einwohner	Besoldungsgruppe
bis 10.000	B2
bis 20.000	B3
bis 30.000	B4
bis 40.000	B5
bis 60.000	B6
bis 100.000	B7
bis 150.000	B8
bis 250.000	B9
bis 500.000	B10
über 500.000	B11

Dazu kommt eine monatliche Aufwandsentschädigung nach § 5 EingrVO NRW.

3. Ruhegehalt

Wie schon oben erwähnt, kann ein Bürgermeister nicht während seiner Amtszeit in den 423
Ruhestand eintreten. Es gilt damit für den Bürgermeister keine Altersgrenze, wie für ernannte Beamte, vgl. § 118 Abs. 4 S. 1 LBG NRW.

Um ein Ruhegehalt zu beziehen, muss der Bürgermeister nach § 118 Abs. 4 LBG NRW eine Gesamtdienstzeit von mindestens acht Jahren erreicht haben und ggf. noch weitere Voraussetzungen erfüllen.

Übt jemand das Amt des Bürgermeisters nur eine Amtszeit lang aus (also 5 Jahre) und wird nicht wiedergewählt, so wird er mit dem Ende der Amtszeit aus dem Beamtenverhältnis entlassen und erhält kein Ruhegehalt gemäß BeamtVG NRW. Er wird dann in der gesetzlichen Rentenversicherung nachversichert, genauso als hätte er eine andere Tätigkeit in einem Angestelltenverhältnis ausgeübt.

Mit den Regelungen des § 118 Abs. 4 LBG NRW sollen die Gemeinden vor übermäßigen Ruhegehaltszahlungen geschützt und nur die Amtsinhaber unterstützt werden, die eine Gemeinde langjährig hauptamtlich geleitet haben und somit keiner anderen Erwerbstätigkeit nachgehen konnten.

4. Keine Dienstvorgesetzten

424 Für die rechtliche Stellung des Bürgermeisters ist ebenfalls bedeutend, dass er keinen Dienstvorgesetzten hat, der dienstrechtliche Entscheidungen für ihn trifft und kontrolliert, ob er seine Pflichten erfüllt.
Insbesondere ist der Rat nicht der Dienstvorgesetzte des Bürgermeisters. Ein Rangverhältnis zwischen Rat und Bürgermeister wird somit vermieden und die eigenverantwortliche Stellung des von den Bürgern gewählten Bürgermeisters dadurch unterstrichen.
Umgekehrt ist der Bürgermeister zwar der Vorsitzende des Rates, aber nicht der Vorgesetzte der Ratsmitglieder.

5. Amtspflichten

425 Der Bürgermeister hat das Recht, sich im Rahmen der Verbandskompetenz (Aufgabenzuständigkeit) der Gemeinde zu allen Themen, die Angelegenheiten der örtlichen Gemeinschaft betreffen, öffentlich zu äußern. Allerdings ist diese Kompetenz zur Öffentlichkeitsarbeit rechtlich begrenzt, und zwar durch

- das Neutralitätsgebot und
- das Sachlichkeitsgebot.

Der Bürgermeister darf deshalb im Wahlkampf nicht Partei ergreifen für oder gegen politische Parteien oder Wahlwerber, und es muss sichergestellt sein, dass ein Einsatz seiner mit dem Amt verbundenen Mittel und Möglichkeiten (Amtsblatt, amtliche Broschüren, Folder, Flyer usw.) nur insoweit erfolgt, dass die Chancengleichheit der Parteien einerseits und der Grundsatz der freien Wahl andererseits gewahrt bleiben (Neutralitätsgebot).

Auch darf der Bürgermeister auf Missstände in seiner Stadt hinweisen und Lösungen zu deren Beseitigung vorschlagen oder sich zu verfassungsfeindlichen Strömungen äußern. Dann müssen aber Tatsachen zutreffend wiedergegeben werden und Werturteile dürfen nicht auf sachfremden Erwägungen beruhen (Sachlichkeitsgebot als Ausprägung des Verhältnismäßigkeitsgrundsatzes). Er darf sich zwar am politischen Meinungsbildungsprozess der Bevölkerung beteiligen, ihn aber nicht in amtlicher Funktion lenken und steuern[50].

III. AUFGABEN UND ZUSTÄNDIGKEITEN

Der Bürgermeister hat Aufgaben und Zuständigkeiten in der Verwaltung, im Rat, im Haupt- 426
ausschuss und in den übrigen Ausschüssen. Zudem übertragen ihm einige Spezialgesetze ebenfalls Zuständigkeiten.

1. Aufgaben in der Verwaltung 427

a) Geschäfte der laufenden Verwaltung

Gemäß § 41 Abs. 3 GO NRW gelten alle Geschäfte der laufenden Verwaltung im Namen des 428
Rates auf den Bürgermeister übertragen. Der Rat kann sich für einen bestimmten Kreis von Geschäften oder für einen Einzelfall die Entscheidung vorbehalten (**Rückholrecht**).

Geschäfte der laufenden Verwaltung sind 429
- die in kürzeren Zeitabständen und
- mit einer gewissen Stetigkeit **wiederkehrenden**,
- **routinemäßig** zu erledigenden,
- konkreten und individuellen,
- nach außen wirkenden **Verwaltungsangelegenheiten**, die unter
- Berücksichtigung der Verwaltungs- und **Finanzkraft** einer Gemeinde
- von **weniger erheblicher Bedeutung** sind und
- weder eine die Stadtentwicklung maßgeblich betreffende noch eine weittragende sonstige kommunalpolitische Wirkung entfalten.

Der Bürgermeister hat damit das Recht zur Geschäftsleitung hinsichtlich aller nach Regelmäßigkeit und Häufigkeit üblichen Geschäfte.

Beispiele:
- Bewilligungsbescheide (Sozialhilfe, Wohngeld)
- Genehmigungen (Baugenehmigung)
- Erlaubnisse (Gaststättenerlaubnis)
- Abgabebescheide (Gewerbesteuer, Erschließungsbeitrag)
- Beschaffung von Büromaterial
- Auftragsvergaben für gemeindliche Bauvorhaben

50 vgl. OVG NRW Urteil v. 4.11.2016 -15 A 2293/15; BVerwG, Urteil v. 13.9.2017- 10 C 6.16.

Keine Geschäfte der laufenden Verwaltung hingegen sind z.B. der Erlass einer Benutzungsordnung für öffentliche Einrichtungen, der Erlass einer Verordnung für die Zulassung zu Volksfesten und Märkten und die Benennung von Straßen.

b) Geschäftsleitung und Organisation der Verwaltung, § 62 Abs. 1 S. 2, 3 GO NRW

430 Der hauptamtliche Bürgermeister ist ferner für die Geschäftsleitung und die Organisation der Verwaltung zuständig. So ist er zur Entscheidung über die Gliederung der Verwaltung und den Geschäftsverteilungsplan berechtigt, § 61 Abs. 1 S. 2 GO NRW.

Zudem nimmt er die Vorgesetztenfunktion gemäß § 62 Abs. 1 GO NRW und die Dienstvorgesetztenfunktion gemäß § 73 Abs. 2 GO NRW wahr und trifft die wesentlichen personalrechtlichen Entscheidungen, § 73 Abs. 3 S. 1 GO NRW.

In der Vorgesetztenfunktion hat er das Recht, den Beschäftigten der Verwaltung fachliche Weisungen zu erteilen.
In der Dienstvorgesetztenfunktion hat er die Zuständigkeit für die dienstrechtlichen Entscheidungen für alle Bediensteten der Gemeinde, z.B. die Umsetzung eines Bediensteten auf eine andere Stelle.

c) Dienstvorgesetzter, Personalentscheidungen, § 73 Abs. 2, 3 GO NRW

431 Der Bürgermeister ist Dienstvorgesetzter der Bediensteten der Gemeinde (§ 73 Abs. 2 GO NRW). Nach § 2 Abs. 4 LBG NRW trifft die dienstvorgesetzte Stelle die beamtenrechtlichen Entscheidungen über die persönlichen Angelegenheiten der ihr nachgeordneten Beamten (z.B. Gewährung von Urlaub).
Nach § 73 Abs. 3 S. 1 GO NRW ist der Bürgermeister für die dienstrechtlichen und arbeitsrechtlichen Entscheidungen zuständig. Das sind solche, die das beamtenrechtliche Grundverhältnis oder das Arbeitsverhältnis eines Bediensteten zur Gemeinde verändern (§ 73 Abs. 3 S. 2 GO NRW), also Beförderungen (Höhergruppierungen) und Entlassungen (Kündigungen). Der Rat kann sich (oder dem Hauptausschuss) diese Kompetenzen durch die Hauptsatzung vorbehalten, wenn es sich um Bedienstete in Führungsfunktionen handelt. Das sind nach § 73 Abs. 3 S. 6 GO NRW „Leiter von Organisationseinheiten“ (z.B. Amtsleiter, Fachbereichsleiter). Auch dann ist der Rat aber an das Einvernehmen des Bürgermeisters gebunden. Ein fehlendes Einvernehmen kann der Rat nur durch einen Beschluss ersetzen, der mit einer Mehrheit von zwei Dritteln der gesetzlichen Zahl der Ratsmitglieder gefasst wird. Kommt diese Mehrheit nicht zustande, entscheidet allein der Bürgermeister.
Das „Rückholrecht“ des Rates für Führungskräfte gilt nicht für Bedienstete mit Aufgaben eines persönlichen Referenten oder Pressereferenten (§ 73 Abs. 3 S. 6, letzter Hs. GO NRW), weil für diese Referententätigkeit ein besonderes Vertrauensverhältnis zwischen Bürgermeister und Referent bestehen muss.

d) Außenvertretungsbefugnis, §§ 63, 64 GO NRW

432 Der Bürgermeister vertritt als Organ die Gemeinde rechtswirksam nach außen in allen Rechts- und Verwaltungsgeschäften. Dabei können diese privatrechtlicher- oder öffentlich-rechtlicher Natur sein.

Beispiele:
- Einkauf von Büromaterial für die gesamte Verwaltung (privatrechtliches Rechtsgeschäft)
- Abschluss eines Erschließungsvertrages mit einem privaten Bauträger (öffentlich-rechtlicher Vertrag)
- Festsetzung eines Bußgeldes für unerlaubtes Parken im Halteverbot (Verwaltungsakt)

Erklärungen, durch welche eine Gemeinde unmittelbar eine rechtliche Verpflichtung gegenüber einer anderen Person übernimmt, bedürfen der Schriftform und sind vom Bürgermeister oder dem allgemeinen Vertreter zu unterzeichnen, § 64 Abs. 1 S. 1 GO NRW. Eine Beifügung des Gemeindesiegels schreibt die GO NRW nicht vor.

e) Aufstellung des Haushalts, § 80 Abs. 1 GO NRW

Der Entwurf der Haushaltssatzung einer jeden Gemeinde wird vom Kämmerer aufgestellt 433
und vom Bürgermeister bestätigt, § 80 Abs. 1 GO NRW. Die Entscheidung über die Verabschiedung des Haushalts trifft jedoch der Rat (siehe § 80 Abs. 4 i.V.m. § 41 Abs. 1 S. 2 lit. h) GO NRW).

f) Auftragserteilung an das Rechnungsprüfungsamt, § 104 Abs. 4 GO NRW

Schließlich hat der Bürgermeister das Recht, Aufträge zur Rechnungsprüfung an das 434
Rechnungsprüfungsamt seiner Gemeinde zu erteilen. Hat er den Auftrag zur Prüfung an das Rechnungsprüfungsamt erteilt, so muss er dies dem Rechnungsprüfungsausschuss mitteilen, weil die Rechnungsprüfung einer Gemeinde unmittelbar dem Rat unterstellt ist, vgl. § 101 Abs. 2 S. 2 GO NRW.
Mit der Unterstellung unter den Rat ist die Rechnungsprüfung der Gemeinde frei von fachlichen Weisungen durch den Bürgermeister, § 102 Abs. 2 GO NRW. Mit dem Recht zur Auftragserteilung soll es dem Bürgermeister als dem hauptamtlichen Leiter der Verwaltung ermöglicht werden, alle Verwaltungsvorgänge zu durchleuchten.

Fall 1: Stadtoberinspektor Pingelig (P) ist seit vielen Jahren Verwaltungsprüfer 435
im Rechnungsprüfungsamt (örtliche Rechnungsprüfung) der kreisangehörigen Stadt Breda. Wegen seiner guten Leistungen möchte Bürgermeister Freund Herrn Pingelig gerne befördern. Der Stellenplan gibt das aber für diese Prüferstelle nicht her. Da der bisherige stellvertretende Leiter des Ordnungsamtes (Besoldungsgruppe A 11) gerade in den Ruhestand versetzt worden ist, soll P künftig dessen Posten übernehmen und dann nach kurzer Einarbeitungszeit zum Stadtamtmann befördert werden.

Prüfen Sie, welche Entscheidungen von wem zu treffen sind, um dieses Ziel zu erreichen.

Lösung siehe Rn. 623 ff..

436 Fall 2: Die Stadt Baudorf möchte den Kreuzungsbereich Moltkestraße/Bismarckstraße zu einem Kreisverkehr umgestalten. Dazu benötigt sie Grundstücksflächen von vier Anliegern. Es geht um jeweils ca. 100 qm.

Der Bürgermeister fragt Sie,
1. wer für die Entscheidung über den Grunderwerb zuständig ist und
2. welche Formalitäten beim Grunderwerb zu beachten sind.

Lösung siehe Rn. 624.

2. Aufgaben im Rat

437 Die Aufgaben des Bürgermeisters im Rat sind bereits ausführlich dargestellt worden, siehe Teil 8 VIII. Daher werden sie hier an dieser Stelle der Vollständigkeit halber nur noch einmal kurz zusammengefasst.

a) Vorbereitung und Durchführung von Ratsbeschlüssen, § 62 Abs. 2 S. 1 GO NRW

438 Der Bürgermeister ist nach § 62 Abs. 2 S. 1 zuständig für die Vorbereitung der Ratsbeschlüsse. Dies geschieht mittels *Verwaltungsvorlagen*, die im Innenverhältnis von den zuständigen Dezernaten bzw. Ämtern angefertigt werden.

Die Durchführung der Ratsbeschlüsse durch den Bürgermeister erfolgt unter Kontrolle des Rates, § 62 Abs. 2 S. 2 GO NRW. Der Bürgermeister ist hier nicht nur Organ der Gemeinde, sondern wird zudem als Behörde im funktionalen Sinn gem. § 1 Abs. 4 VwVfG NRW tätig.

b) Vorsitz im Rat, § 40 Abs. 2 S. 3 GO NRW

439 Der Bürgermeister hat kraft Amtes den Vorsitz im Rat. D.h., er ist zuständig für die
- Einberufung des Rates, § 47 GO NRW
- Festsetzung der Tagesordnung, § 48 GO NRW
- Eröffnung, Leitung und Schließung der Ratssitzung, § 51 GO NRW
- Ausübung des Ordnungs- und Hausrechts während der Sitzung, § 51 GO NRW
- Unterzeichnung der Niederschrift über die Ratssitzung, § 52 GO NRW.

c) Stimmrecht im Rat, § 40 Abs. 2 S. 5 GO NRW

440 Der Bürgermeister ist Mitglied des Rates kraft Gesetzes und hat Stimmrecht im Rat (§ 40 Abs. 2 S. 2, 5 GO NRW).
Ausnahmen vom Stimmrecht bestehen
- wenn sich die Regelung nur auf Ratsmitglieder bezieht (vgl. Auflistung in § 40 Abs. 2 S. 6 GO NRW)
- wenn der Bürgermeister bei dem betreffenden Tagesordnungspunkt befangen ist (§ 50 Abs. 6 i.V.m. § 31 GO NRW).

d) Informationspflichten des Bürgermeisters, § 55 Abs. 1 S. 1, § 62 Abs. 4 GO NRW

Der Bürgermeister hat nach § 55 Abs. 1 S. 1 GO NRW die Pflicht, den Rat über alle wichtigen Angelegenheiten der **Gemeindeverwaltung** zu unterrichten. Diese Pflicht steht im Zusammenhang mit § 62 Abs. 4 GO NRW, wonach der Bürgermeister die Gemeindevertretung (den Rat) über alle wichtigen **Gemeindeangelegenheiten** zu informieren hat. 441

Einzelne Ratsmitglieder haben ihm gegenüber den Anspruch auf
- Auskunft (§ 55 Abs. 1 S. 2 GO NRW)
- Stellungnahme zu einem Tagesordnungspunkt (§§ 55 Abs. 1 S. 2, 69 Abs. 1 S. 2 GO NRW)
- Akteneinsicht (§ 55 Abs. 5 GO NRW).

e) Widerspruchsrecht und Beanstandungspflicht, § 54 GO NRW

Der Bürgermeister **kann** nach § 54 Abs. 1 GO NRW einem Ratsbeschluss **widersprechen**, 442 wenn er der Auffassung ist, dass dieser Ratsbeschluss das **Wohl der Gemeinde gefährdet**. Der Widerspruch muss spätestens am dritten Tag nach der Beschlussfassung schriftlich erhoben werden und eine Begründung enthalten. Der Widerspruch hat aufschiebende Wirkung. Der Rat muss spätestens nach zwei Wochen in einer neuen Sitzung **über die Angelegenheit** (nicht über den Widerspruch) erneut beschließen. Wiederholt der Rat seinen Beschluss, muss der Bürgermeister ihn ausführen, denn ein weiterer Widerspruch ist unzulässig.

Verstößt ein Ratsbeschluss **gegen geltendes Recht**, so **muss** der Bürgermeister ihn **beanstanden**. Diese Beanstandung ist ebenfalls schriftlich mit Begründung zu erheben, eine Frist dafür sieht das Gesetz nicht vor. Auch hier tritt der Suspensiveffekt (aufschiebende Wirkung) ein. Wiederholt der Rat seinen Beschluss, so hat der Bürgermeister diesmal die Entscheidung der Aufsichtsbehörde einzuholen (§ 54 Abs. 2, § 122 Abs. 1 S. 2 GO NRW).

443

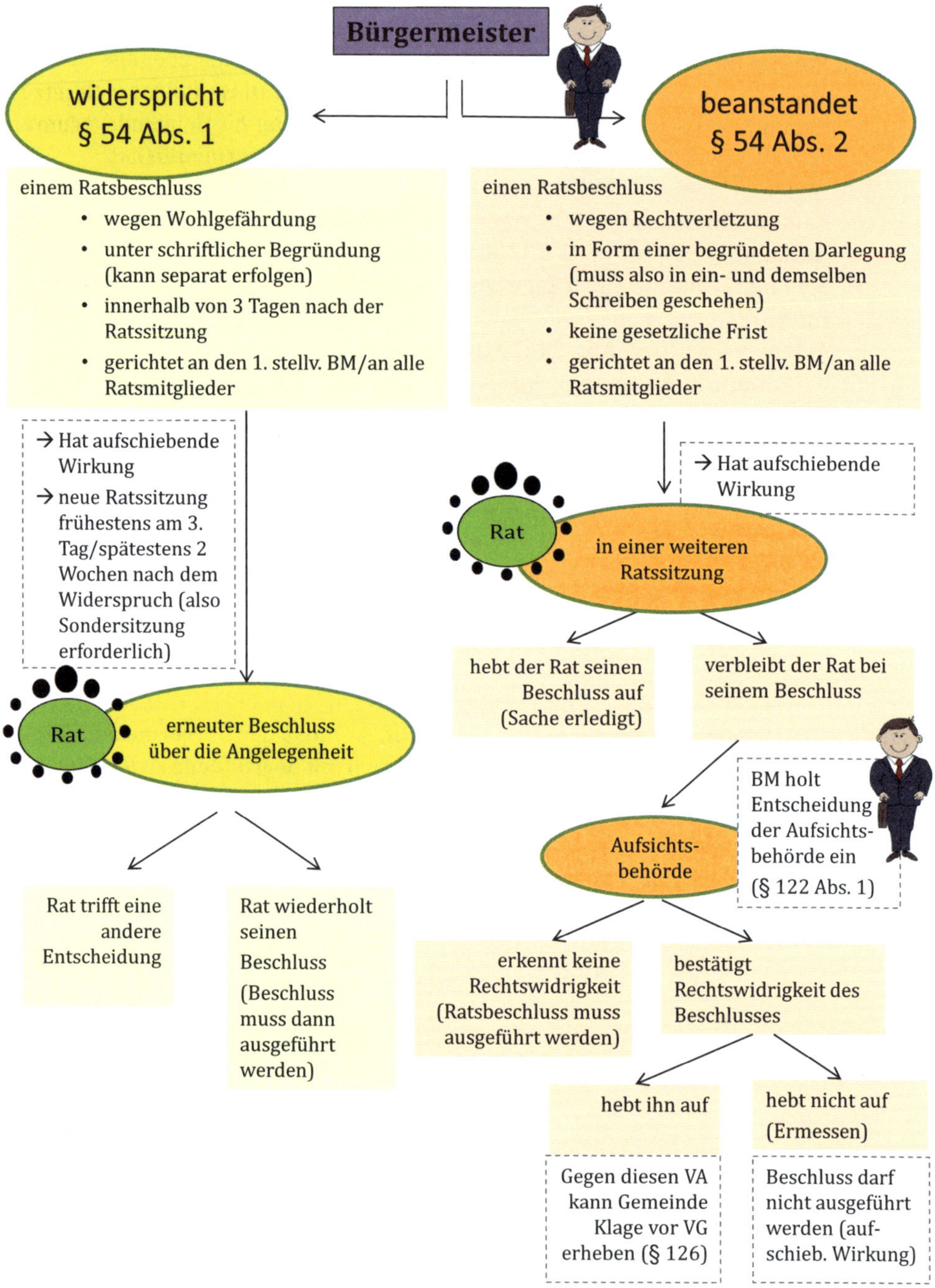
Bürgermeister
widerspricht
§ 54 Abs. 1
beanstandet
§ 54 Abs. 2
einem Ratsbeschluss
• wegen Wohlgefährdung
• unter schriftlicher Begründung (kann separat erfolgen)
• innerhalb von 3 Tagen nach der Ratssitzung
• gerichtet an den 1. stellv. BM/an alle Ratsmitglieder
einen Ratsbeschluss
• wegen Rechtverletzung
• in Form einer begründeten Darlegung (muss also in ein- und demselben Schreiben geschehen)
• keine gesetzliche Frist
• gerichtet an den 1. stellv. BM/an alle Ratsmitglieder
→ Hat aufschiebende Wirkung
→ neue Ratssitzung frühestens am 3. Tag/spätestens 2 Wochen nach dem Widerspruch (also Sondersitzung erforderlich)
Rat
erneuter Beschluss über die Angelegenheit
Rat trifft eine andere Entscheidung
Rat wiederholt seinen Beschluss (Beschluss muss dann ausgeführt werden)
→ Hat aufschiebende Wirkung
Rat
in einer weiteren Ratssitzung
hebt der Rat seinen Beschluss auf (Sache erledigt)
verbleibt der Rat bei seinem Beschluss
BM holt Entscheidung der Aufsichtsbehörde ein (§ 122 Abs. 1)
Aufsichts-behörde
erkennt keine Rechtswidrigkeit (Ratsbeschluss muss ausgeführt werden)
bestätigt Rechtswidrigkeit des Beschlusses
hebt ihn auf
hebt nicht auf (Ermessen)
Gegen diesen VA kann Gemeinde Klage vor VG erheben (§ 126)
Beschluss darf nicht ausgeführt werden (aufschieb. Wirkung)

3. Aufgaben in den Ausschüssen 444

a) Vorsitz im Hauptausschuss, § 57 Abs. 3 GO NRW

Der Bürgermeister ist Vorsitzender des Hauptausschusses kraft Amtes (kraft Gesetzes), 445
und er hat Stimmrecht im Hauptausschuss (§ 57 Abs. 3 GO NRW). Im Unterschied zum Rat ist er aber kein Mitglied des Hauptausschusses. Das hat zur Folge, dass die Befangenheitsvorschriften der §§ 50 Abs. 6 i.V.m. § 31 GO für ihn nicht gelten. So bleibt nur ein Rückgriff auf die beamtenrechtlichen (§§ 34 BeamtStG, § 47 LBG) und die verfahrensrechtlichen Vorschriften (§ 20 VwVfG).
Der Bürgermeister hat die Pflicht, den Hauptausschuss über die Planung von Verwaltungsaufgaben von besonderer Bedeutung zu unterrichten (§ 61 GO NRW).

b) Teilnahmerecht an Ausschusssitzungen, § 58 Abs. 1 S. 3 GO NRW

Dem Bürgermeister steht das Recht zu, mit beratender Stimme an den Sitzungen aller 446
anderen Ausschüsse teilzunehmen, § 58 Abs. 1 S. 3 GO NRW.

c) Dringlichkeitsentscheidungen, § 60 Abs. 1 S. 2 GO NRW

Ist eine Angelegenheit so dringend, dass weder die Einberufung des Rates noch die Einberu- 447
fung des Hauptausschusses rechtzeitig möglich ist und würden sonst erhebliche Nachteile oder Gefahren entstehen, dann kann der **Bürgermeister mit einem Ratsmitglied** (bzw. im Fall des Abs. 2 mit dem Ausschussvorsitzenden) entscheiden.

Ist der Bürgermeister verhindert (z.B. Urlaub, Krankheit, Befangenheit), tritt an seine Stelle der allgemeine Vertreter (§ 60 Abs. 1 S. 2 GO NRW).

Die Dringlichkeitsentscheidungen sind dem Rat in der nächsten Sitzung zur Genehmigung vorzulegen. Dieser kann sie nur aufheben, wenn sich die Gemeinde nicht schon anderweitig gebunden hat (z.B. durch den Abschluss von Kaufverträgen etc.). Siehe auch Rn. 366.

4. Zuständigkeiten nach Spezialgesetzen

Der Bürgermeister ist des Weiteren auch nach einigen Spezialgesetzen für bestimmte 448
Aufgaben zuständig.

Beispiele: 449

- Unterzeichnungen der Bekanntmachung von gemeindlichen Satzungen, § 2 Abs. 3 BekanntmVO NRW
- Wahlleiter nach dem KWahlG
- er bildet mit dem jeweiligen staatlichen Schulaufsichtsbeamten das Schulamt in kreisfreien Städten gem. SchulG NRW

IV. STELLVERTRETUNG DES BÜRGERMEISTERS

450 Der Bürgermeister hat in zweierlei Hinsicht eine Stellvertretung: Zum einen für seine Funktion als Vorsitzender des Rates und zum anderen für seine Aufgaben als Leiter der Verwaltung!

1. Ehrenamtliche Stellvertretung

451 Die Stellvertretung für den Ratsvorsitz des Bürgermeisters übernehmen die ehrenamtlichen stellvertretenden Bürgermeister, § 67 GO NRW. Sie vertreten ihn bei Ratssitzungen und Repräsentationsaufgaben.

Aus dem Wortlaut von § 67 GO NRW ergibt sich, dass es mindestens zwei Stellvertreter geben muss. Die Zahl wird i.d.R. in der Hauptsatzung einer Gemeinde festgelegt. Diese Stellvertreter sind immer Ratsmitglieder. Sie werden vom Rat für die Dauer einer Wahlperiode in geheimer Wahl gewählt. Dies erfolgt nach den Grundsätzen der Verhältniswahl, damit auch die zweitstärkste Gruppierung die Möglichkeit hat, einen stellvertretenden Bürgermeister zu stellen.

Die stellvertretenden Bürgermeister werden vom Bürgermeister in ihr Amt eingeführt und sind zur gesetzmäßigen und gewissenhaften Wahrnehmung ihrer Aufgaben verpflichtet. Tun sie dies nicht, kann der Rat mit zwei Drittel Mehrheit der gesetzlichen Zahl seiner Mitglieder einen oder mehrere Stellvertreter abberufen. Es muss dann ein Nachfolger im Wege der Mehrheitswahl nach § 50 Abs. 2 GO NRW neu gewählt werden.

2. Allgemeine Vertretung im Amt

452 Für die Vertretung des Bürgermeisters in seiner Funktion als Hauptverwaltungsbeamter trifft § 68 GO NRW die erforderlichen Regelungen. Danach sind folgende Situationen denkbar:

- Bei der Gemeinde gibt es nur einen Beigeordneten:
  In diesem Falle muss der Rat diesen Beigeordneten zum allgemeinen Vertreter bestellen.

- Bei der Gemeinde gibt es mehrere Beigeordnete:
  Dann bestellt der Rat einen von ihnen zum allgemeinen Vertreter.

- Bei der Gemeinde gibt es keine Beigeordneten:
  In diesem Fall bestellt der Rat den allgemeinen Vertreter aus dem Kreis der hauptamtlichen leitenden Bediensteten, also z. B. der Leiter des Hauptverwaltungsamtes.

Der Rat regelt auch, wer den allgemeinen Vertreter wiederum vertritt, wenn dieser verhin- 453
dert ist. Auch das bestimmt sich nach der jeweiligen vorstehend beschriebenen Situation.

Die Doppelstellung des Bürgermeisters

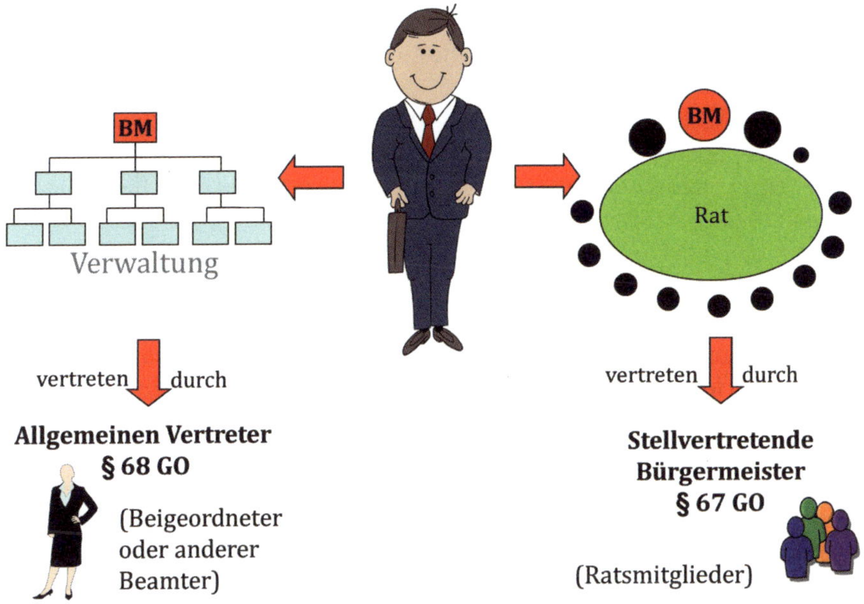

V. BEIGEORDNETE

Zentrale Vorschrift der Gemeindeordnung zu Beigeordneten ist **§ 71 GO NRW**. 454

Beigeordnete sind kommunale **Wahlbeamte,** die vom Rat für **acht Jahre** 455
gewählt werden **(Beamte auf Zeit).**

1. Persönliche Voraussetzungen

Beigeordnete haben die für ihr Amt erforderlichen fachlichen Voraussetzungen zu erfüllen 456
und eine ausreichende Erfahrung für dieses Amt nachzuweisen.
In Kreisfreien Städten und Großen kreisangehörigen Städten muss mindestens einer der Beigeordneten entweder die Befähigung zum Richteramt oder zur Laufbahn des allgemeinen Verwaltungsdienstes im Land Nordrhein-Westfalen in der Laufbahngruppe 2, zweites Einstiegsamt, besitzen (vgl. § 71 Abs. 3 GO NRW).

In den Mittleren und Übrigen kreisangehörigen Städten und Gemeinden wird für mindestens einen der Beigeordneten die Befähigung für die Laufbahn des allgemeinen Verwaltungsdienstes im Land Nordrhein-Westfalen in der Laufbahngruppe 2, erstes Einstiegsamt, verlangt.
Die Kreisfreien Städte müssen nach § 71 Abs. 4 GO NRW mindestens über **einen** Beigeordneten verfügen, der dann zum Kämmerer zu bestellen ist.
Demgegenüber sind alle kreisangehörigen Städte und Gemeinden frei in ihrer Entscheidung, ob und ggf. wie viele Beigeordnete sie haben. Die Anzahl ist in der Hauptsatzung festzulegen.

> Beispiel: Die kreisangehörige Stadt Coesfeld (rd. 36.345 Einwohner) verfügt über zwei Beigeordnete, die kreisangehörige Stadt Olfen (rd. 12.215 Einwohner) über einen Beigeordneten, die Stadt Werther (rd. 11.600 Einwohner) hat keine Beigeordneten.

Ihre Besoldung richtet sich nach § 2 der Eingruppierungsverordnung des Landes.

2. Wahl und Abwahl (Abberufung)

a) Wahl

457 Die Gemeindeordnung schreibt für die Besetzung von Beigeordnetenstellen Ausschreibungen vor. Schon hierin kann der Rat im Einvernehmen mit dem Bürgermeister den Geschäftskreis des zu wählenden Beigeordneten festlegen (§ 73 Abs. 1 GO NRW). Soweit bereits in der Ausschreibung der Geschäftskreis genannt ist, hat ein gewählter Bewerber einen Anspruch auf diesen in unveränderter Form. Im Laufe der Amtszeit darf dieser Geschäftsbereich gegen den Willen des Beigeordneten nur aus besonderen Gründen verändert werden.
Das Wahlverfahren für die Wahl zum Beigeordneten richtet sich nach § 50 Abs. 2 GO NRW (Mehrheitswahl; offene Abstimmung oder durch Stimmzettel).
Im Falle einer beabsichtigten Wiederwahl kann auf eine Ausschreibung verzichtet werden. Beigeordnete sind verpflichtet, eine erste und zweite Wiederwahl anzunehmen, wenn die Wiederwahl spätestens drei Monate vor Ablauf der Amtszeit erfolgt ist. Für den Fall der Ablehnung der erfolgreichen Wiederwahl ohne wichtigen Grund schreibt der Gesetzgeber vor, dass der Beigeordnete mit Ablauf der Amtszeit zu entlassen ist. Ob ein wichtiger Grund vorliegt, entscheidet der Rat. Gleichzeitig hat der Gesetzgeber definiert, dass ein wichtiger Grund vorliegt, wenn sich die Anstellungsbedingungen gegenüber denen der davor liegenden Amtszeit verschlechtern, vgl. § 71 Abs. 5 GO NRW.

b) Abwahl

458 Die Abberufung steht im Ermessen des Rates nach § 71 Abs. 7 GO NRW. Das Abberufungsverfahren ist zweigeteilt:
Der **Antrag auf Abberufung** kann nur von der Mehrheit der gesetzlichen Zahl der Mitglieder gestellt werden. Zwischen dem Eingang des Antrags und der Sitzung des Rates muss eine Frist von mindestens sechs Wochen liegen. Über den Antrag ist ohne Aussprache abzustimmen.

Der **Beschluss über die Abberufung** bedarf einer Mehrheit von zwei Dritteln der gesetzlichen Zahl der Mitglieder. Ein Nachfolger ist innerhalb einer Frist von sechs Monaten zu wählen.

Die Abberufung ist ein Verwaltungsakt, der dem Betroffenen schriftlich durch den Bürgermeister zuzustellen ist (§ 118 LBG NRW i.V.m. § 30 Abs. 3 BeamtStG). Gegen die Abberufung ist unmittelbar die Anfechtungsklage statthaft (§ 54 BeamtStG).
Mit der Abberufung treten Beigeordnete bis zum Ablauf ihrer Amtszeit in den einstweiligen Ruhestand und wechseln danach in den Ruhestand, wenn sie mindestens eine zehnjährige ruhegehaltsfähige Dienstzeit geleistet haben, anderenfalls sind sie zu entlassen.

3. Aufgaben der Beigeordneten

Vertretung des Bürgermeisters im Amt! 459

- Die Beigeordneten vertreten den Bürgermeister in ihrem Aufgabengebiet/Geschäftsbereich (Aufgabengebiet des jeweiligen Beigeordneten). Sie unterschreiben in ihrem Dezernat/Fachbereich mit dem Zusatz „in Vertretung" und regeln ihren Geschäftsbereich grundsätzlich selber. 460

- Ein Beigeordneter wird vom Rat zum allgemeinen Vertreter des Bürgermeisters bestellt. Sind sowohl der Bürgermeister als auch der zum allgemeinen Vertreter bestellte Beigeordnete verhindert, so richtet sich bei mehreren Beigeordneten die weitere Vertretung nach der zuvor vom Rat zwischen den sonstigen Beigeordneten festgelegten Reihenfolge. 461

Die Festlegung des Geschäftsbereiches ist dem Hauptverwaltungsbeamten (§ 62 Abs. 1 S. 2, 3 GO NRW) oder dem Rat im Einvernehmen mit dem Hauptverwaltungsbeamten (§ 73 Abs. 1 GO NRW) vorbehalten. Der Rat kann, wenn kein Einvernehmen mit dem Bürgermeister hergestellt werden kann, mit der Mehrheit der gesetzlichen Anzahl der Ratsmitglieder den Geschäftsbereich festlegen. Bei dieser Abstimmung ist der Bürgermeister nicht stimmberechtigt (§ 73 Abs. 1 S. 3 GO NRW). 462

Die Funktion des allgemeinen Vertreters oder des Kämmerers kann einem Beigeordneten durch einen einfachen Beschluss des Rates nach § 50 Abs. 1 GO NRW entzogen werden, es sei denn, dass es in einer kreisfreien Stadt keine weiteren Beigeordneten gibt. 463

Haben Beigeordnete ein Rederecht im Rat?

464 Rederecht im Rat haben grundsätzlich alle Mitglieder, ohne dass es einer besonderen Legitimation bedürfte. Umkehrschluss: Alle, die keine Mitglieder sind, benötigen eine individuelle „Ermächtigungsnorm" für ihr Rederecht. Die gibt es z.B. für die Gleichstellungsbeauftragte (§ 5 Abs. 4 S. 2 GO NRW), für den Vorsitzenden des Integrationsrates ((§ 27 Abs. 8 S. 4), für die Vertreter des Bürgerbegehrens (§ 26 Abs. 6 S. 5).
Für die Beigeordneten begründet § 69 Abs. 1 S. 1 GO NRW zwar ein Teilnahmerecht an Ratssitzungen, aber kein eigenes Rederecht. Es besteht lediglich die Pflicht zur Stellungnahme, „falls es der Rat (Beschluss erforderlich) oder der Bürgermeister verlangt" (§ 69 Abs. 1 S. 3 GO NRW). Beigeordnete haben somit kein originäres Rederecht im Rat.

VI. VERWALTUNGSVORSTAND

465 Den Verwaltungsvorstand i.S.d. GO NRW gibt es nur in Gemeinden, in denen es Beigeordnete gibt. Der Verwaltungsvorstand ist **kein** Organ und setzt sich nach § 70 GO NRW aus dem Bürgermeister, dem oder den Beigeordneten und dem Kämmerer zusammen, wobei der Bürgermeister den Vorsitz führt. Die Gleichstellungsbeauftragte kann an den Sitzungen des Verwaltungsvorstandes teilnehmen und das Wort verlangen, wenn es sich um Angelegenheiten ihres Aufgabenbereiches handelt, vgl. § 5 Abs. 4 GO NRW.

466 Aufgabe des Verwaltungsvorstandes ist es, durch gegenseitige Information und gemeinsame Beratung die Einheitlichkeit der Verwaltungsführung sicherzustellen.
Als Beispiele hat der Gesetzgeber in § 70 Abs. 2 GO NRW einige Bereiche aufgeführt, bei denen die Grundsätze im Verwaltungsvorstand zu besprechen sind:

- Grundsätze der Organisation, der Verwaltungsführung, der Personalführung und der Personalverwaltung
- Planung von Verwaltungsaufgaben mit besonderer Bedeutung (vgl. Zuständigkeit des Hauptausschusses)
- Aufstellung des Haushaltsplans, unbeschadet der Rechte des Kämmerers,
- Konzeption der Kosten- und Leistungsrechnung

467 Aufgrund der beim Bürgermeister liegenden abschließenden politischen und rechtlichen Verantwortung, besitzt der Bürgermeister die Letztentscheidungskompetenz bei Meinungsverschiedenheiten.
Demgegenüber haben die Beigeordneten die Möglichkeit, ihre anderweitige Auffassung/ Meinung dem Hauptausschuss vorzutragen, jedoch erst nachdem sie diese dem Bürgermeister vorab mitgeteilt haben (§ 70 Abs. 4 GO NRW).
Der Hauptausschuss hat damit die Gelegenheit, sich der Meinung des Beigeordneten oder des Bürgermeisters anzuschließen oder zwischen beiden zu vermitteln.

TEIL 11: SATZUNGEN

I. DAS SATZUNGSRECHT ALS TEIL DER SELBSTVERWALTUNGSGARANTIE

Die Gemeindeordnung, die Kreisordnung und die Landschaftsverbandsordnung enthalten 468
Bestimmungen über das Satzungsrecht der Kommunalkörperschaften. Mit einer Satzung setzt die Kommunalkörperschaft selbstbestimmt Recht. Diese Rechtsetzungsbefugnis hat ihren Ursprung in der kommunalen Selbstverwaltungsgarantie des GG[51].

Die Bestimmung des § 7 GO NRW konkretisiert diese Rechtssetzungsbefugnis der Ge- 469
meinde. Danach kann die Gemeinde „ihre Angelegenheiten" durch Satzung regeln. Ihre Angelegenheiten sind

- die freiwilligen Selbstverwaltungsangelegenheiten
- die Pflichtaufgaben der Selbstverwaltung
- die Pflichtaufgaben zur Erfüllung nach Weisung,

aber nicht die staatlichen Auftragsangelegenheiten.

Unter einer Satzung versteht man alle rechtlichen Regelungen, die durch den Rat im Rahmen 470
der der Gemeinde vom Staat verliehenen Satzungsautonomie geschaffen wurde. Satzungen treffen Regelungen für eine unbestimmte Vielzahl von Fällen und Personen mit Geltung für das jeweilige Gemeindegebiet.

Satzung = von der Gemeinde gesetztes Recht, das Regelungen für eine 471
Vielzahl von Fällen enthält

Der Erlass von Satzungen gehört zu den wesentlichen Merkmalen der kommunalen Selbstverwaltung. Daher ist dieser Rechtsbereich der Gemeinden prinzipiell von staatlichen Einwirkungen freizuhalten. Aus diesem Grund gilt der „**Grundsatz der Genehmigungsfreiheit**", den § 7 Abs. 1 S. 2 GO NRW ausdrücklich festschreibt (*„[Satzungen] bedürfen der Genehmigung nur, wenn dies gesetzlich ausdrücklich vorgeschrieben ist"*).

Satzungen bedürfen nur ausnahmsweise einer Genehmigung der Auf- 472
sichtsbehörde

Auch bei besonders erheblicher Bedeutung der zu erlassenden Satzung handelt der Rat 473
selbstständig und – im Rahmen des geltenden Rechts – frei. Lediglich in gesetzlich speziell vorgesehenen Fällen ist eine Genehmigung der Aufsichtsbehörde erforderlich. Das gilt z.B.

[51] Siehe Rn. 106.

nach § 10 Abs. 2 BauGB für (sog. selbstständige) Bebauungspläne; weitere sondergesetzliche Genehmigungserfordernisse ergeben sich beispielsweise für bestimmte Steuersatzungen aus § 2 KAG. Zweck derartiger Genehmigungserfordernisse ist meist, die geplante Satzung und die dahinterstehende Maßnahme mit Interessen anderer Behörden, Gemeinden oder Gemeindeverbänden zu koordinieren und ggf. eigene aufsichtsbehördliche Verwaltungsziele oder staatliche Mitgestaltungsbefugnisse zur Geltung zu bringen[52].

> Beispiel: *Die Stadt Essen hat als erste Stadt in NRW geplant, eine sog. „Bräunungssteuer", also eine Steuer für den Besuch eines Solariums, einzuführen.*
>
> *§ 2 Abs. 2 KAG bestimmt:*
>
> „Eine Satzung, mit der eine im Lande nicht erhobene Steuer erstmalig oder erneut eingeführt werden soll, bedarf zu ihrer Wirksamkeit der Genehmigung des Innenministeriums und des Finanzministeriums".
>
> Die erforderliche Genehmigung haben die Ministerien nicht erteilt[53]. In NRW wird es daher in absehbarer Zeit keine Solariensteuer geben.

II. RECHTSNATUR DER SATZUNG

474 Eine Ortssatzung ist **materielles Gesetz** und damit innerhalb ihres Geltungsbereichs genauso verbindlich wie ein Bundes- oder Landesgesetz.

475 Gesetz im materiellen Sinne ist jede von einem Hoheitsträger erlassene Rechtsnorm, die für eine unbestimmte Vielzahl von Personen allgemeinverbindliche Regelungen über Pflichten oder Ansprüche enthält.

Materielle Gesetze sind also:
- alle Bundes- oder Landes**gesetze**
- alle **Rechtsverordnungen**
- alle **Satzungen** von juristischen Personen des öffentlichen Rechts

Die Satzung bindet also sowohl den Rechtsanwender (Behörde, die z. B. den Abgabenbescheid erlässt), als auch den von der Satzung bestimmten Pflichtigen (z.B. den Eigentümer eines Grundstücks für einen Straßenausbaubeitrag).

---

52 Hofmann/Theisen/Bätge, a. a. O. Kap. 2.4.1.1 (S. 235).

53 Vgl. dazu auch die Begründung in der Pressemitteilung: URL: http://www.mik.nrw.de/presse-merdiathek/aktuelle-meldungen/aktuelles-im-detail/news/solariensteuer-nicht-sinnvoll-kommunalminister-alf-jaeger-und-finanzminister-norbert-walter-borj.html Stand: 07.02.2018.

1. Unterschied zu (Rechts-)Verordnungen

Eine besondere Art von Ortsrecht stellen die kommunalen (Rechts-)Verordnungen dar. Sie finden sich im Bereich der Pflichtaufgaben zur Erfüllung nach Weisung 476

- z.B. die ordnungsbehördlichen Verordnungen nach § 27 OBG oder die örtlichen Bauvorschriften nach § 86 BauO NRW (die wiederum als **Satzung** erlassen werden)

aber auch bei den Pflichtaufgaben der Selbstverwaltung

- z.B. die Rechtsverordnungen zur Bildung von Schuleinzugsbereichen nach § 84 Abs. 1 SchulG.

Sie unterscheiden sich von übrigen Satzungen u.a. dadurch, dass 477

- die Regelungsbefugnis aufgrund spezieller gesetzlicher Ermächtigung für einen begrenzten sachlichen Teilbereich angeordnet oder eingeräumt wird, während die Satzungen auf der generellen Ermächtigung des Art. 28 Abs. 2 S. 1 GG und des § 7 Abs. 1 S. 1 GO NRW für alle Angelegenheiten der örtlichen Gemeinschaft beruhen

- Besonderheiten für das Verfahren bei Erlass, Ausfertigung und Verkündung der (Rechts-)Verordnungen geregelt sind.

Eine wichtige Gemeinsamkeit bei Satzungen und den o.a. Rechtsverordnungen besteht darin, dass der Rat für ihren Erlass zuständig ist.

Weitere Beispiele für solche Rechtsverordnungen:

1. Kommunale TierseuchenVO (gem. § 4 des Ausführungsgesetzes zum Tiergesundheitsgesetz und zum Tierische Nebenprodukte Beseitigungsgesetz (AG TierGesG TierNebG NRW))
1. Kommunale Taxenordnung (gem. § 47 Abs. 3 S. 2 Personenbeförderungsgesetz i. V. m. § 4 Nr. 2 der Verordnung über die zuständigen Behörden und über die Ermächtigung zum Erlass von Rechtsverordnungen nach dem Personenbeförderungsgesetz)

2. Unterschied zu Geschäftsordnungen/Zuständigkeitsordnungen

Der Unterschied zwischen Satzungen und Geschäftsordnungen der Räte (Kreistage und Landschaftsversammlung) liegt darin, dass Geschäftsordnungen lediglich die Rechte und Pflichten der Funktionsträger intern regeln, also nur Innenrecht der Organisation (z.B. Gemeindeverwaltung) darstellen. Die Einwohner berühren diese Geschäftsordnungen nicht unmittelbar. Geschäfts- und Zuständigkeitsordnungen beschließt der Rat durch mehr- 478 heitliche Beschlussfassung. Ein spezielles Verfahren ist – anders als bei Satzungen – nicht vorgesehen. Es gelten die gleichen formellen Anforderungen wie bei jedem Ratsbeschluss.

3. Unterschied zu Verwaltungsvorschriften

479 Ähnliche Kriterien unterscheiden die Satzungen von Verwaltungsvorschriften. Verwaltungsvorschriften sind lediglich Auslegungshinweise oder Handlungsanweisungen – z.B. des für das betroffene Sachgebiet zuständigen Ministeriums gegenüber den Gemeinden und Kreisen – zur gleichmäßigen Gesetzesanwendung bzw. interne Anordnungen einer vorgesetzten Behörde an nachgeordnete Stellen und Dienstkräfte; sie stellen im Gegensatz zu Satzungen keine Gesetze im materiellen Sinne dar.

4. Unterschied zu Verwaltungsakten

480 Von Verwaltungsakten schließlich unterscheiden sich die Satzungen dadurch, dass Verwaltungsakte behördliche Maßnahmen zur konkreten und speziellen Einzelfallregelung sind (vgl. zum Begriff „Verwaltungsakt" § 35 VwVfG NRW), während eine Satzung die Regelung einer unbestimmten Anzahl von Fällen beinhaltet. Es kann im Einzelfall unter besonderen Voraussetzungen zwar auch „Einzelfallsatzungen", etwa Bebauungspläne für einzelne Grundstücke oder kleinere Grundstücksgruppen, geben; die Hürden für eine rechtssichere Ausgestaltung einer solchen Satzung sind aber sehr hoch. Die konkretisierende Umsetzung der Satzung gegenüber dem von dieser (vorerst nur) allgemein Betroffenen erfolgt dann durch einen Verwaltungsakt, der den Einzelfall – etwa durch Bescheid über Abwassergebühren - regelt.

Die Gemeinde regelt also zunächst allgemein die Voraussetzungen für den Erlass von Abwassergebühren in ihrer Entwässerungsgebührensatzung. Hierdurch wird der einzelne noch nicht unmittelbar zur Zahlung verpflichtet, auch wenn die Voraussetzungen der Satzung für das Entstehen der Gebührenpflicht auf ihn zutreffen. Erst durch die konkretisierende Umsetzung dieser abstrakten, durch die Satzung begründeten Pflicht durch individuell an ihn gerichteten Verwaltungsakt wird die Gebühr ihm gegenüber festgesetzt und die Zahlungspflicht (das „Leistungsgebot") individuell-konkret begründet.

III. ARTEN VON SATZUNGEN UND WICHTIGE GEMEINDESATZUNGEN

481 Es gibt Satzungen, die sich unmittelbar aus den Vorschriften der Gemeindeordnung oder anderen Gesetzen ergeben. Sie lassen sich in freiwillige Satzungen, Pflichtsatzungen und bedingte Pflichtsatzung unterteilen.

1. Grundsatz: Freiwillige Satzungen

Grundsätzlich ist es nach § 7 Abs. 1 GO NRW der eigenen Initiative der Gemeinde überlassen, ihre Angelegenheiten durch Satzungen zu regeln. Dies trifft uneingeschränkt jedoch nur für die sogenannten „freiwilligen Satzungen" zu. Dieses freie Ermessen der Gemeinde, Satzungen zu erlassen besteht nach dem Gesetzeswortlaut lediglich, „soweit Gesetze nichts anderes bestimmen". Eine solche gesetzliche anderweitige Festlegung kann den Erlass einer Satzung untersagen, kann aber auch den Satzungserlass zur Pflicht machen. 482

Beispiele für „freiwillige Satzungen", deren Erlass ganz im Ermessen der Gemeinden, Kreise bzw. Landschaftsverbände steht:

- Baumschutzsatzungen (gem. § 49 LNatSchG)
- Sondernutzungsgebührensatzungen (gem. § 19a Abs. 2 StrWG NRW)
- Satzungen über das besondere Vorkaufsrecht (gem. § 25 BauGB)
- Satzungen für Interessenvertretungen und Beauftragte (gem. § 27a GO NRW)

2. Absolute Pflichtsatzungen[54]

Eine Verpflichtung zum Erlass von Satzungen sieht z. B. § 7 Abs. 3 GO NRW vor. Die Norm schreibt jeder Gemeinde den Erlass einer Hauptsatzung vor. Ebenfalls sind die Gemeinden zum Erlass von Haushaltssatzungen verpflichtet (§ 78 GO NRW). Die „Bürgerentscheids-Durchführungsverordnung" verpflichtet die Gemeinden Satzungsregelungen über gewisse demokratische Mindeststandards bei Bürgerentscheiden aufzustellen. Da diese Satzungen aufgrund gesetzlicher Anordnung in jedem Falle zu erlassen sind, nennt man sie „absolute Pflichtsatzungen". 483

a) Hauptsatzung

Die Gemeindeordnung schreibt ohne jede Ausnahme den Erlass einer Hauptsatzung vor (§ 7 Abs. 3 S. 1 GO NRW). Durch sie wird den Gemeinden die Möglichkeit gegeben, ihr kommunales Organisationsrecht entsprechend den lokalen Erfordernissen – etwa der konkreten Größe und Leistungskraft – zu differenzieren. Die Hauptsatzung des jeweiligen Ortes dürfte sich zu (wohl fast) jeder Gemeinde im Internet auf der Homepage der Kommune unter z.B. dem Suchwort „Ortsrecht" finden lassen. 484

Die Hauptsatzungen sind absolute Pflichtsatzungen, die wegen ihrer grundlegenden Bedeutung nur mit der Mehrheit der gesetzlichen Anzahl der Mitglieder beschlossen werden können (§ 7 Abs. 3 S. 3 GO NRW); Regelungen über die Modalitäten der Zahlung einer monatlichen Aufwandsentschädigung für Ausschussvorsitzende nach § 46 Abs. 2 Nr. 2 GO NRW bedürfen sogar einer Zweidrittelmehrheit, § 46 Abs. 2 S. 3 GO NRW. Dementsprechend geben sie der inneren Kommunalverfassung über die gesetzlichen Regelungen hinaus eine gewisse Beständigkeit, da Änderungen mit einfacher Mehrheit nicht möglich sind; 485

[54] Teilweise auch „unbedingte" Pflichtsatzung genannt.

dies schränkt zwar die Flexibilität der Gemeinden in gewissem Maß ein, ist jedoch zum Zwecke des Minderheitenschutzes und unter dem bürgerorientierten Gesichtspunkt der Transparenz kommunaler Verwaltung sachgerecht. Wegen der gesetzlichen Formulierung („[...] Mehrheit der gesetzlichen Zahl der Mitglieder [...].") ist auch der Bürgermeister berechtigt, mitzustimmen (vgl. § 40 Abs. 2 GO NRW).

486 § 7 Abs. 3 S. 2 GO NRW schreibt als Mindestinhalt der Hauptsatzungen vor, „was nach den Vorschriften dieses Gesetzes der Hauptsatzung vorbehalten ist". Es handelt sich dabei um eine Vielzahl von Vorschriften, die in der Gemeindeordnung verstreut sind. Diese Angelegenheiten *müssen* in den Hauptsatzungen geregelt werden; andere Gegenstände müssen zwar nicht geregelt werden, können jedoch, falls der Rat sie aufgreift, nur in einer Hauptsatzung normiert werden; darüber hinaus gibt es weitere Angelegenheiten, deren Aufnahme frei in das Ermessen der Vertretungsorgane gestellt ist.

487 Zu dem **unverzichtbaren Mindestinhalt** der **Hauptsatzungen** gehören nach den Bestimmungen der Gemeindeordnung u. a.

- Einzelheiten zur Mitwirkung der Gleichstellungsbeauftragten (§ 5 Abs. 6 GO NRW),
- die Form der öffentlichen Bekanntmachung (§ 4 Abs. 2 Bekanntmachungsverordnung),
- Einzelheiten über die Unterrichtung der Einwohner (§ 23 Abs. 2 S. 3 GO NRW),
- Einzelheiten über das Anregungs- und Beschwerderecht (§ 24 Abs. 2 GO NRW),
- Einzelheiten über die Bezirksverfassung in kreisfreien Städten (§§ 35-38 GO NRW),
- Einzelheiten über die Vertragsgenehmigungen (§ 41 Abs. 1 S. 2 lit. r) GO NRW).
- Festlegung der Zahl der ersatzpflichtigen Fraktionssitzungen pro Jahr (§ 45 Abs. 3 S. 2 GO NRW).

488 Zu den Angelegenheiten, die zwar **nicht** in jeder **Hauptsatzung** geregelt werden **müssen**, die jedoch, falls der Rat diese Regelungsbereiche aufgreifen will, nur in der Hauptsatzung verbindlich geregelt werden **können**, zählen u. a.

- die Einteilung des Gebiets kreisangehöriger Gemeinden und andere Einzelheiten (gem. § 39 Abs. 8 GO NRW),
- die Zahl der Beigeordneten (§ 71 Abs. 1 S. 1 GO NRW),
- Übertragung der Entscheidung über den Antrag auf Vorprüfung nach § 26 Abs. 2 S. 7 GO NRW (vgl. § 26 Abs. 2 S. 10 GO NRW),
- die Zuständigkeit des Rates oder Hauptausschusses dafür, Entscheidungen für Bedienstete in Führungsfunktionen, die das beamtenrechtliche Grundverhältnis oder das Arbeitsverhältnis eines Bediensteten zur Gemeinde verändern, im Einvernehmen mit dem Bürgermeister zu treffen (§ 73 Abs. 3 S.2 GO NRW).
- Zulässigkeit von Film- und Tonaufnahmen (§ 48 Abs. 4 S. 2 GO NRW).

Im Übrigen unterliegt es der **Gestaltungsfreiheit** der Gemeinden und Kreise, zusätzliche Angelegenheiten durch Aufnahme in die Hauptsatzung zu normieren. Hierzu kann u. a. gehören: 489

- die Bildung von Ausschüssen (§ 57 GO NRW),
- die Gestaltung von Siegel, Wappen und Flaggen (§ 14 GO NRW),
- Gewährung von Auslagenersatz und sonstigen Leistungen (§ 45 Abs. 2 GO NRW),
- Durchführung von hybriden Sitzungen der Ausschüsse außerhalb des besonderen Ausnahmefalls nach § 47a Abs. 1 (§ 58a S. 1 GO NRW).

Hinsichtlich weiterer Regelungsgegenstände gibt das Wesen der Hauptsatzung als grundlegendes Verfassungsstatut der Gemeinde einen Rahmen vor, der die Aufnahme unbedeutender Detailbestimmungen und verfassungs- oder organisationsfremder Angelegenheiten ausschließt. Ggf. ist zu prüfen, ob einzelne Fragen etwa eher zum Regelungsbereich der Geschäftsordnung des Rates bzw. des Kreistages gehören.

b) Haushaltssatzung

Die Gemeindeordnung weist der Haushaltssatzung dadurch eine besondere Bedeutung zu, dass sie den Inhalt und das Erlassverfahren speziell regelt. Die Haushaltssatzung ist das zentrale Instrument des Rates zur Steuerung der Gemeinde, vgl. §§ 78 ff GO NRW. 490

Jährlich ist gem. § 78 Abs. 1 GO NRW eine Haushaltssatzung zu erlassen, wobei nach § 78 Abs. 3 S. 2 GO NRW Festsetzungen für zwei Haushaltsjahre enthalten sein können, wenn sie nach Jahren getrennt sind. Der Pflichtinhalt ist in § 78 Abs. 2 S. 1 GO NRW aufgeführt: Jede Haushaltssatzung muss die Festsetzung des Haushaltsplans unter Angabe des Gesamtbetrages der Erträge und Aufwendungen enthalten, sowie die Festsetzung der Kredit- und Verpflichtungsermächtigungen, des Höchstbetrages der Kredithöchstbeträge und der Steuersätze, die für jedes Haushaltsjahr neu festzusetzen sind. Weitere Vorschriften können enthalten sein (§ 78 Abs. 2 S. 2 GO NRW), wenn sie sich auf die Erträge und Aufwendungen, den Stellenplan und ggf. das Haushaltssicherungskonzept beziehen.

Die Haushaltssatzung enthält (vor allem) Regelungen, die lediglich verwaltungsintern wirken; dies wird durch § 79 Abs. 3 S. 3 GO NRW zusätzlich verdeutlicht. Insofern unterscheiden sich die Haushaltssatzungen von den allgemeinen Satzungen nach § 7 GO NRW. Außenwirkung erzeugen die Haushaltssatzungen hingegen durch die Festsetzung der Realsteuerhebesätze (soweit der Rat hierzu keine spezielle Hebesatz-Satzung erlassen hat); erst diese Festsetzung der „Realsteuerhebesätze" gibt den Haushaltssatzungen nach herrschender Meinung den Charakter von Gesetzen im materiellen Sinne. 491

Für den Erlass der Haushaltssatzung und den Beschluss über Einwendungen ist ausschließlich der Rat (§§ 41 Abs. 1 S. 2 lit. h), 80 Abs. 4 GO NRW) zuständig. Das Zustandekommen der Haushaltssatzung vollzieht sich in einem stufenweisen Verfahren, dessen Einzelschritte sich für die Gemeinde aus den §§ 80, 59 Abs. 2, 37 Abs. 4, 41 Abs. 1 S. 2 lit. h) GO NRW und § 2 Abs. 1 Bekanntmachungsverordnung ergeben; sie wird deshalb auch als „mehrstufige Satzung" bezeichnet: 492

Der Kämmerer fertigt den Entwurf und legt ihn dem Bürgermeister vor. Der Bürgermeister leitet den von ihm bestätigten Entwurf dem Rat zu und lässt ihn (zur möglichen Erhebung von Einwendungen durch die Einwohner oder Abgabepflichtigen) „zur Einsichtnahme verfügbar" halten. Der Rat berät und verweist den Entwurf an die Fachausschüsse, den Finanzausschuss und hört ggf. die Bezirksvertretungen.

Danach entscheidet der Rat in öffentlicher Sitzung über die etwaigen Einwendungen, bevor er – ebenfalls örtlich – abschließend die Haushaltssatzung berät und darüber Beschluss fasst. Der Bürgermeister prüft das ordnungsgemäße Zustandekommen. Eine Genehmigung durch die Aufsichtsbehörde ist lediglich im Fall des § 75 Abs. 4 GO NRW erforderlich. Die Haushaltssatzung ist jedoch zumindest anzeigebedürftig (§ 80 Abs. 5 GO NRW). Hiernach erfolgt die öffentliche Bekanntmachung der Haushaltssatzung entsprechend einem (gem. § 133 Abs. 3 Nr. 1 GO NRW verbindlichen) Muster des Innenministers. Die Änderung einer Haushaltssatzung kann allein (bzw. muss ggf.) durch Nachtragssatzung gem. § 81 GO NRW erfolgen.

c) unbedingte Pflicht zum Satzungserlass aufgrund der tatsächlichen Verhältnisse

493 Neben den vom Gesetz vorgeschriebenen Fällen gibt es aufgrund zwingend-tatsächlicher Verhältnisse weitere „absolute Fälle": Da beispielsweise keine kreisfreie Stadt vorstellbar ist, in der kein Abfall zu beseitigen wäre, entsteht aus § 9 Landesabfallgesetz (LAbfG) für die beseitigungspflichtigen Körperschaften die „tatsächlich-absolute" Pflicht zum Satzungserlass; aus dem gleichen Grunde dürften die Bebauungspläne nach § 10 Baugesetzbuch (BauGB) und die Erschließungsbeitragssatzungen nach § 132 BauGB zu den „tatsächlich-absoluten" Pflichtsatzungen zu zählen sein.

3. Bedingte Pflichtsatzungen

494 Daneben gibt es sog. „bedingte Pflichtsatzungen", die nur dann zu erlassen sind, wenn die Gemeinde den gesetzlich angebotenen Geltungsbereich aufgreift oder tatsächlich eine gesetzlich ermöglichte Einrichtung unterhält. So müssen Gemeinden beispielsweise, wenn sie sich entschließen, ein wirtschaftliches Unternehmen ohne Rechtspersönlichkeit zu betreiben, gem. § 114 Abs. 1 GO NRW eine entsprechende Eigenbetriebssatzung erlassen. Ebenso steht es Gemeinden frei, unter bestimmten Voraussetzungen einen Anschluss- und Benutzungszwang einzuführen. Wenn sie von dieser gesetzlich vorgesehenen Möglichkeit Gebrauch machen wollen –etwa den Anschluss an eine Wasserleitung und die Benutzung vorzuschreiben–, muss dies nach § 9 Abs. 1 GO NRW in Form einer Satzung geschehen. Weitere Fälle bedingter Pflichtsatzungen sind z.B. die Verbandssatzung nach § 7 des GKG, die Sparkassensatzung gem. § 6 SpG und die Satzung über die Anordnung einer Auskunftspflicht für eine Kommunalstatistik, § 8 Abs. 2 LStatG NRW.

Die verschiedenen Satzungsarten im Überblick: 495

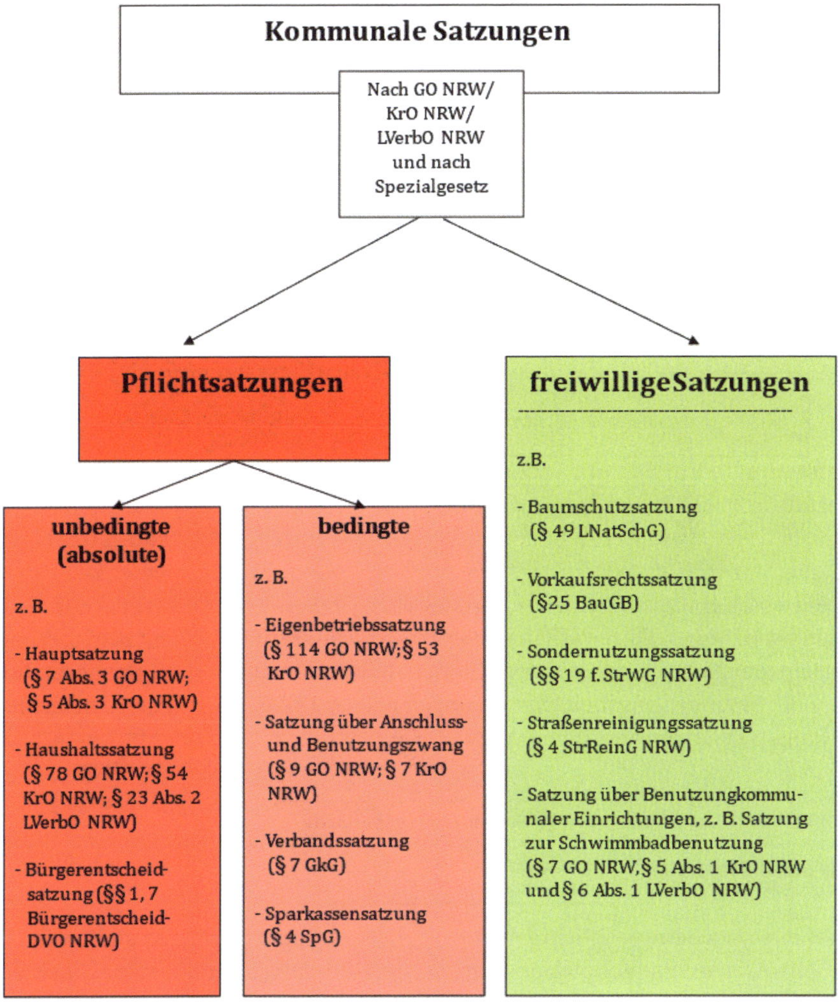

IV. VERFAHRENSABLAUF DER SATZUNGSGEBUNG

496 Wie dargestellt ist zum Erlass von Satzungen allein der Rat (§ 41 Abs. 1 S. 2 lit. f–h GO NRW) funktional zuständig. Die folgende Übersicht fasst den typischen Ablauf des Satzungsverfahrens in einer Gemeinde zusammen:

497

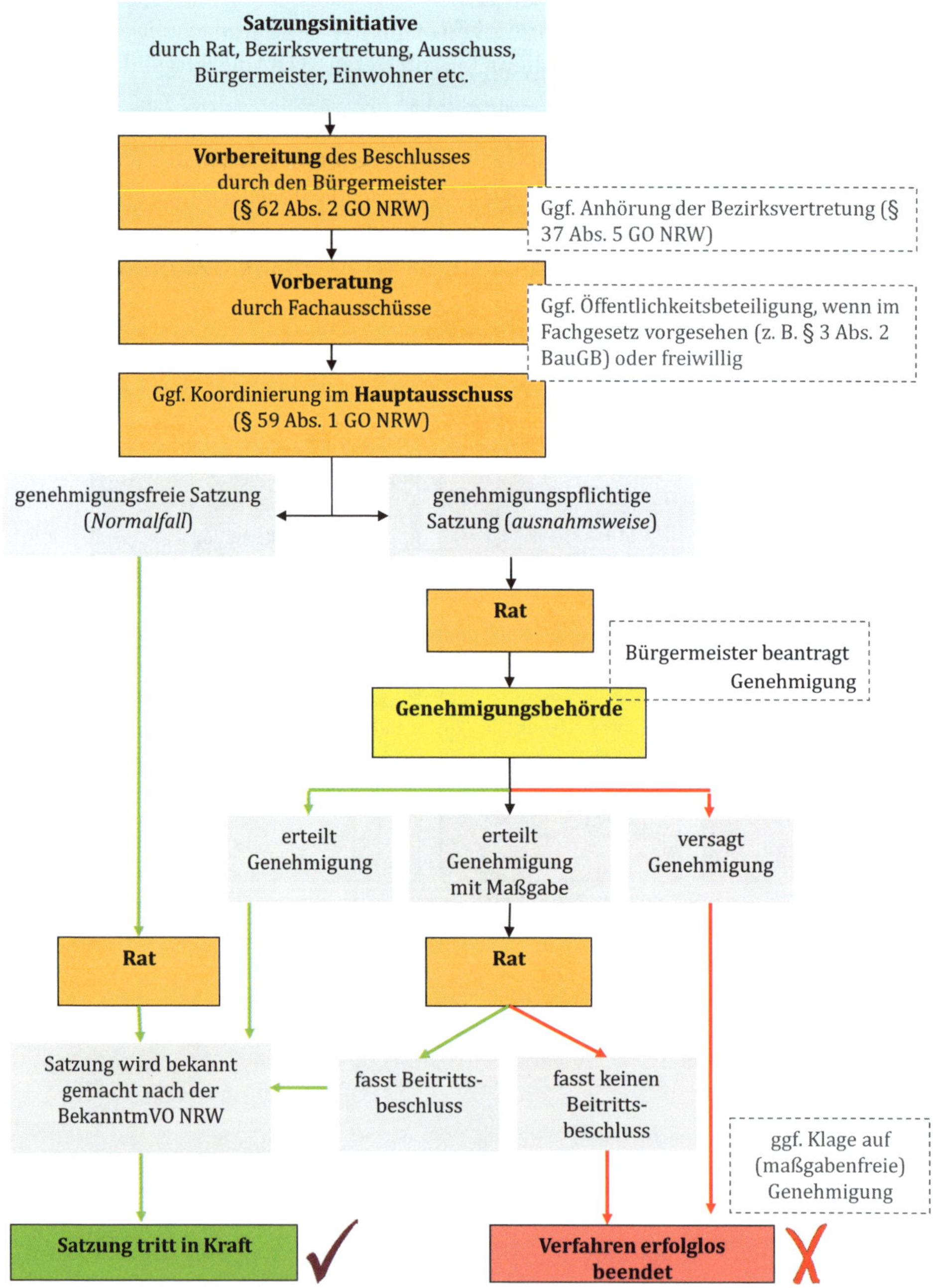

V. INKRAFTTRETEN, AUSSERKRAFTTRETEN

Die Satzung bestimmt im Regelfall das Datum ihres **Inkrafttretens** selbst. Ist das nicht 498
geschehen, tritt sie **mit dem Tage nach der Bekanntmachung** in Kraft (§ 7 Abs. 4 S. 2 GO NRW). Die öffentliche Bekanntmachung ist mit Ablauf des Erscheinungstages des Amtsblattes oder der Tageszeitung vollzogen (§ 7 Abs. 1 S. 1 BekanntmVO). Eine Ausnahme gilt für die Bebauungspläne, die nach § 10 Abs. 3 BauGB mit der Bekanntmachung in Kraft treten.

Satzungen können aber auch **rückwirkend** in Kraft treten. Wenn die Bürger dadurch jedoch 499
belastet werden, ist das rechtsstaatliche Gebot des Vertrauensschutzes zu beachten. Denn zu den wesentlichen Elementen des Rechtsstaates gehört die Rechtssicherheit, die für den Bürger in erster Linie Vertrauensschutz bedeutet. So sind rückwirkende finanzielle Mehrbelastungen in der Regel unzulässig. Das Vertrauen ist allerdings dann nicht schutzwürdig, wenn der Bürger mit dieser Regelung rechnen musste.

Ein **Außerkrafttreten** von Satzungen kann sich ergeben 500

- durch Bestimmungen in der Satzung selbst (vgl. § 32 Abs. 1 OBG)
- kraft Gesetzes (vgl. § 78 Abs. 3 S. 1 GO NRW; § 32 Abs. 1 S. 3 OBG)
- durch einen Bürgerentscheid (§ 26 GO NRW)
- durch Aufhebung
    - im Wege einer Aufhebungssatzung
    - im Wege einer Nachfolgesatzung.
- durch Gerichtsentscheidung

VI. RECHTSSCHUTZ GEGEN SATZUNGEN

Da die kommunale Satzung ihrer Rechtsnatur nach „Ortsgesetz“ ist, kann sie weder im 501
Wege der Anfechtungs- noch der Verpflichtungsklage angegriffen werden. Ebenso ist eine Feststellungsklage unzulässig.

§ 47 Abs. 1 VwGO eröffnet jedoch die Möglichkeit eines sog. Normenkontrollantrages. In 502
jenem Verfahren entscheidet das Oberverwaltungsgericht über die Gültigkeit von Satzungen, die nach den Vorschriften des Baugesetzbuchs erlassen worden sind, also vor allem über Bebauungspläne sowie von Rechtsverordnungen auf Grund des § 246 Abs. 2 des Baugesetzbuchs und von anderen im Rang unter dem Landesgesetz stehenden Rechtsvorschriften, also vor allem von (sonstigen) kommunalen Satzungen, sofern das Landesrecht dies bestimmt. In Nordrhein-Westfalen hat der Gesetzgeber diesen speziellen Rechtsbehelf eingeführt (vgl. § 109a JustG).

Die Zulässigkeit des Rechtsbehelfs hängt von verschiedenen Voraussetzungen ab. Vor allem ist zu berücksichtigen, dass er innerhalb eines Jahres nach Bekanntmachung der Rechtsvorschrift zu stellen ist.
Hierbei ist allerdings wiederum zu berücksichtigen, dass die Verletzung von Verfahrens- oder Formvorschriften der Gemeindeordnung gem. § 7 Abs. 6 S. 1 Hs. 1 GO NRW gegen

Satzungen, sonstige ortsrechtliche Bestimmungen und Flächennutzungspläne nach Ablauf von sechs Monaten seit ihrer Verkündung nicht mehr geltend gemacht werden, es sei denn es liegt eine der im Gesetz bezeichneten Ausnahmen vor (§ 7 Abs. 6 S. 6 Hs. 2 GO NRW). Kommt das Oberverwaltungsgericht zu der Überzeugung, dass die Rechtsvorschrift ungültig ist, so erklärt es sie für unwirksam. Die Entscheidung wirkt für und gegen alle potentiell Normbetroffenen, nicht nur für und gegen die Verfahrensbeteiligten.

503 Neben der Möglichkeit der abstrakten Normenkontrolle gem. § 47 VwGO überprüft das Verwaltungsgericht im Falle einer Klage z. B. gegen einen Beitragsbescheid (bei entsprechenden Rügen oder Anhaltspunkten) auch „inzident" (also innerhalb der Prüfung der Rechtmäßigkeit des Bescheides) die Frage der Vereinbarkeit der Satzung mit höherrangigem Recht. Kommt das Verwaltungsgericht zum Ergebnis, dass die Satzung unwirksam ist, so hebt es den Bescheid (mangels wirksamer Rechtsgrundlage) auf. Diese Entscheidung führt aber nicht zur Feststellung der Unwirksamkeit der Satzung, sondern die Entscheidung wirkt nur zwischen den konkret betroffenen Parteien des Rechtsstreits.

504 Seit der Einführung von Bürgerbegehren und Bürgerentscheid in NRW stellt sich die Frage, ob eine gemeindliche Satzung Gegenstand eines solchen Verfahrens sein kann, also entweder ihr Erlass erzwungen oder die schon erlassene Satzung zu Fall gebracht werden darf. Die Voraussetzungen des § 26 Abs. 1 GO NRW für ein Bürgerbegehren sind durchweg gegeben (Verbandskompetenz der Gemeinde, Organkompetenz des Rates). Allerdings scheiden Bürgerbegehren aus, die auf die Abschaffung einer Pflichtsatzung abzielen.
Gegen Teile einer Satzung kann sich ein Bürgerbegehren nur richten, wenn die Satzung auch ohne die entsprechenden Teile erlassen worden wäre und Bestand haben kann. Über diese Frage ist bei der Zulässigkeitsentscheidung (§ 26 Abs. 6 GO NRW) zu befinden. So wäre es z.B. denkbar, die Vorschriften über die Gliederung des Gemeindegebietes in Ortschaften/ Bezirke (§ 39 Abs. 1 S. 1 GO NRW) per Bürgerentscheid aus einer Hauptsatzung zu entfernen.

TEIL 12: DIE KREISE

I. EINFÜHRUNG

Die Kreise (in anderen Bundesländern auch Landkreise genannt) sind Gemeindeverbände 505
und juristische Personen des öffentlichen Rechts.

Gemeindeverbände wiederum sind

506

> rechtlich selbstständige **Verbandskörperschaften**, deren **Mitglieder** kommunale **Gebietskörperschaften** sind. Sie nehmen **überörtliche Aufgaben** wahr, deren Erfüllung durch die einzelne Mitgliedskörperschaft aus Gründen der fehlenden Finanz- oder Verwaltungskraft nicht möglich oder nicht zweckmäßig ist!

Im Lande Nordrhein-Westfalen existieren folgende Gemeindeverbände: 507

31 Kreise (inkl. Städteregion Aachen)
2 Landschaftsverbände
1 Regionalverband Ruhr (RVR)
1 Landesverband Lippe

Die Kreise genießen wie die Gemeinden durch ihre Nennung in Art. 28 Abs. 1 S. 3 GG eine 508
Bestandsgarantie. Hierdurch wird der Bestand eines einzelnen Kreises jedoch nicht gewährleistet und garantiert. Die Gebietsreform im Jahre 1974 führte u.a. dazu, dass zum Beispiel der Kreis Lüdinghausen zum 01.01.1975 aufgelöst und der Kreis Coesfeld sein Rechtsnachfolger wurde.

II. RECHTSNATUR UND VERFASSUNG

Maßgebend für die „Verfassung" der Kreise ist die Kreisordnung NRW (KrO NRW). 509
Nach § 1 KrO NRW handelt es sich bei den Kreisen

> um **Selbstverwaltungskörperschaften** und gleichzeitig um Bezirke für die **staatliche Verwaltungsbehörde**.

Organe, die für die juristische Person „Kreis" handeln, sind der Kreistag, der Kreisausschuss 510
und der Landrat.

Hinsichtlich der Wahl der Kreistagsabgeordneten und des Landrates sowie seine Abwahl wird auf die im Wesentlichen entsprechenden Vorschriften in der Gemeindeordnung und auf die Ausführungen zum Bürgermeister verwiesen.

III. AUFGABEN

511 Die Aufgaben der Kreise sind nicht konkret in der Kreisordnung beschrieben. In § 2 KrO NRW ist vom Wirkungskreis die Rede.

512 Sie sind nach Abs. 1 ausschließliche und eigenverantwortliche Träger der öffentlichen Verwaltung zur Wahrnehmung der auf ihr Gebiet begrenzten **überörtlichen Aufgaben**, soweit die Gesetze nichts anderes bestimmen.
Überörtliche Aufgaben können aber auch von mehreren Gemeinden gemeinsam bspw. in Form von Zweckverbänden - begrenzt auf ihr Gemeindegebiet - wahrgenommen werden.

513 Die Aufgaben der Kreise können - wie die Aufgaben der Gemeinden - nach dem Grad der Pflichtigkeit ihrer Erledigung unterschieden werden: freiwillige- und pflichtige Selbstverwaltungsaufgaben, Pflichtaufgaben zur Erfüllung nach Weisung und Auftragsangelegenheiten.

514 Bei den freiwilligen Selbstverwaltungsaufgaben stehen Kreise und kreisangehörige Gemeinden in einem engen partnerschaftlichen Verhältnis bei der Wahrnehmung der überörtlichen Aufgaben. Was überörtliche Aufgaben sind, ist nicht definiert, kann aber hergeleitet werden aus den Aufgaben, die die kreisfreien Städte für ihre Einwohner wahrnehmen und nicht von kreisangehörigen Gemeinden wahrgenommen werden. Zu den pflichtigen Selbstverwaltungsaufgaben zählen beispielsweise der Bau und die Unterhaltung von Kreisstraßen und die Schulträgerschaft für die Berufskollegs.

Wer kann für den Bau eines Heimatmuseums zuständig sein? 515

Das ist eine Frage der Verbandskompetenz. Grundsätzlich sind

- die Gemeinden für alle Angelegenheiten der örtlichen Gemeinschaft
- die Kreise für die überörtlichen Angelegenheiten
- die Landschaftsverbände für die regionalen Aufgaben

zuständig.

Die Abgrenzung zwischen örtlichen und überörtlichen Angelegenheiten ist nicht geregelt (s.o.). So könnte die Gemeinde ein Heimatmuseum errichten mit dem Schwerpunkt Sammlung und Ausstellung ortsbezogener Exponate. Der Kreis hätte die Verbandskompetenz für den Bau eines Heimatmuseums, wenn die Ausstellungsgegenstände überörtlichen Bezug aufweisen.

Die Landschaftsverbände sind nach § 5 Abs.1 lit. b) Nr. 4 LVerbO zuständig für die Unterhaltung von Landesmuseen. Dort werden Dinge gesammelt und ausgestellt, die Bedeutung für eine ganze Region haben (z.B. westfälisches Landesmuseum für Volkskunde in Detmold oder westfälisches Landesmuseum für Handwerk und Technik in Hagen).

Für den Bau eines Heimatmuseums können somit sowohl die Gemeinde als auch der Kreis als auch der Landschaftsverband zuständig sein.

Der Gesetzgeber hat im Rahmen der sogenannten Funktionalreform die Aufgaben auf die unterschiedlichen Gemeindekategorien (Große-, Mittlere kreisangehörige Städte und die übrigen kreisangehörigen Städte und Gemeinden) abgestuft zugewiesen. Dies ist bei der Abgrenzung von örtlichen und überörtlichen Aufgaben bzw. Kreisaufgaben zu berücksichtigen.

Zu den Auftragsangelegenheiten, die von den Kreisen wahrzunehmen sind, zählen bei- 516
spielsweise die Aufgaben auf dem Gebiet des Staatsangehörigkeitsrechts.

Die Pflichtaufgaben zur Erfüllung nach Weisung resultieren aus weiten Teilen des Bereichs der Gefahrenabwehr, bspw. Bauordnungsrecht, Abfallrecht, Gesundheitsrecht etc.

Der Kreis nimmt sich also dann einer Aufgabe an, wenn die Leistungs- 517
fähigkeit der Gemeinde nicht ausreicht oder ein finanzieller Ausgleich zur Herstellung gleichwertiger Lebensverhältnisse im Kreis notwendig, aber auch wenn eine einheitliche Erledigung über Gemeindegrenzen hinweg erforderlich ist.

Beispiele für freiwillige Kreisaufgaben: Bau und Unterhaltung von kulturellen Einrichtungen (z.B. Kreismusikschule, Kreisheimatmuseum) und Seniorenheimen.

Im Rahmen der sogenannten *Organleihe* nehmen der Kreisausschuss und der Landrat als 518
kommunale Organe auch staatliche Aufgaben im Bereich der Aufsicht wahr (§ 58 KrO NRW).

> Organleihe liegt vor, wenn aufgrund eines Gesetzes ein Organ eines Hoheitsträgers für einen anderen Hoheitsträger tätig wird und dabei nach außen als Organ des entleihenden Hoheitsträgers auftritt.

IV. ORGANE DER KREISE

Kreise sind juristische Personen des öffentlichen Rechts und handeln durch ihre Organe. Sie sind nach § 53 Abs. 3 KrO NRW verpflichtet, eine örtliche Rechnungsprüfung einzurichten.

1. Kreistag

519 Der Kreistag entspricht im Wesentlichen dem Rat. Die Kreistagsabgeordneten werden wie die Ratsmitglieder von den Bürgern der kreisangehörigen Städte und Gemeinden gewählt (vgl. § 27 KrO NRW und die entsprechenden Regelungen des KWahlG). Der Kreistag ist jedoch nicht allzuständig. Der Landesgesetzgeber hat in § 26 KrO NRW die Zuständigkeiten des Kreistages festgeschrieben und einen Katalog aufgestellt, für den dieses Organ ausschließlich zuständig ist. Einige wenige Entscheidungen kann er jedoch auf den Kreisausschuss übertragen.

Der Vorsitz im Kreistag obliegt dem Landrat, der unmittelbar von der Bürgerschaft für die Dauer von fünf Jahren gewählt wird.

Zum Thema digitale und hybride Sitzungen des Kreistages und seiner Ausschüsse verweisen die §§ 32a und 41a auf die entsprechenden Regelungen in der GO NRW.

520 

Gibt es wesentliche Unterschiede zwischen Kreistag und Rat?

- Der Kreistag hat keine Allzuständigkeit. Seine Entscheidungsbefugnisse sind im Wesentlichen auf seine Alleinzuständigkeiten nach § 26 Abs. 1 KrO NRW begrenzt
- Der Kreistag kann Fachausschüssen keine Entscheidungsbefugnisse übertragen (Konsequenz aus § 26 Abs. 1 KrO NRW)
- Der Kreistag
  - bestellt den Kämmerer, § 26 Abs. 1 S. 2 lit. d) KrO NRW
  - bestimmt den Sitz der Kreisverwaltung, § 26 Abs. 1 S. 2 lit. e) KrO NRW
  - setzt die Kreisumlage fest, § 26 Abs. 1 S. 2 lit. h) KrO NRW
- Der Kreistag kann weder ein Ehrenbürgerrecht noch eine Ehrenbezeichnung verleihen, § 24 S. 2 KrO NRW
- Der Kreistag ist nicht verpflichtet, die Einwohner über allgemein bedeutsame Angelegenheiten des Kreises zu unterrichten (eine Regelung wie in § 23 GO NRW fehlt in der Kreisordnung)

Es gibt somit wesentliche Unterschiede zwischen Kreistag und Rat.

2. Kreisausschuss

Kreise in Nordrhein-Westfalen sind verpflichtet, mindestens über einen Kreisausschuss 521
und einen Rechnungsprüfungsausschuss zu verfügen. Die Verpflichtung der Kreise ergibt sich aus der Verweisung des § 53 Abs. 1 KrO NRW auf die anzuwendenden Vorschriften der GO NRW (§§ 75 - 118 GO NRW), in denen der Rechnungsprüfungsausschuss mit seinen Aufgaben ausdrücklich genannt ist.

> Der Kreisausschuss ist der weitere Pflichtausschuss der Kreise und kann 522
> mit dem gemeindlichen Hauptausschuss verglichen werden.

Der Kreisausschuss besteht aus dem Landrat und mindestens acht und höchstens 16 Kreis- 523
tagsabgeordneten, die vom Kreistag in diesen Ausschuss gewählt wurden. Sie werden, weil sie auch staatliche Aufgaben im Bereich der Staatsaufsicht im Rahmen der Organleihe wahrnehmen, zu Ehrenbeamten ernannt.

Der Kreisausschuss beschließt über alle Angelegenheiten, die nicht ausdrücklich dem 524
Kreistag vorbehalten sind und nicht zu den laufenden Geschäften des Landrats gehören. Er bereitet ferner alle Entscheidungen des Kreistages vor, so dass alle Entscheidungen des Kreistages vom Kreisausschuss vorberaten sein müssen.

Falls eine Einberufung des Kreistages nicht rechtzeitig möglich ist, trifft der Kreisausschuss die Entscheidung (**Eilentscheidung**), § 50 Abs. 1 S. 1 KrO NRW.

Offen bleibt, wer entscheidet, wenn der Kreisausschuss die gesetzliche Organkompetenz besitzt (§ 50 Abs. 1 S. 1 KrO NRW), eine Einberufung des Kreisausschusses aber nicht rechtzeitig möglich ist.

Die Zuständigkeiten des Kreisausschusses lassen sich wie folgt zusammenfassen:

Pauschal:

Kraft Gesetzes: § 50 Abs. 1 S. 1 KrO NRW (subsidiäre Allzuständigkeit)

Konkret:

- kraft Gesetzes: § 50 Abs. 3 S. 1, § 59 Abs. 1 S. 2 KrO NRW
- kraft Gesetzes im Rahmen der vom Kreistag festgelegten allgemeinen Richtlinien: § 50 Abs. 2 S. 1 KrO NRW
- kraft Delegation durch den Kreistag per Hauptsatzung: § 26 Abs. 1 S. 3; § 49 Abs. 1 S. 3 KrO NRW

Der Landrat wird mit seiner Wahl nicht nur gesetzliches Mitglied des Kreisausschusses, sondern gleichzeitig „geborener" und stimmberechtigter Vorsitzender.

Der Kreisausschuss kann einen Teil seiner Zuständigkeiten auf den Landrat delegieren. Alle anderen kommunalen Ausschüsse der Kreise haben ausschließlich (vor-) beratende Funktion. Auf sie können auch keine Entscheidungen delegiert werden.

Dem Jugendhilfeausschuss stehen im Rahmen des ihm vom Kreistag zugebilligten Budgets die Entscheidungen hierüber zu, so dass ihm auch eine Organschaft zuzusprechen ist.

525 

Gibt es wesentliche Unterschiede zwischen Kreisausschuss und Hauptausschuss?

- Die Zahl der Kreisausschussmitglieder ist gesetzlich „umrahmt" (mindestens acht, höchstens 16 Kreistagsmitglieder), § 51 Abs. 1 KrO NRW
- Der Landrat ist Mitglied des Kreisausschusses (*„der Kreisausschuss besteht aus dem Landrat und ...."*)
- Für jedes Kreisausschussmitglied ist ein Stellvertreter zu wählen, § 51 Abs. 2 S. 1 KrO NRW
- Mitglieder und stellvertretende Mitglieder des Kreisausschusses können nicht während der Wahlperiode durch Auflösung und Neubildung des Kreisausschusses „ausgetauscht" werden (*„...für die Dauer der Wahlperiode des Kreistages zu wählen"*), § 51 Abs. 2S. 1 KrO NRW
- Die Zuständigkeiten des Kreisausschusses lassen sich mit „subsidiäre Allzuständigkeit" beschreiben, § 50 Abs. 1 S. 1 KrO NRW

Es gibt somit wesentliche Unterschiede.

3. Landrat

526 Der Landrat wird wie der Bürgermeister von den Bürgern der kreisangehörigen Städte und Gemeinden unmittelbar nach dem Mehrheitsprinzip – mehr als die Hälfte der gültigen Stimmen bzw. Losentscheid bei Stimmengleichheit im Falle einer Stichwahl – **für die Dauer von fünf Jahren gewählt** und ist ein **kommunaler Wahlbeamter**.

527 

Kraft seines Amtes ist er einerseits Vorsitzender des Kreistages und des Kreisausschusses sowie Repräsentant des Kreises und andererseits Leiter der Kreisbehörde und deren gesetzlicher Vertreter.

Als Leiter der Kreisbehörde obliegt ihm gem. § 42 KrO NRW die Führung der Geschäfte der laufenden Verwaltung, wobei es **kein** Rückholrecht des Kreistages gibt.

528 Neben dieser Aufgabe ist er zuständig für folgende weitere Bereiche:

- Erledigung der ihm vom Kreisausschuss übertragenen Angelegenheiten
- Vorbereitung und Durchführung der Beschlüsse des Kreistags und des Kreisausschusses sowie der Dringlichkeitsentscheidungen
- Ausführung der Weisungen des Landes bei Pflichtaufgaben zur Erfüllung nach Weisung und Auftragsangelegenheiten
- gesetzliche Vertretung des Kreises in Rechts- und Verwaltungsgeschäften
- Erledigung aller Aufgaben, die ihm aufgrund gesetzlicher Vorschriften übertragen sind

- Entscheidung mit einem Kreistagsmitglied anstelle des Kreistages, wenn Kreistag und Kreisausschuss nicht rechtzeitig einberufen werden können und die Entscheidungen nicht aufgeschoben werden kann, weil sonst erhebliche Nachteile oder Gefahren entstehen können (**Dringlichkeitsentscheidung**), § 50 Abs. 3 S. 2 KrO NRW.

Ferner nimmt der Landrat als vom Land geliehenes kommunales Organ (Organleihe) die Aufgaben der unteren staatlichen Verwaltungsbehörde für das Land wahr (§ 58 KrO NRW). Er agiert dann als Vertreter des Landes gegenüber den kreisangehörigen Städten und Gemeinden und benutzt einen Kopfbogen mit dem Landeswappen. Gem. § 60 Abs. 1 KrO NRW hat der Landrat bei der Wahrnehmung dieser Aufgaben die Richtlinien der Landesregierung zu beachten und unterliegt damit der Fachaufsicht der Landesregierung. Er ist gegenüber der Landesregierung berichtspflichtig über alle Vorgänge im Kreis, die für die Landesregierung von Bedeutung sind (§ 60 Abs. 1 S. 2 KrO NRW). 529
Der Landrat unterliegt in dieser Funktion der Dienstaufsicht durch die Bezirksregierung nach § 60 Abs. 2 KrO NRW und ist an Weisungen der Landesregierung (des Landes) gebunden. Werden Weisungen nicht befolgt, könnte dies disziplinarrechtliche und haftungsrechtliche Folgen für den Landrat haben.

Die Organleihe hat den Vorteil für den Entleihenden, hier das Land, dass es selbst keine eigene unmittelbare Verwaltungsstruktur vor Ort vorhalten muss. Das entliehene Organ handelt rechtlich wie ein Organ des Entleihers, in diesem Fall das des Landes NRW. Das Land haftet insoweit auch für die Handlungen des entliehenen Organs. Nach dem Rechtsträgerprinzip der Verwaltungsgerichtsordnung (§ 78 Abs. 1 Nr. 1 VwGO NRW) ist im Falle einer Organleihe der Entleiher der richtige Klagegegner.

Ferner ist der Landrat Leiter der Kreispolizeibehörde und bildet zusammen mit den Schulaufsichtsbeamten das (staatliche) Schulamt. 530

Die **Vertretung des Landrates** ist wie die Vertretung des Bürgermeisters zweigeteilt geregelt. 531
Nach § 47 Abs. 1 KrO NRW ist der Kreisdirektor der allgemeine Vertreter des Landrates in seiner Funktion als Chef der Kreisbehörde und der unteren staatlichen Verwaltungsbehörde. Er wird für die Dauer von acht Jahren vom Kreistag gewählt. Es besteht aber auch die Möglichkeit, dass die Hauptsatzung eine solche Position nicht vorsieht. In diesem Fall wäre vom Kreistag ein allgemeiner Vertreter aus den leitenden hauptamtlichen Beamten des Kreises zu bestellen.

Der Landrat wird von den vom Kreistag zu wählenden ehrenamtlichen Stellvertretern bei der Leitung der Kreistagssitzungen und bei den Repräsentationen vertreten (und nur hierbei, enge Wortauslegung). Die ehrenamtlichen Vertreter werden in der ersten Sitzung nach der Wahl des Kreistages für die Dauer seiner Wahlperiode aus seiner Mitte ohne Aussprache gewählt. Sie sind nicht gleichzeitig stellvertretende Vorsitzende im Kreisausschuss. Der oder die stellvertretende Kreisausschussvorsitzende wird vom Kreisausschuss aus seiner Mitte gewählt. 532

533 

Gibt es wesentliche Unterschiede in den Funktionen zwischen Landrat und Bürgermeister?

- der Landrat führt die Geschäfte der laufenden Verwaltung ohne Rückholrecht des Kreistages, § 42 lit. a) KrO NRW
- der Landrat ist zugleich untere staatliche Verwaltungsbehörde und damit untere Landesbehörde, §§ 58, 59 KrO NRW; § 9 Abs. 2 LOG
- der Landrat ist Kreispolizeibehörde, § 2 Abs. 1 Nr. 2 POG
- der Landrat bildet zusammen mit dem schulfachlichen Aufsichtsbeamten das staatliche Schulamt als untere Schulaufsichtsbehörde, §§ 88 Abs. 2, 91 SchulG
- dem Landrat obliegt nicht die Vorbereitung und Durchführung der Beschlüsse der Fachausschüsse (weil diese keine Entscheidungsbefugnis haben können, Umkehrschluss aus § 26 Abs. 1S. 3 und § 42 lit. b) KrO NRW)

Es gibt somit wesentliche Unterschiede.

V. FINANZIERUNG DER KREISE

534 Für die Kreise gelten die Vorschriften der Gemeindeordnung, die sich auf die Haushaltswirtschaft beziehen, entsprechend (vgl. § 53 Abs. 1 KrO NRW). Sie erheben somit Gebühren und Beiträge und privatrechtliche Entgelte nach den gesetzlichen Vorschriften bzw. Verträgen. Außerdem erhalten die Kreise Zuweisungen des Landes nach den jeweils geltenden Bestimmungen des Gemeindefinanzierungsgesetzes.

Soweit all diese bereits genannten Erträge nicht die Aufwendungen decken, sind die Kreise berechtigt bzw. verpflichtet, für die von ihnen zu erledigenden Kreisaufgaben von den kreisangehörigen Städten und Gemeinden die sogenannte Kreisumlage nach § 56 KrO NRW zu erheben. Sie wird jährlich festgesetzt. Erhöhungen des Satzes der Kreisumlage bedürfen der Genehmigung der Aufsichtsbehörde (Bezirksregierung).

Neben dieser allgemeinen Kreisumlage wird vielfach eine Jugendamtsumlage von den Kreisen erhoben, wenn der Kreis die Aufgabe der Jugendhilfe selbst wahrnimmt und einige Gemeinden ein eigenes Jugendamt unterhalten. Die sogenannte Jugendamtsumlage soll somit lediglich die Gemeinden belasten, die kein eigenes Jugendamt haben und nur in dem Maße, wie die Aufwendungen dieses Bereiches nicht gedeckt werden.

TEIL 13: KOMMUNALAUFSICHT

I. EINFÜHRUNG

Das **Recht auf Aufsicht** lässt sich unmittelbar aus dem Grundgesetz ableiten. Die kommu- 535
nale Selbstverwaltungsgarantie ist gem. Art. 28 Abs. 2 S. 1 GG „im Rahmen der Gesetze"gewährleistet.

Auch die Landesverfassung NRW regelt die Befugnis des Landes zur Aufsicht (über die 536
Gemeinden). In Artikel 78 Abs. 4 S. 1 der Verfassung des Landes Nordrhein-Westfalen ist die Verpflichtung des Landes verankert, *„über die Rechtmäßigkeit der Verwaltung der Gemeinden und Gemeindeverbände zu wachen"*. Die Gemeinden unterliegen der Aufsicht des Landes. Ihre Kontrolle ist in der Regel allein darauf gerichtet, die kommunale Betätigung „im Rahmen der Gesetze"(vgl. Art. 28 GG und Art. 78 LVerf NRW) zu sichern. Mit der in der Verfassung verankerten Legalitätskontrolle (d. h. der Überwachung der Rechtmäßigkeit des Handelns) ist aber die Staatsaufsicht über die Selbstverwaltung nicht erschöpft.

Die prüfende und ggf. beugende Aufsicht, die sich hieraus ergibt, wird auch repressive 537
Aufsicht genannt. Daneben gibt es die so genannte präventive, **vor**beugende Aufsicht, die dem Staat weitere Rechte einräumt und die sich vor allem durch Genehmigungsvorbehalte ausdrückt, mit deren Hilfe eine erhebliche Einwirkung auf das kommunale Geschehen bis hin zur Mitgestaltung erreicht wird. Damit ist die bloße Kontrolle der Rechtmäßigkeit zwar verlassen, dennoch wird die Berechtigung zur Präventivaufsicht nicht bestritten.

Das Bundesverfassungsgericht sieht in der Kommunalaufsicht das Korrelat (Gegenstück) zum Selbstverwaltungsrecht der Gemeinden. Der Verfassungsgerichtshof für das Land Nordrhein-Westfalen (VerfGH NRW) meint ähnlich, dass *die Selbstverwaltung nach ihrem inneren Sinn und der historischen Entwicklung in Deutschland eine Beteiligung des Staates im Wege der Kommunalaufsicht umfasst.*

Die **Staatsaufsicht** umfasst die **allgemeine Aufsicht**, die **Sonderauf-** 538
sicht und die **Fachaufsicht.**

Nach § 11 GO NRW hat die Aufsicht die Aufgabe, 539

- die Gemeinden in ihren Rechten zu schützen (Schutzfunktion) und
- dafür zu sorgen, dass die Gemeinden ihre Pflichten erfüllen (Legalitätsfunktion).

Damit wird der Schutz der Gemeinde hervorgehoben und auf die Einhaltung von Verpflichtungen abgestellt. Die Kommunalaufsicht muss ggf. auch gegen Entscheidungen der gemeindlichen Organe vorgehen und damit praktisch die Gemeinde „vor sich selbst" schützen.

540 Kommunalaufsicht ist eine Aufgabe des Landes, es darf damit keinen „Durchgriff“ des Bundes auf die Gemeinden hinsichtlich der Kontrolle der Selbstverwaltung im „Rahmen der Gesetze“ geben (vgl. § 11 GO NRW *„Die Aufsicht des Landes schützt die Gemeinden in ihren Rechten und sichert die Erfüllung ihrer Pflichten.“*).

541 Zudem ist in § 127 GO NRW das Verbot von Eingriffen anderer Behörden normiert. Diese dürfen sich nicht der Eingriffsbefugnisse nach §§ 121 ff. GO NRW bedienen. Dies ist ausschließlich den in der GO NRW genannten allgemeinen Aufsichtsbehörden vorbehalten.

542 Die Gemeinden erfüllen ihre Pflichten, wenn sie sich im Rahmen der staatlichen Rechtsvorschriften und ihres Ortsrechtes bewegen. Dürfen sie nach Ermessen handeln, so darf es nur pflichtgemäßes Ermessen sein (vgl. zur Art der Ermessensausübung z. B. § 40 VwVfG NRW). Die Durchführung von Weisungen bei Aufgaben zur Pflichterfüllung nach Weisung (Art. 78 Abs. 4 S. 2 LVerf NRW i.V.m. § 3 Abs. 2 GO NRW) gehört auch zur Pflichterfüllung.

II. AUFSICHTSBEGRIFFE UND AUFSICHTSBEHÖRDEN

1. Aufsichtsbegriffe

543 Im Öffentlichen Recht existieren die unterschiedlichsten Aufsichtsbegriffe. Aus dem jeweiligen Begriff lassen sich bereits Art und Reichweite der Aufsicht ableiten. Die Begriffe müssen daher genau unterschieden werden.
In der Gemeindeordnung werden **zwei Arten** der Aufsicht genannt, vgl. § 119 GO NRW:

Allgemeine Aufsicht	**Sonderaufsicht**
bei freiwilligen und pflichtigen Aufgaben der Selbstverwaltung	bei Pflichtaufgaben zur Erfüllung nach Weisung
<u>Ziel:</u> Verwalten der Gemeinden im Ein-klang mit den Gesetzen, vgl. § 119 GO NRW.	<u>Ziel:</u> Kontrolle der Gesetzmäßigkeit und der Beachtung der Weisungen. Diese richtet sich nach den hierüber erlassenen Gesetzen. Die Sonderaufsichtsbehörden können bei Verstoß gegen eine Weisung nicht selbst nach §§ 121 ff GO NRW eingreifen (vgl. § 127 GO NRW), sondern müssen sich zur zwangsweisen Durchsetzung ihrer Weisung an die allgemeinen Aufsichtsbehörden wenden.

544 Neben der allgemeinen Aufsicht und der Sonderaufsicht besteht bei staatlichen Auftragsangelegenheiten (vgl. hierzu Rn 143 ff.) ein umfassendes staatliches Weisungsrecht. Neben der allgemeinen Rechtsaufsicht erstreckt sich diese Art der Aufsicht auch auf eine unein-

geschränkte Zweckmäßigkeitskontrolle. Diese Art der Aufsicht wird Fachaufsicht genannt (vgl. zu Begriff und Umfang § 13 LOG NRW).

Allerdings gilt auch insoweit: Befolgt die Gemeinde eine Weisung, die sich auch auf „un- 545
eingeschränkte Zweckmäßigkeitskontrolle" erstrecken kann, bei von ihr zu erledigenden Auftragsangelegenheiten nicht, kann die Fachaufsichtsbehörde diese (in aller Regel) nicht selbst vornehmen, sondern muss sich wegen § 127 GO NRW an die allgemeine Aufsichtsbehörde wenden. Da die Gemeinde wegen des umfassenden Weisungsrechts auch Zweckmäßigkeitsweisungen befolgen muss, handelt sie bei Weigerung rechtswidrig (vgl. § 13 Abs. 3 LOG NRW). Damit ist der Weg für das Eingreifen der allgemeinen Aufsicht (=Rechtmäßigkeitskontrolle) eröffnet.

Im Fall der Organleihe tritt zur Fachaufsicht noch die Dienstaufsicht hinzu, weil das handelnde Organ in den staatlichen Behördenaufbau integriert ist (vgl. §§ 11, 12 LOG NRW). Die allgemeinen Aufsichtsbehörden können zur Erfüllung der Aufsichtsaufgabe (§ 11 GO NRW) vorbeugend (präventiv) z. B. zur Verhinderung rechtswidrigen Handelns der Gemeinde oder beugend (repressiv) zur Beseitigung eingetretener Rechtmäßigkeitsfehler, tätig werden. Hierbei stehen den allgemeinen Aufsichtsbehörden die Maßnahmen der §§ 121 ff. GO NRW zur Verfügung.

546

Allgemeine Aufsicht	Freiwillige Aufgaben → Pflichtaufgaben →	**Überwachung der Gesetzmäßigkeit**
Sonderaufsicht	Pflichtaufgaben zur Erfüllung nach Weisung →	Überwachung auch der Durchführung von Weisungen **nach den besonderen Gesetzen**
Fachaufsicht	Staatliche Auftragsangelegenheiten →	**Unbeschränktes** Kontroll- und Weisungsrecht

547

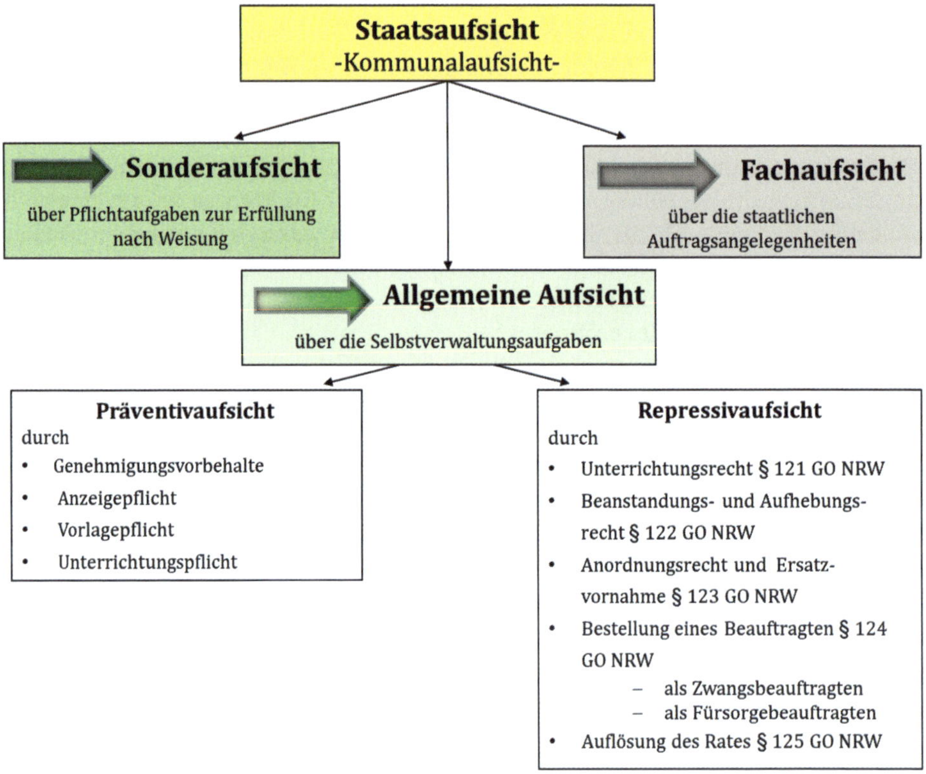

2. Aufsichtsbehörden

548 Wer die **allgemeine Aufsicht** über die Gemeinden und Gemeindeverbände ausübt, ist in § 120 GO NRW geregelt.

Allgemeine Aufsicht führen folgende Aufsichtsbehörden:

- **Landrat**
  ➔ als untere staatliche Verwaltungsbehörde über alle kreisangehörigen Gemeinden (1. Instanz)

- **Bezirksregierung (BR)**
  ➔ über die kreisfreien Städte und Kreise (1. Instanz)

  ➔ als obere Aufsichtsbehörde über die kreisangehörigen Gemeinden (2. Instanz)

- **Das für Kommunales zuständige Ministerium**
  ➔ ist oberste Aufsichtsbehörde über alle kreisangehörigen Gemeinden (3. Instanz)

➔ und obere und zugleich oberste Aufsichtsbehörde über die kreisfreien Städte und Kreise (2. Instanz)

➔ übt selbst die Aufsicht über die zwei Landschaftsverbände und den Regionalverband Ruhr aus.

549
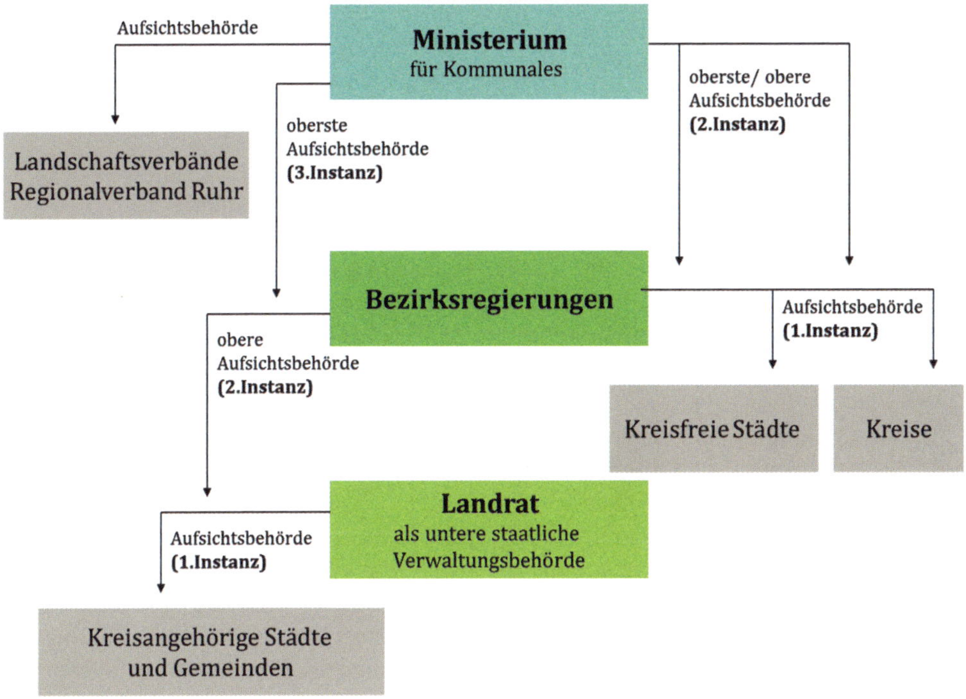

III. MITTEL DER AUFSICHT

Der allgemeinen Aufsichtsbehörde stehen zur Wahrnehmung ihrer Aufgabe Mittel präventiver und repressiver Art zur Verfügung.

1. Präventive (vorbeugende) Aufsicht

Hierunter fallen insbesondere die Genehmigungs-, Bestätigungs- und Anzeigevorbehalte. Die Genehmigungsvorbehalte sind die bedeutendsten. Durch sie soll zunächst ausgeschlossen werden, dass rechtsverletzende Maßnahmen der Gemeinden überhaupt zustande kommen. 550

Beispiele: 551
- Änderung des Gemeindenamens oder Namenszusätze § 13 Abs. 1, 3 GO NRW

- Änderung und Einführung von Dienstsiegeln, Wappen, Flaggen § 14 Abs. 3 GO NRW
- Gebietsänderungsverträge § 18 Abs. 2 GO NRW
- Haushaltssicherungskonzepte und Verringerung der allgemeinen Rücklage § 75 Abs. 4, § 76 GO NRW
- Aufnahme einzelner Kredite nach Beschränkung der Kreditaufnahme § 86 GO NRW
- Umwandlung des Stiftungszwecks, Zusammenlegung und Aufhebung von rechtlich unselbständigen Stiftungen § 100 Abs. 2 GO NRW
- Steuersatzung unter den Voraussetzungen des § 2 Abs. 2 KAG
- Flächennutzungspläne § 6 Abs. 1 BauGB
- Bebauungspläne im Falle des § 10 Abs. 2 S. 1 BauGB

552 Es wird bei den **Genehmigungen** zwischen zwei Arten unterschieden:

- Genehmigungsvorbehalte, die nur einer reinen Rechtskontrolle der im Gesetz genannten Maßnahmen durch den Staat dienen. Sie stellen eine reine Rechtskontrolle der kommunalen Arbeit dar. Die Genehmigung der Aufsichtsbehörde ist einklagbar (Verpflichtungsklage vor dem Verwaltungsgericht).

- Genehmigungsvorbehalte, bei denen es sich um ein Zusammenwirken von Staat und Gemeinde im Grenzbereich zwischen kommunaler Eigenverantwortung und überörtlichem Allgemeinwohl handelt. Hier wird der Staat nicht tätig, um die Gesetzmäßigkeit des gemeindlichen Verhaltens zu kontrollieren, sondern er verfolgt eigene, allein ihm zugewiesene Verwaltungsziele. Hier treffen der Staat (Aufsichtsbehörde) und die Gemeinde eine gemeinsame Entscheidung (sog. Kondominium). Allerdings hat der Staat innerhalb enger Grenzen Entscheidungsfreiheit (Verpflichtung zum gemeindefreundlichen Verhalten). Der Genehmigungsakt (VA) kann nicht im Wege der Verpflichtungsklage eingeklagt werden.

553 Beispiele für **Anzeigepflichten**:

- die Haushaltssatzung
- Entscheidungen über die Begründung einer Zahlungsverpflichtung, die wirtschaftlich einer Kreditverpflichtung gleichkommt und kein Geschäft der laufenden Verwaltung darstellt
- Übernahme von Bürgschaften und Verpflichtungen aus Gewährverträgen
- weitere gemeindewirtschaftliche Entscheidungen nach § 115 Abs. 1 GO NRW
- Landschaftspläne § 18 LNatSchG NRW

554 Anzeigepflichten bedeuten, dass bestimmte Vorgänge der Aufsichtsbehörde zuzuleiten sind. Die rechtliche Wirksamkeit der gemeindlichen Entscheidung hängt aber grundsätzlich nicht von einer Antwort/ Reaktion der Rechtsaufsichtsbehörde ab. Die Aufsichtsbehörde kann nach Kenntnisnahme präventiv oder repressiv tätig werden.

Bei einer Wartefrist dient dies der Sicherung der Möglichkeit eines präventiven Eingreifens der Aufsichtsbehörde.

> Beispiel: Bekanntmachung der Haushaltssatzung frühestens einen Monat nach Anzeige

Die Verletzung der Anzeigepflicht wird teils der Verletzung der Genehmigungspflicht gleichgestellt (§ 7 Abs. 6 lit. a) GO NRW), teils unterschiedlich behandelt (§ 130 Abs. 1 GO NRW). Das mildeste Mittel der Präventivaufsicht ist die Unterrichtungs**pflicht**.

2. Repressive (beugende) Aufsicht

Die Instrumentarien der beugenden Aufsicht werden in der GO NRW im Einzelnen ab § 121 GO NRW aufgeführt. 555

- **Das Unterrichtungsrecht (§ 121 GO NRW)** dient dazu, Informationen zu erhalten um damit die Aufsichtsbehörde erst in den Stand der Erkenntnis zu versetzen. 556
  Die Unterrichtung kann mündlich, schriftlich, direkt oder indirekt erfolgen.
  Eine rechtzeitige Unterrichtung der Aufsichtsbehörde verhindert oft das Zustandekommen von Rechtsverletzungen. Dem Unterrichtungsrecht der Aufsicht entspricht eine Unterrichtungspflicht der Gemeinde. Es braucht also nicht schon ein konkreter Verdacht einer Rechtsverletzung entstanden zu sein.
  Das Unterrichtungsrecht knüpft damit nicht unbedingt an eine *eingetretene* Rechtsverletzung an und ist damit zwischen präventiver und repressiver Aufsicht anzusiedeln. Klassischerweise wird sie (dennoch) der repressiven Aufsicht zugeordnet.

  > Beispiel: In einer Tageszeitung wird über das Klageverfahren einer Kommune gegen eine namhafte Bank wegen einer sog. „Zinswette" berichtet.
  >
  > Der Landrat (als untere staatliche Verwaltungsbehörde, vgl. § 120 Abs. 1 GO NRW) fordert die kreisangehörigen Städte und Gemeinden auf, zu berichten, ob ähnliche „Zinswetten" auch von ihnen abgeschlossen wurden.

- **Das Beanstandungs- und Aufhebungsrecht nach § 122 GO NRW** wurde bereits im Zusammenhang mit § 54 Abs. 2, 3 GO NRW eingehend bei den Aufgaben des Bürgermeisters nach der GO NRW behandelt. 557
  Die Aufsichtsbehörde kann Beschlüsse, die das geltende Recht verletzen, nach vorheriger Beanstandung durch den Bürgermeister und nochmaliger Beanstandung im Rat oder Ausschuss aufheben, vgl. § 122 Abs. 1 GO NRW. In jedem Fall muss der rechtswidrige Beschluss vor der Aufhebung durch die Aufsichtsbehörde beanstandet und daraufhin nochmals im Rat oder Ausschuss beraten worden sein („Selbstkorrektur vor Fremdkorrektur").

Weist die Aufsichtsbehörde den Bürgermeister an und kommt er der Weisung nach, handelt er für die Aufsichtsbehörde, also im Wege der Organleihe.

Kommt der Bürgermeister der Weisung der Aufsichtsbehörde zur Beanstandung (seinerseits rechtswidrig) nicht nach, darf die Aufsichtsbehörde den Ratsbeschluss dennoch nicht sofort selbst aufheben, sondern muss zunächst selbst beanstanden (Selbsteintrittsrecht der Aufsichtsbehörde).

Erst wenn der nach Beanstandung mit der Sache erneut befasste Rat bei seiner Entscheidung bleibt, darf die Aufsichtsbehörde den rechtswidrigen Ratsbeschluss aufheben.

Auch eine rechtswidrige Entscheidung des Bürgermeisters muss die Aufsichtsbehörde zuvor beim Rat beanstanden (vgl. § 122 Abs. 2 S. 1 GO). Erst wenn dieser die rechtswidrige Entscheidung des Bürgermeisters nicht aufhebt, kann die Aufsichtsbehörde über die Aufhebung entscheiden (vgl. § 122 Abs. 2 S. 2 GO NRW).

558 • **Anordnungsrecht, § 123 Abs. 1 S. 1 GO NRW**
Mit der Anordnung gem. § 123 Abs. 1 GO NRW soll in Reaktion auf ein pflichtwidriges Tun oder Unterlassen der Gemeindeorgane der rechtmäßige Zustand hergestellt werden.

Voraussetzung ist, dass eine öffentlich-rechtliche *Verpflichtung* der Gemeinde besteht.

Beispiel: *Erlass von Pflichtsatzungen oder Bestellung einer Gleichstellungsbeauftragten*

Damit die Verfügung über die Anordnung bestimmt genug ist, muss in der Verfügung der Aufsichtsbehörde:
- die genaue Pflicht bezeichnet sein
- auf die Rechtsgrundlage § 123 GO NRW Bezug genommen werden
- Hinweis auf die Möglichkeit der Ersatzvornahme gegeben werden (nur bei Handlungsgeboten)
- eine ausreichende Frist für die Gemeinde bestimmt sein

Der Begriff „Pflichten und Aufgaben" in § 123 Abs. 1 GO NRW ist weit auszulegen (hierzu zählen auch die fehlerhafte Erfüllung z.B. von Aufgaben als örtliche Träger der Sozialhilfe, Nichteinrichtung eines Pflichtausschusses, Nichtbestellung eines Beigeordneten als Kämmerer (vgl. § 71 Abs. 4 GO NRW).

Kommt die Gemeinde der Anordnung der Aufsichtsbehörde nicht innerhalb der bestimmten Frist nach, so kann die Aufsichtsbehörde die Anordnung an Stelle und auf Kosten der Gemeinde selbst durchführen oder die Durchführung einem anderen übertragen, § 123 Abs. 2 GO NRW (Ersatzvornahme).

- **Ersatzvornahme, § 123 Abs. 2 GO NRW** 559
  Die Ersatzvornahme ist ein weit erheblicherer Eingriff in die Selbstverwaltungshoheit der Gemeinde als die Anordnung.

  Voraussetzung für die Ersatzvornahme ist, dass
  - die Gemeinde eine ihr gesetzlich obliegende Pflicht oder Aufgabe nicht erfüllt,
  - die Aufsichtsbehörde sie zur Erfüllung dieser Pflicht unter Fristsetzung angehalten hat (§ 123 Abs. 1 GO NRW),
  - die gesetzte Frist fruchtlos verstrichen ist und
  - es sich um eine vertretbare Handlung handelt.

  Sind diese Voraussetzungen erfüllt, dann kann die Aufsichtsbehörde jede Maßnahme treffen, die die Gemeinde ergreifen könnte.

  Beispiel:
  - an Stelle des Rates oder eines entscheidungsbefugten Ausschusses Beschlüsse fassen
  - Verpflichtungserklärungen nach § 64 GO NRW abgeben oder andere Rechtshandlungen vornehmen

  Voraussetzung ist neben der Rechtswidrigkeit des gemeindlichen Handelns, dass der Gemeinde kein Entscheidungsspielraum (mehr) zusteht.

  Hierdurch wird eine Kostenfolge zu Lasten der Gemeinde begründet, die nur eine Nebenfolge ist.

- **Bestellung eines Beauftragten, § 124 GO NRW** 560
  Die Maßnahme ist für den Fall gedacht, dass die Befugnisse der Aufsichtsbehörden nach §§ 121 - 123 GO NRW nicht ausreichen würden, also als letztes, geeignetes Mittel (sog. ultima ratio). Es wird zwischen dem Fürsorge- und dem Zwangsbeauftragten unterschieden.
  Es gilt der Grundsatz der Nachrangigkeit (sog. Subsidiarität), da ein Beauftragter („Staatskommissar") nur bestellt werden darf, *„wenn und solange die Befugnisse der Aufsichtsbehörde nach den §§ 121 - 123 GO NRW nicht ausreichen."*
  Sonderfall ist die Bestellung eines Beauftragten nach § 75 Abs. 5 GO NRW, wenn zur Wiederherstellung einer geordneten Haushaltswirtschaft die sonstigen dort genannten Befugnisse nicht ausreichen.

  Beispiel für einen Fürsorgebeauftragten:
  Bei der Kommunalwahl 2009 konnten in der Stadt Dortmund Wahlfehler nicht ausgeschlossen werden. Der Rat beschloss daher, die Ratswahl insge-

samt für ungültig zu erklären und eine Wiederholungswahl durchzuführen. Hiergegen klagten mehrere gewählte Ratsvertreter. Nachdem das Bundesverwaltungsgericht die Beschlüsse des Rates über die Ungültigkeit der Wahl im Mai 2012 bestätigt hatte, musste die Zeit bis zur Wiederholungswahl überbrückt werden. In dieser Situation setzte die Landesregierung den ehemaligen Oberstadtdirektor der Stadt Dortmund als Landesbeauftragten ein. Dieser vertrat bis zur Konstituierung des neuen Rates den Rat der Stadt Dortmund. Er hatte die Stellung eines Organs der Gemeinde. Weder die Regelungen des KWahlG noch Einzelbefugnisse der Aufsichtsbehörden hätten den „ratlosen Zustand" beenden können.

561 • **Auflösung des Rates, § 125 GO NRW**
Hierbei handelt es sich um die **einschneidendste Maßnahme**. Wegen ihrer Bedeutung ist sie der obersten Aufsichtsbehörde, dem **für Kommunales zuständigen Ministerium**, vorbehalten.

Voraussetzungen für die Auflösung sind:
- der Rat ist dauernd beschlussunfähig oder
- die ordnungsgemäße Erledigung der Gemeindeaufgaben ist aus anderen Gründen nicht gesichert (beispielsweise Unwilligkeit zur Teilnahme, Pattsituation, Verhinderung von Mehrheitsbeschlüssen)

Nach der Auflösung muss eine Neuwahl des Rates innerhalb von drei Monaten nach Bekanntgabe der Auflösungsverfügung erfolgen.
Von dieser Befugnis ist bislang noch kein Gebrauch gemacht worden.

Alle Maßnahmen der Repressivaufsicht unterliegen dem Entschließungs- und einem begrenzten Auswahlermessen der Aufsichtsbehörde.

Es sind Fälle denkbar, bei denen es eine Ermessensreduzierung auf null gibt und die Aufsichtsbehörde somit zum Einschreiten verpflichtet ist (gemeindefreundliches Verhalten sowie Schutzfunktion der Aufsicht nach § 11 GO NRW).

Die Aufsichtsbehörden handeln nach dem Opportunitätsprinzip, orientieren ihr Tätigwerden an den Notwendigkeiten des öffentlichen Interesses und müssen den Grundsatz der Verhältnismäßigkeit beachten.

IV. ANFECHTUNG VON AUFSICHTSMASSNAHMEN

562 Maßnahmen der Aufsichtsbehörden können unmittelbar mit der Klage im Verwaltungsstreitverfahren angefochten werden (§ 126 GO NRW). Statthafte Klageart ist die Anfechtungsklage, wenn die Aufsichtsmaßnahme ein Verwaltungsakt i.S.d. § 35 VwVfG NRW ist. Fraglich könnte das Tatbestandsmerkmal der „Außenwirkung" (vgl. den Wortlaut: „auf unmittelbare Rechtswirkung nach außen") gem. § 35 VwVfG NRW sein. Die Aufsichts-

maßnahme ist auf eine Rechtswirkung „nach außen" – also außerhalb des Rechtskreises der staatlichen Aufsichtsbehörde gerichtet, da sie in den Rechtskreis der Gemeinde als Selbstverwaltungskörperschaft eingreift.

Außenwirkung liegt vor, wenn der Staat gegenüber Selbstverwaltungsträgern in Selbstverwaltungsangelegenheiten tätig wird 563

Beachte: Ausnahme hierzu ist die Anweisung der Aufsichtsbehörde an den Bürgermeister den Beschluss zu beanstanden, da der Bürgermeister bei Ausführung der Anweisung als „verlängerter Arm" der Aufsichtsbehörde, also unmittelbar staatlich, handelt (Fall der Organleihe).

Für die Anfechtungsklage gilt: 564

- Es ist kein Vorverfahren notwendig (§ 68 Abs. 1 S. 2 Hs. 1 VwGO, § 126 GO NRW, § 110 Abs. 1 S. JustG NRW)
- Kläger bei Anfechtungsklagen gegen Aufsichtsbehörde ist die Gemeinde (nicht der Rat), vertreten durch den Bürgermeister; dies gilt auch wenn der Bürgermeister zuvor den Ratsbeschluss von sich aus beanstandet hatte und er deshalb in einen Interessenskonflikt gerät
- Beklagter ist der Rechtsträger der Aufsichtsbehörde (§ 78 Abs. 1 Nr. 1 VwGO NRW), also das Land NRW. Wenn ein Bürger sich gegen eine Maßnahme wendet, die die Aufsichtsbehörde an Stelle der Gemeinde nach § 120 Abs. 2 GO NRW durchgeführt hat, ist Beklagter der Rechtsträger der Aufsichtsbehörde, nicht die Gemeinde.

Maßnahmen der Präventivaufsicht werden von § 126 GO NRW nicht erfasst. 565
Wenn die Aufsichtsbehörde also z. B. eine Genehmigung versagt, so kann die Gemeinde versuchen, die Erteilung der Genehmigung mit der Verpflichtungsklage zu erreichen; ein Vorverfahren ist nach § 110 Abs. 1 S. 1 JustG NRW nicht durchzuführen.

Bestehen Bedenken, Weisungen bei Pflichtaufgaben zur Erfüllung nach Weisung auszuführen, so hat die Gemeinde das Recht, die Weisung anzufechten. Die Anfechtung kann auch nur mit der Begründung erhoben werden, dass die Grenzen des gesetzlichen Weisungsrechts nicht eingehalten worden seien. 566

Bei staatlichen Auftragsangelegenheiten besteht kein Klagerecht der Gemeinde, weil hierbei die Gemeinde fremde (staatliche) Aufgaben erfüllt. Sie kann daher keine Rechtsverletzung geltend machen, wenn die Weisung der Fachaufsicht ihren eigenen Absichten widerspricht. 567

Sonderaufsichtsbehörden sind nicht befugt, die Mittel der allgemeinen Aufsicht einzusetzen, die nach §§ 121 ff. GO NRW einen Eingriff in die Gemeindeverwaltung bedeuten (vgl. § 127 GO NRW). 568

Die Durchsetzung der Weisungen der Sonderaufsichtsbehörden kann daher nur durch die allgemeinen Aufsichtsbehörden durchgesetzt werden. Nur diese befinden darüber, welche Maßnahmen gegen die betreffende Gemeinde einzuleiten sind. In § 11 OBG hat der Landesgesetzgeber hervorgehoben, dass hinsichtlich der Ordnungsbehörden die Zuständigkeit der allgemeinen Aufsicht bei Anwendung von §§ 121 ff. GO NRW besteht. Im Falle der Nichterfüllung einer Weisung gem. § 9 Abs. 4 OBG regelt jedoch § 10 OBG ein direktes Selbsteintrittsrecht. Dieser Selbsteintritt nach § 10 OBG gibt der Sonderaufsichtsbehörde unmittelbare Befugnisse zur Gefahrenabwehr. Eines „Umwegs" über die allgemeine Aufsichtsbehörde bedarf es in diesem Fall nicht. Ausnahmen vom Grundsatz des § 127 GO NRW bedürfen allerdings stets einer gesetzlichen Grundlage.

V. EXKURS: KOMMUNALE SPITZENVERBÄNDE

569 Um ihren kommunalen Anliegen möglichst wirkungsvoll Gehör zu verschaffen, haben sich fast alle Städte und Gemeinden auf freiwilliger Basis in Interessenverbänden zusammengeschlossen. Diese vertreten in vielfältiger Weise, z.B. bei neuen Gesetzesvorhaben, die die Kommunen betreffen können, gleichsam gebündelt die kommunale Sichtweise. Außerdem unterstützen sie die einzelnen Kommunen z. B. durch Informationen (Zeitschriften, Newsletter, etc.) und unterstützen die Arbeit „vor Ort" z.B. durch die Herausgabe von Mustersatzungen.

570 Spitzenvertretung **der Städte und Gemeinden** auf Landes- und Bundesebene:
Die nordrhein-westfälischen Städte und Gemeinden haben sich freiwillig zur gemeinsamen Interessenwahrnehmung zusammengeschlossen.
Die Spitzenvertretung der Städte und Gemeinden auf Landes- und Bundesebene ist zweigeteilt. Auf Landesebene haben sich einerseits die kreisfreien Städte und größeren kreisangehörigen Städte zum Städtetag Nordrhein-Westfalen und andererseits die mittleren und sonstigen kreisangehörigen Städte und Gemeinden zum Städte- und Gemeindebund Nordrhein-Westfalen zusammengeschlossen. Der Städtetag NRW bildet zusammen mit den Städtetagen und teilweise den Städte- und Gemeindebünden der anderen Länder auf Bundesebene den Deutschen Städtetag. Dementsprechend bildet der Städte- und Gemeindebund NRW (StGB NRW) zusammen mit den Verbänden der anderen Länder den Deutschen Städte- und Gemeindebund (DStGB).

1. Städte- und Gemeindebund Nordrhein-Westfalen (StGB NRW)

571 Der **Städte- und Gemeindebund Nordrhein-Westfalen** mit Sitz in Düsseldorf setzt sich dafür ein, dass die Anliegen der kleineren und mittleren Städte und Gemeinden bei der Gesetzgebung in NRW berücksichtigt werden. Er vertritt die Interessen und politischen Standpunkte der Städte und Gemeinden gegenüber der Landesregierung, dem Landtag NRW und Verwaltungsbehörden sowie gegenüber den zahlreichen Interessengruppen aus Politik, Wirtschaft und Gesellschaft.
Der Städte- und Gemeindebund NRW hat ein Mitspracherecht bei allen Gesetzesvorhaben des Landes, die kommunale Interessen betreffen.

Eine weitere zentrale Aufgabe ist die Beratung und Information seiner Mitglieder über Entwicklungen auf Landes-, Bundes- und europäischer Ebene. Darüber hinaus versteht sich der Städte- und Gemeindebund NRW als Plattform für den Erfahrungsaustausch der Kommunen untereinander. Er berät seine Mitgliedskommunen in einzelnen Rechtsfragen und sorgt für die Öffentlichkeitsarbeit, um das Verständnis der Öffentlichkeit für kommunale Fragen zu fördern.

2. Deutscher Städte- und Gemeindebund (DStGB)

Als kommunaler Spitzenverband vertritt der **Deutsche Städte- und Gemeindebund** die 572
Interessen der kommunalen Selbstverwaltung der Städte und Gemeinden in Deutschland und Europa.
Er ist föderal organisiert und parteipolitisch unabhängig. Die Besetzung der Organe orientiert sich an dem Votum der Wähler bei den Kommunalwahlen. Der Deutsche Städte- und Gemeindebund arbeitet unabhängig von staatlichen Zuschüssen.

Der DStGB ist:

- **kommunale Interessenvertretung:** 573
  kontinuierliche Kontaktpflege zu den Verantwortlichen in Bundestag, Bundesregierung, Bundesrat, Europäischer Union und anderen Organisationen; gezielte Einbindung kommunalpolitischer Stellungnahmen in politische Entscheidungsfindungsprozesse der Ausschüsse; effizientes Mitwirken in den bundesstaatlichen Beratungsorganen, dem Konjunkturrat sowie dem Finanzplanungsrat

- **kommunales Informationsnetzwerk:**
  Sensibilisierung und Mobilisierung der Öffentlichkeit sowie der Medien für kommunalpolitische Themen und Probleme

- **kommunale Koordinierungsstelle:**
  permanenter Erfahrungs- und Informationsaustausch unter den sechzehn Mitgliedsverbänden

- **kommunales Vertretungsorgan:**
  Repräsentation in zentralen Organisationen, die kommunalen Interessen dienen oder diese fördern

3. Städtetag Nordrhein-Westfalen

Im **Städtetag Nordrhein-Westfalen** mit Sitz in Düsseldorf haben sich 39 Städte (22 kreis- 574
freie und 17 kreisangehörige Städte) mit knapp neun Millionen Einwohnern zusammengeschlossen (ca. 50 % der Landesbevölkerung).

Er vertritt die im Grundgesetz und der nordrhein-westfälischen Verfassung garantierte kommunale Selbstverwaltung. Er nimmt aktiv die Interessen der Städte gegenüber dem Landtag, der Landesregierung und zahlreichen Organisationen wahr. Der Städtetag Nordrhein-Westfalen berät seine Mitgliedsstädte und informiert sie über alle kommunal bedeutsamen Vorgänge. Er stellt ferner den Erfahrungsaustausch zwischen seinen Mitgliedern her und fördert ihn in zahlreichen Gremien. Er ist ein Landesverband des Deutschen Städtetages.

4. Deutscher Städtetag

575 Der **Deutsche Städtetag (DST)** ist ein freiwilliger Zusammenschluss von kreisfreien und kreisangehörigen Städten in Deutschland.
Der DST vertritt aktiv die kommunale Selbstverwaltung. Er nimmt als kommunaler Spitzenverband die Interessen der Städte gegenüber Bundesregierung, Bundestag, Bundesrat, Europäischer Union und zahlreichen Organisationen durch Stellungnahmen zu Gesetzentwürfen, Gespräche mit Parlament und Regierung sowie durch Öffentlichkeitsarbeit wahr. Weiter berät er seine Mitgliedsstädte, informiert sie über bedeutsame Vorgänge und Entwicklungen und fördert den Erfahrungsaustausch zwischen ihnen. Er fördert eine moderne Verwaltung, die sich an den Bedürfnissen der Bürgerinnen und Bürger orientiert. Hauptgeschäftsstellen existieren in Köln und Berlin. Für jedes Bundesland gibt es einen Landesverband des DST. Überdies verfügt der Deutsche Städtetag über ein Europabüro in Brüssel.

5. Bundesvereinigung der kommunalen Spitzenverbände

576 In der Bundesvereinigung der kommunalen Spitzenverbände haben sich der Deutsche Städtetag, der Deutsche Landkreistag und der Deutsche Städte- und Gemeindebund zusammengeschlossen, um zu übergreifenden kommunalpolitischen Themen gemeinsam Stellung zu nehmen.

Spitzenvertretung **der Kreise** auf Landes- und Bundesebene:
Da ein einzelner Kreis allein keine noch so sinnvolle Änderung von Gesetzen oder Verordnungen erwirken kann, haben sich die Kreise sowohl auf Bundes- als auch auf Landesebene in Interessenvertretungen zusammengeschlossen.

6. Landkreistag Nordrhein-Westfalen - LKT NRW

577 Wie auch die Gemeinden und Städte haben sich die Kreise auf Landesebene und die Städteregion Aachen zu einem Spitzenverband zusammengeschlossen, der den Namen **Landkreistag Nordrhein-Westfalen** trägt und seinen Sitz in Düsseldorf hat.
Der LKT NRW hat folgende Aufgaben:

- Wahrnehmung der Belange und gemeinsamen Anliegen der Kreise 578
- Einsetzen für die Stärkung der Selbstverwaltung der Kreise
- Behandlung von Fragen der Organisation und der Wirtschaftlichkeit der Verwaltung
- Pflege des Meinungsaustausches mit den Kreisen
- Hinwirken auf eine einheitliche Stellungnahme
- Auskunftserteilung gegenüber den Kreisen in allen Fragen der Verwaltung
- Beratung der zuständigen Stellen bei der Vorbereitung und Durchführung von Gesetzen, Verordnungen und Erlassen, soweit sie Interessen der Kreise berühren.

Neben den vorgenannten selbst gewählten Aufgaben kommt dem LKT NRW im Land 579
Nordrhein-Westfalen eine Sonderstellung im Rahmen der Gesetzgebung (Gesetze und Verordnungen) zu.
Nach Art. 78 Abs. 3 S. 5 LVerf NRW hat das Land NRW im Rahmen eines Kostenfolgeabschätzungsgesetzes u.a. zu regeln, dass neben der Festlegung von Grundsätzen der Kostenfolgenabschätzung auch Bestimmungen über die Beteiligung der **kommunalen Spitzenverbände** zu treffen sind. Dies hat das Land mit dem sog. Konnexitätsausführungsgesetz NRW (KonnexAG NRW) getan und die Beteiligungspflicht der kommunalen Spitzenverbände in § 7 KonnexAG NRW konkretisiert.

7. Deutscher Landkreistag - DLT

Der **Deutsche Landkreistag** mit Sitz in Berlin und verfügt über unmittelbare und mit- 580
telbare Mitglieder. Unmittelbare Mitglieder sind die Landkreistage in den Ländern der Bundesrepublik Deutschland und mittelbare Mitglieder sind die den Landesverbänden angehörenden Landkreise und die anstelle von Landkreisen gebildeten Gebietskörperschaften (bspw. Städteregion Aachen).

Aufgaben des DLT nach der Satzung sind die Förderung des demokratischen Gedankens und der Selbstverwaltung im Rahmen der republikanischen Staatsform, die Wahrung der Stellung und der Interessen der deutschen Landkreise und seiner sonstigen Mitglieder. Darüber hinaus ist hervorzuheben, dass der DLT die zuständigen Stellen bei der Vorbereitung und Durchführung von Gesetzen, Verordnungen, Erlassen und sonstigen, die Landkreise berührenden Bestimmungen, berät. Ferner arbeitet der DLT mit im Finanzplanungsrat, Konjunkturrat, Bund-Länder-Kommission für Bildungsplanung und Forschungsförderung und mit bei der *Konzertierte Aktion im Gesundheitswesen.*

Ein weiteres Betätigungsfeld ist eine im Kreisinteresse liegende Öffentlichkeitsarbeit sowie die Information der eigenen Mitglieder.

Das Grundgesetz sieht eine Beteiligung der Spitzenverbände an dem Gesetzgebungsverfahren nicht explizit vor. Dennoch stellen die Vertreter der kommunalen Selbstverwaltung (DLT, DStGB) ihre Mitarbeit den Organen des Bundesgesetzgebers –Bundesregierung, Deutscher Bundestag und Bundesrat– zur Verfügung.

TEIL 14: LÖSUNGEN

I. LÖSUNGEN TEIL 4

1. Lösung Fall 1

Es ist zu prüfen, ob der Aufbau einer eigenen Stromversorgung durch die Gemeinde O rechtmäßig ist.

581 **1. Zuständigkeit der Gemeinde aus Art. 28 Abs. 2 S. 1 GG:**

Als Rechtsgrundlage für eine eigene Stromversorgung kommt die kommunale Selbstverwaltungsgarantie gem. Art. 28 Abs. 2 S. 1 GG in Betracht. Diese garantiert Gemeinden die Allzuständigkeit. Gemeinden sind danach für die Angelegenheiten ihrer örtlichen Gemeinschaft selbst verantwortlich. Was Gegenstand der Angelegenheiten der örtlichen Gemeinschaft ist, richtet sich individuell nach dem Interesse der Gemeindeeinwohner. In der Gemeinde O besteht ein Interesse an einer eigenen, umweltfreundlichen Stromversorgung. Die Stromversorgung gehört mit zum Bereich der Daseinsvorsorge gem. § 8 Abs. 1 GO NRW. Sie wird durch das Interesse der Einwohner zur Angelegenheit der örtlichen Gemeinschaft der Gemeinde O.

Das Recht, ein wirtschaftliches Unternehmen im Gemeindegebiet anzusiedeln, könnte sich aus der Planungshoheit ergeben. Jede Gemeinde entscheidet selbst über die Planung und Nutzung ihres Gemeindegebiets. Die Gemeinde O will das Stromwerk in ihrem Gemeindegebiet ansiedeln. Dazu ist sie durch die Planungshoheit berechtigt. Die notwendigen finanziellen Mittel kann sie aufgrund der Finanzhoheit selbstständig im Haushaltsplan einplanen.

582 **2. „Im Rahmen der Gesetze“:**

Die kommunale Selbstverwaltungsgarantie findet ihre Grenzen in dem Gesetzesvorbehalt „im Rahmen der Gesetze“, vgl. Art. 28 Abs. 2 S. 1 GG. Das bedeutet, die Stromversorgung kann nur dann von der Gemeinde selbst übernommen werden, wenn diese Aufgabe nicht einem anderen Hoheitsträger bereits gesetzlich zugeordnet ist.

Es finden sich keine Gesetze, die eine eigene kommunale Stromversorgung untersagen würden. Auch das Wasserhaushaltsgesetz und das Landeswassergesetz verbieten nicht die Nutzung von Wasser zu kommunalen Zwecken.

Darüber hinaus müssen auch die Voraussetzungen für eine wirtschaftliche Betätigung der Gemeinde gem. § 107 bzw. § 107a GO NRW erfüllt sein. Eine wirtschaftliche Betätigung setzt grundsätzlich einen dringenden öffentlichen Zweck, die Angemessenheit in Bezug auf die Leistungsfähigkeit sowie kein vergleichbares Angebot aus der freien Wirtschaft voraus. Die wirtschaftliche Betätigung zu Zwecken der Stromversorgung ist speziell in § 107a GO NRW geregelt. Danach wird für eine zulässige Betätigung allein die Angemessenheit in Bezug auf die Leitungsfähigkeit der Gemeinde verlangt. Daraus wird dann auf den öffentlichen Zweck geschlossen. Die Gemeinde O will Strom für sich sowie angrenzende Nachbargemeinden produzieren. Da O schuldenfrei ist, ist von dem angemessenen Verhältnis zur Leistungsfähigkeit auszugehen.

Nach § 107a Abs. 3 GO NRW ist eine überörtliche energiewirtschaftliche Betätigung nur zulässig, wenn daneben auch die berechtigten Interessen der betroffenen kommunalen Gebietskörperschaften gewahrt sind. Gem. Abs. 4 ist der Rat vor der Entscheidung über die Gründung von [...] Unternehmen im Sinne des Absatzes 1 über die Chancen und Risiken des beabsichtigten wirtschaftlichen Engagements zu unterrichten.
Laut Sachverhalt sind die angrenzenden Nachbargemeinden ebenfalls an einer umweltfreundlichen Stromproduktion interessiert. Der Rat hat sich vor der Beschlussfassung zur Gründung des Unternehmens zudem über die Chancen und Risiken des Aufbaus einer eigenen Stromversorgung informiert.
Damit sind die Voraussetzungen des § 107a GO NRW erfüllt und die energiewirtschaftliche Betätigung ist zulässig.

Ob eine eigene Stromversorgung durch die Gemeinde zweckmäßig ist, spielt keine Rolle. Selbst unzweckmäßige Maßnahmen im Rahmen des Selbstverwaltungsrechts sind hinzunehmen.

3. Ergebnis:
Die Gemeinde O darf eine eigene Stromversorgung aufbauen.

<u>2. Lösung Fall 2</u>

Die Gemeinde darf die Straße nur umbenennen, wenn dies in ihren Zuständigkeitsbereich fällt. Die Zuständigkeit für die Straßenumbenennung könnte sich aus Art. 28 Abs. 2 S. 1 GG ergeben.

1. Zuständigkeit der Gemeinde aus Art. 28 Abs. 2 S. 1 GG 583

Art. 28 Abs. 2 S. 1 GG gewährt der Gemeinde das Recht auf Selbstverwaltung. Dieses umfasst u.a. das Recht der Allzuständigkeit, sowie die Gebietshoheit der Gemeinde. Das Recht der Allzuständigkeit bedeutet, dass Gemeinden die Angelegenheiten der örtlichen Gemeinschaft selbst verwalten und regeln dürfen. Was zu den „Angelegenheiten der örtlichen Gemeinschaft" zählt, bestimmt sich nach dem jeweiligen Einwohnerinteresse einer jeden Gemeinde. Die Gebietshoheit gewährt den Gemeinden das Recht, selbst über die Ordnung und Gestaltung des Gemeindegebietes zu entscheiden, und aufgrund der Finanzhoheit können Gemeinden selbst entscheiden, womit sie Gelder einnehmen und wofür und in welcher Höhe sie Gelder ausgeben.
Bei dem Stühmerweg handelt es sich um eine Gemeindestraße. Er liegt somit im Gemeindegebiet. Die Einwohner der Gemeinde G haben ein Interesse an einer Umbenennung des Stühmerwegs. Sie sind der Meinung, dass es nicht hinnehmbar ist, dass Befürworter des NS-Regimes in Straßennamen geehrt werden. Die Gemeindebevölkerung möchte deshalb, dass die Gemeinde den Straßennamen umbenennt. Es handelt sich somit bei der Straßenumbenennung um eine Angelegenheit der örtlichen Gemeinschaft, die in den Bereich der Allzuständigkeit und Gebietshoheit der Gemeinde fällt. Der Straßenname ist Teil der gemeindlichen Selbstdarstellung. Zudem ermächtigt die Finanzhoheit die Gemeinde, die erforderlichen Ausgaben für die Straßenumbenennung, z.B. für neue Straßenschilder, Umbenennung in Plänen und in Kartenmaterial etc. zu tätigen. Da die Gemeinde G haushalts-

rechtlich gut dasteht, droht auch kein Verstoß gegen die haushaltsrechtlichen Regelungen der §§ 75 f. GO NRW.
Zudem berechtigt § 4 Abs. 2 S. 3 StrWG die Gemeinden explizit dazu, die öffentlichen Straßen mit einem Namen oder einer Nummer zu bezeichnen. Somit ist die Gemeinde für die Umbenennung des Stühmerwegs im Rahmen ihrer Selbstverwaltung zuständig.

584 **2. Gesetzesvorrang/andere Zuständigkeit**
Gem. Art. 28 Abs. 2 S. 1 GG steht der Gemeinde das Selbstverwaltungsrecht nur „im Rahmen der Gesetze" zu. Das bedeutet, sie ist nur zuständig, wenn nicht ein anderer Hoheitsträger durch übergeordnetes Recht für zuständig erklärt wird. Übergeordnete Zuständigkeitsregelungen sind hier laut Bearbeitungshinweis nicht ersichtlich.

3. Ergebnis:
Die Umbenennung der Gemeindestraße fällt in den Zuständigkeitsbereich der Gemeinde. Sie darf diese vornehmen.

II. LÖSUNGEN TEIL 7

1. Lösung Fall 1 (Zulässigkeit Unterschriftenliste):
585 Damit das Bürgerbegehren in der Sache Erfolg haben kann, müsste es zunächst zulässig sein (vgl. § 26 Abs. 6 GO NRW).
Die Voraussetzungen des Bürgerbegehrens regelt § 26 GO NRW. Man unterscheidet zwischen kassierenden Bürgerbegehren, die sich gegen einen Ratsbeschluss richten und initiierenden Bürgerbegehren, bei der die Bürger eine Entscheidung herbeiführen wollen. Mit dem Begehren „Feuerwehrgerätehaus" wollen die Bürger der Gemeinde Musterhausen einen bestehenden Ratsbeschluss vom 31.01.2018 beseitigen und mit der Umnutzung eine andere Entscheidung in der Sache erreichen. Es handelt sich also um ein kassierendes Bürgerbegehren.

1. Inhaltliche Rechtmäßigkeit
586 **a) Verbandskompetenz**
Ein Bürgerbegehren ist inhaltlich zulässig, wenn es sich gem. § 26 Abs. 1 S. 1 GO NRW um eine Angelegenheit der Gemeinde handelt. Die Verbandskompetenz der Gemeinde folgt hier aus der Selbstverwaltungsgarantie Art. 28 Abs. 2 S. 1 GG. Aufgrund der Allzuständigkeit ist die Gemeinde berechtigt, die Angelegenheiten der örtlichen Gemeinschaft selbst zu regeln. Unter Angelegenheiten der örtlichen Gemeinschaft versteht man das jeweilige Einwohnerinteresse in der Gemeinde. Es handelt sich um ein altes kulturelles Gebäude, welches für die Geschichte von Musterhausen von Bedeutung ist. Das Bürgerbegehren zeigt, dass hier ein reges Interesse der Bevölkerung an der Zukunft des Feuerwehrhauses besteht.
Laut § 8 Abs. 1 GO NRW schaffen die Gemeinden für die Betreuung ihrer Einwohner kulturelle, soziale und wirtschaftliche öffentliche Einrichtungen (Daseinsfürsorge). Durch das zukünftige Museum wird in Musterhausen eine öffentliche Einrichtung geschaffen, die das kulturelle Angebot in Musterhausen erweitert und die Gemeinde in ihrer Außendarstellung sogar touristisch attraktiver macht.

Die Kosten, die mit dem Abriss oder der Umnutzung des Gebäudes verbunden sind, darf die Gemeinde aufgrund der Finanzhoheit tätigen. Das Recht zur Planung des zukünftigen Zwecks des Gebäudes folgt zudem aus der Planungshoheit der Gemeinde.
Es handelt sich um eine Angelegenheit der Gemeinde Musterhausen.

b) Organkompetenz 587

Darüber hinaus muss auch die Organkompetenz des Rates bestehen. Grundsätzlich ist der Rat gem. § 41 Abs. 1 S. 1 GO NRW allzuständig, es sei denn die GO regelt eine andere Zuständigkeit. Hier folgt die Zuständigkeit des Rates sogar direkt aus § 41 Abs. 1 S. 2 lit. m) GO NRW. Danach ist der Rat unübertragbar für die Errichtung öffentlicher Einrichtungen zuständig. In Musterhausen soll durch das Museum eine kulturelle öffentliche Einrichtung geschaffen werden (s.o.). Für die Entscheidung über deren Errichtung ist der Rat somit alleinzuständig.

c) Negativkatalog § 26 Abs. 5 GO NRW 588

Der § 26 Abs. 5 GO NRW regelt in seinem Katalog Fälle, bei denen ein Bürgerbegehren inhaltlich unzulässig ist. Hier ist keine Unzulässigkeit ersichtlich. Insbesondere bedarf es für die Umwidmung und der Baugenehmigung keines Bauleitverfahrens i.S.d. § 26 Abs. 5 Nr. 6 Var. 1 GO NRW.
Das Bürgerbegehren ist inhaltlich zulässig.

2. Formelle Rechtmäßigkeit 589

Formell ist dieses Bürgerbegehren rechtmäßig, wenn es die Formvorschriften des § 26 Abs. 2 GONRW erfüllt, das Fristerfordernis aus Abs. 3 eingehalten ist und die erforderliche Anzahl zulässiger Unterschriften gem. Abs. 4 vorliegt.

a) Form Abs. 2 590

Gem. § 26 Abs. 2 GO NRW muss ein Bürgerbegehren in Textform eingereicht werden. Es muss eine zu entscheidende Frage beinhalten und eine Begründung des Begehrens. Darüber hinaus muss in dem Antrag eine Schätzung der Kosten durch die Gemeinde enthalten sein und es müssen bis zu drei Vertreter benannt sein.
Das Bürgerbegehren „Feuerwehrgerätehaus" liegt in Schriftform vor. Das Begehren wird mit der Geschichte der Stadt sowie der prägnanten Lage des Gebäudes im Ortskern begründet. Die zu entscheidende Frage ergibt sich aus dem Aussagesatz vor den Unterschriften, dass die Unterzeichnenden für die Aufhebung des Ratsbeschlusses, den Erhalt des Gebäudes sowie dessen Umnutzung in ein Museum sind. Gem. § 26 Abs. 7 S.1 GO NRW muss die Frage mit Ja oder Nein zu beantworten sein. Dafür ist es nicht erforderlich, dass die Frage auch in äußerer Frageform gestellt ist. Die o.g. Frage in Form einer Aussage lässt sich mit Ja oder Nein beantworten, indem man entweder dafür oder nicht dafür ist.
Darüber hinaus enthält die Unterschriftenliste des Bürgerbegehrens auch eine Kostenschätzung der Gemeinde. Sie schätzt die Kosten des erfolgreichen Bürgerbegehrens für den Umbau in ein Museum etc. auf ca. 465.000 €. Die Bürger haben somit das Bürgerbegehren ordnungsgemäß bei der Verwaltung angekündigt und eine Kostenschätzung der Gemeinde eingeholt.

591 **b) Frist Abs. 3**

Da es sich bei dem Begehren „Feuerwehrgerätehaus“ um ein kassierendes Bürgerbegehren handelt (s.o.), ist zusätzlich die Frist des Abs. 3 zu beachten. Diese beträgt sechs Wochen oder drei Monate, je nachdem ob der Ratsbeschluss bekanntmachungspflichtig war. Dies sind Ratsbeschlüsse grds. nicht. Hier handelt es sich vor allem nicht um eine bekanntmachungspflichtige Satzung (vgl. § 7 Abs. 4 GO NRW). Somit läuft die Drei-Monatsfrist. Diese endet am 14. März 2022. Die Unterschriften lagen der Gemeinde laut Sachverhalt bereits Ende Februar vor. Das Bürgerbegehren ist somit fristgerecht.

592 **c) Unterschriften Abs. 4**

Wie viele Bürger für ein Bürgerbegehren unterschreiben müssen, richtet sich gem. § 26 Abs. 4 GO NRW nach der Einwohnerzahl der Gemeinde. Musterhausen hat 7.550 Einwohner. In Gemeinden bis zu 10.000 Einwohnern müssen Bürgerbegehren von 10 % der Bürger unterzeichnet sein. Musterhausen hat 5.520 Bürger. Somit werden mind. 552 Unterschriften benötigt. Laut Sachverhalt liegen der Gemeinde die abgedruckten sieben, sowie weitere 550 rechtmäßige Unterschriften vor – somit insgesamt 557 Unterschriften. Diese Anzahl würde ausreichen.

Allerdings müssten auch die sieben abgedruckten Unterschriften fehlerfrei sein. Gültig sind allein die Unterschriften der Bürger der Gemeinde. Gem. § 21 Abs. 2 GO NRW ist Bürger der Gemeinde, wer zu den Kommunalwahlen wahlberechtigt ist. Das heißt, es darf nur unterschreiben, wer Deutscher oder EU-Bürger ist, das 16. Lebensjahr vollendet hat und seit mindestens 16 Tagen eine Wohnung im Wahlgebiet hat (vgl. §§ 40 Abs. 1, 2, 42 Abs. 1 GO NRW i.V.m. § 7 KWahlG).

Der Unterzeichner der Nr. 5 wohnt nicht in Musterhausen, sondern in Münsterhausen. Er ist damit nicht Bürger dieser Gemeinde. Der Unterzeichner der Nr. 3 ist erst 2007 geboren. Er ist erst 14 Jahre alt. Auch er ist damit kein Bürger der Gemeinde. Beide Unterschriften sind ungültig und werden nicht mitgezählt.

Darüber hinaus muss jede Unterschriftenliste gem. § 26 Abs. 4 S. 3 i.V.m. § 25 Abs. 4 GO NRW den vollen Antragswortlaut enthalten. Diesbezüglich liegen im vorliegenden Fall keine gegenteiligen Angaben vor. Auch muss sich jeder Unterzeichnende mit Namen, Vornamen, Geburtsdatum und Anschrift eintragen, damit seine Person zweifelsfrei erkennbar ist. Der Unterzeichnende der Nr. 7 hat sich nur mit Nachnamen und Straße ohne Hausnummer eingetragen. Er ist anhand dieser Angaben nicht zweifelsfrei erkennbar. Darüber hinaus deckt sich seine Unterschrift aber auch mit der Unterschrift der Nr. 1. Ein mehrfaches Unterschreiben ist ebenfalls unzulässig und führt dazu, dass nur die erste Unterschrift gezählt wird.

Damit liegen der Gemeinde insgesamt nur 554 gültige Unterschriften vor. Dies erfüllt noch gerade die erforderliche Mindestanzahl von 552 Unterschriften.

2. Ergebnis

Das Bürgerbegehren erfüllt die formellen und materiellen Voraussetzungen des § 26 GO NRW. Der Rat wird es für zulässig befinden.

2. Lösung Fall 2 Bürgerbegehren: 593
Das Bürgerbegehren ist zulässig, wenn die Voraussetzungen des § 26 Abs. 1-5 GO NRW erfüllt sind.

§ 26 GO NRW ist die Rechtsgrundlage für Bürgerbegehren. Nach Abs. 1 können die Bürger einer Gemeinde beantragen, dass sie an Stelle des Rates über eine Angelegenheit der Gemeinde selbst entscheiden.

1. Verbandskompetenz 594
Da ein Bürgerbegehren nach § 26 Abs. 1 S. 1 GO NRW nur über eine „Angelegenheit der Gemeinde" erfolgen darf, muss die Gemeinde zunächst die Verbandskompetenz in der Sache haben. Das Bürgerbegehren richtet sich gegen die Bebauung eines öffentlichen, städtischen Grundstücks mit einer Konzerthalle. Gem. Art. 28 Abs. 2 S. 1 GG sind Gemeinden aufgrund des kommunalen Selbstverwaltungsrechts für die Angelegenheiten ihrer örtlichen Gemeinschaft allzuständig. Einen wichtigen Bereich dieser freiwilligen Aufgaben bildet die örtliche Daseinsvorsorge gem. § 8 Abs. 1 GO NRW. Zu dieser gehören u.a. auch die kulturellen Angebote einer Gemeinde. Es handelt sich bei dem Bau der Konzerthalle um eine Angelegenheit der örtlichen Gemeinschaft. Aufgrund der Planungs- und Finanzhoheit kann die Gemeinde auch selbst über die Bebauung und die Finanzierung des Baus entscheiden. Die Gemeinde hat die Verbandskompetenz.

2. Organkompetenz 595
Mit dem Bürgerbegehren können die Bürger „an Stelle des Rates" entscheiden. Somit muss es sich um eine Angelegenheit handeln, für die der Rat zuständig ist. Die Zuständigkeiten innerhalb der Gemeinde sind in § 41 GO NRW geregelt. Gem. Abs. 1 S. 1 ist der Rat zuständig, soweit die GO nichts anderes bestimmt. Er ist somit grundsätzlich zuständig. Hier findet sich jedoch sogar eine spezielle, nicht übertragbare Zuständigkeit in Abs. 1 S. 2 lit. m). Danach ist der Rat u.a. für die Errichtung von öffentlichen Einrichtungen zuständig. Der Rat hat somit die Organkompetenz für den Bau der Konzerthalle.

3. Kein Verstoß gegen § 26 Abs. 5 GO NRW 596
Weiterhin darf das Bürgerbegehren nicht gegen die Ausschlussliste des § 26 Abs. 5 GO NRW verstoßen.
Ein Verstoß gegen § 26 Abs. 5 GO NRW ist nicht zu erkennen.

4. Schriftform 597
Das Bürgerbegehren müsste in Textform eingereicht worden sein, § 26 Abs. 2 S. 1 Hs. 1 GO NRW. Laut Sachverhalt gibt B die Unterschriftenlisten etc. persönlich beim Bürgermeister ab.

5. Zulässige Fragestellung, Begründung 598
Das Bürgerbegehren ist nur dann zulässig, wenn die zur Entscheidung zu bringende Frage ausschließlich mit „Ja" oder „Nein" beantwortet werden kann, vgl. § 26 Abs. 2 S. 1, Abs. 7 S. 1 GO NRW.
Die von B gestellte Frage „Soll der Ratsbeschluss vom 1. September zur Finanzierung einer Konzerthalle aufgehoben werden?" lässt sich eindeutig mit „Ja" oder „Nein" beantworten.

Außerdem hat B das Begehren damit begründet, dass am Stadtrand bereits eine städtische Kongresshalle existiert, die auch für Konzerte genutzt werden kann. Die Begründung hat B auf der Unterschriftenliste abgedruckt. Ebenso hat B zuvor eine Kostenschätzung bei der Gemeinde eingeholt und diese ebenfalls auf der Unterschriftenliste kenntlich gemacht. Die Voraussetzungen Frage, Begründung und Kostenschätzung liegen somit vor.

599 **6. Vertretungsberechtigte Person**
Im Bürgerbegehren müssen bis zu drei vertretungsberechtigten Personen benannt sein, vgl. § 26 Abs. 2 S. 2 GO NRW. Hier sind B und seine Freunde C und D als vertretungsberechtigte Personen angegeben worden.

600 **7. Frist**
Richtet sich ein Bürgerbegehren gegen einen Ratsbeschluss, so muss das Begehren zudem innerhalb der Frist des § 26 Abs. 3 GO NRW eingereicht werden, Abs. 3 unterscheidet zwei Fristen: Handelt es sich um einen bekanntmachungspflichtigen Ratsbeschluss, so beträgt die Frist sechs Wochen. Bei Beschlüssen, die keiner Bekanntmachung bedürfen, ist eine Drei-Monatsfrist zu beachten. In der Regel bedürfen Ratsbeschlüsse keiner Bekanntmachung, so auch hier. Im Ergebnis kann die Unterscheidung hier jedoch dahinstehen. Der Ratsbeschluss der Stadt M erging am Donnerstag, den 1. September. Die sechs Wochen Frist würde am Donnerstag, den 13. Oktober enden. Das Bürgerbegehren ist hier jedoch bereits am 12. Oktober eingereicht worden. Damit ist es in jedem Fall fristgemäß.

601 **8. Quorum**
Schließlich müsste das Bürgerbegehren von einer in § 26 Abs. 4 GO NRW entsprechend festgelegten Anzahl von Bürgern unterzeichnet sein. In Gemeinden von 200.001 bis 500.000 Einwohnern muss ein Bürgerbegehren von 4 % der Bürger unterzeichnet sein. 4 % von 145.000 Bürgern entspricht 5.800 notwendigen Unterschriften. Da 12.248 Bürger das Begehren unterzeichnet haben, wurde das erforderliche Quorum erfüllt.

Ergebnis: Das Bürgerbegehren ist zulässig. Der Rat der Stadt M hat die Zulässigkeit gemäß § 26 Abs. 6 S. 1 GO NRW unverzüglich festzustellen.

III. LÖSUNGEN TEIL 8

1. Lösung Fall 1

602 **Aufgabe 1:** Fraglich ist, ob der zum allgemeinen Vertreter bestellte G statt des erkrankten Bürgermeisters im Vorfeld der Ratssitzung tätig werden und die Ladung der Ratsmitglieder veranlassen durfte.
Der Rat bestellt gem. § 68 Abs. 1 GO NRW, sofern ein Beigeordneter nicht vorhanden ist, den allgemeinen Vertreter des Bürgermeisters (im Amt). Ferner wählt der Rat gem. § 67 Abs. 1 GO NRW aus seiner Mitte ehrenamtliche Vertreter, die den Bürgermeister bei der Leitung der Ratssitzung und bei der Repräsentation vertreten. Ob ein ehrenamtlicher Vertreter oder der allgemeine Vertreter den Bürgermeister im Verhinderungsfall bei den Vorbereitungen

einer Ratssitzung zu vertreten hat, ist umstritten. Überwiegend wird unter Hinweis auf den engen Wortlaut des § 67 Abs. 1 GO NRW (Vertretung bei der „Leitung" der Ratssitzungen) die Zuständigkeit des ehrenamtlichen Vertreters verneint und stattdessen die Zuständigkeit des allgemeinen Vertreters im Amt gem. § 68 GO NRW bejaht. (Gegenmeinung und Mindermeinung vertritt, dass die Leitung der Sitzung auch die Vorbereitung derselben umfasst und damit der ehrenamtliche Stellvertreter für die Einberufung zuständig ist)
Entsprechend der herrschenden Meinung war V als allgemeiner Vertreter berechtigt, die Ratssitzung vorzubereiten und damit auch zu dieser einzuladen. Die Leitung der Ratssitzung durch den ersten Stellvertreter H war gem. § 67 Abs. 1 S. 2 GO NRW rechtmäßig.

Aufgabe 2: Fraglich ist, ob der Rat in seiner Sitzung am 12. April beschlussfähig im Sinne 603
der Gemeindeordnung war.
Ob der Rat in seiner Sitzung beschlussfähig war, richtet sich nach § 49 Abs. 1 GO NRW. Hiernach ist der Rat beschlussfähig, wenn mehr als die Hälfte der gesetzlichen Mitgliederzahl anwesend ist. Außerdem gilt er als beschlussfähig, solange seine Beschlussunfähigkeit nicht festgestellt ist.
Die Anzahl der gesetzlichen Mitgliederzahl ist dem Sachverhalt nicht zu entnehmen, sondern lediglich der Hinweis auf die Einwohnerzahl. Hiernach hat die Gemeinde 17.000 Einwohner. Die Anzahl der zu wählenden Mitglieder des Rates ergibt sich aus § 3 Abs. 2 KWahlG und aus § 40 Abs. 2 S. 2 GO NRW. Mitglieder sind die gewählten Ratsmitglieder und der Bürgermeister als Mitglied kraft Gesetzes. Bei einer Bevölkerungszahl zwischen 15.000 und 30.000 Einwohnern besteht der Rat aus 38 Vertretern. Mangels Angaben zu einem möglicherweise verkleinerten Rat bzw. von „Überhangmandaten etc." ist von dieser Vertreteranzahl (Ratsmitglieder) auszugehen. Hinzu kommt der Bürgermeister als Mitglied kraft Gesetzes gem. § 40 Abs. 2 S. 2 GO NRW. Somit besteht der Rat aus insgesamt 39 gesetzlichen Mitgliedern.
In der fraglichen Ratssitzung fehlten von 39 Mitgliedern des Rates 19. Mehr als die Hälfte wären mindestens 20 Mitglieder (Hälfte liegt bei 19,5). Hier waren exakt 20 Mitglieder des Rates anwesend. Der Rat war demnach beschlussfähig und ein Rückgriff auf die gesetzliche Fiktion der Beschlussfähigkeit ist nicht erforderlich.

Aufgabe 3: Die spontane Erweiterung der Tagesordnung während der Sitzung ist nach 604
§ 48 Abs. 1 S. 5 GO NRW grundsätzlich gestattet, jedoch ist dies an bestimmte Voraussetzungen gebunden. Die Tagesordnung kann in der Sitzung nur durch einen **Beschluss des Rates** erweitert werden, wenn es sich um Angelegenheiten handelt, die **keinen Aufschub dulden oder die von äußerster Dringlichkeit** sind.
Ein mehrheitlicher Beschluss des Rates über die Erweiterung der Tagesordnung liegt laut Sachverhalt vor. Durch die zweite Tatbestandsvoraussetzung von § 48 Abs. 1 S. 5 GO NRW wird jedoch deutlich, dass nur ausnahmsweise und nur in besonderen Fällen eine Erweiterung der Tagesordnung rechtlich

zulässig ist. Es muss sich um einen Sachverhalt handeln, der Dringlichkeit nahelegt oder darstellt; es darf kein Aufschub möglich sein. Bei dem Erweiterungsantrag von S geht es inhaltlich um den Vorschlag, auf einem brach liegenden Gelände und zum Verkauf stehenden Grundstück ein Heimathaus zu errichten. Es ist nicht ersichtlich, warum diese Entscheidung nicht auch in einer späteren Ratssitzung erfolgen kann. Eine Dringlichkeit liegt also nicht vor, so dass die Entscheidung des Rates über die Tagesordnungserweiterung rechtswidrig war.

605 **Aufgabe 4:** Fraglich ist, ob das Ratsmitglied K bei der Entscheidung mitwirken durfte. Die Rechtsstellung der Ratsmitglieder ist in § 43 GO NRW geregelt. Nach § 43 Abs. 2 GO NRW gelten die §§ 30 - 32 GO NRW entsprechend. § 31 GO NRW normiert verschiedene Ausschlussgründe, durch die Interessenkollisionen verhindert, die Sauberkeit der Verwaltung gewährleistet und Korruption abgewehrt werden sollen. Der Betroffene darf im Falle einer Befangenheit gem. § 31 Abs. 1 GO NRW weder beratend noch entscheidend mitwirken. Voraussetzung ist, dass es um die Entscheidung einer Angelegenheit geht, die entweder ihm selbst, einer seiner Angehörigen oder einer von ihm kraft Gesetzes oder kraft Vollmacht vertretenen natürlichen oder juristischen Personen einen unmittelbaren Vorteil oder Nachteil bringen kann. Die vorgenannten Voraussetzungen könnten auf K zutreffen.

K hat nach dem Sachverhalt intensiv bei der Beratung des Tagesordnungspunktes mitdiskutiert und auch an der nachfolgenden Abstimmung teilgenommen. Damit hat er an dem Beschluss über das brach liegende Grundstück für einen Festpreis von 200.000 € mitgewirkt. Diese Entscheidung führt dazu, dass K selbst als Eigentümer des Grundstücks für die Eigentumsübertragung an die Stadt den Kaufpreis von 200.000 € erhält. Die Entscheidung ist für ihn also finanziell vorteilhaft. K hat naturgemäß ein wirtschaftliches Interesse daran, dass der Beschluss ergeht.

Die Zahlung des Kaufpreises ist die unmittelbare Folge des Ratsbeschlusses, ohne dass eine weitere Entscheidung erforderlich ist. Die Schließung eines Kaufvertrages zwischen K und der Stadt stellt nur einen formalen Akt des Bürgermeisters dar. Somit ist der Vorteil für K auch unmittelbar.

Einer der in § 31 Abs. 3 GO NRW genannten Ausnahmegründe liegt nicht vor. Es ist daher festzustellen, dass K gegen das Mitwirkungsverbot wegen Befangenheit gemäß § 31 Abs. 1 GO NRW verstoßen hat. Es liegt ein Verfahrensfehler vor.

Die Mitwirkung eines wegen Befangenheit Betroffenen kann gem. § 31 Abs. 6 GO NRW nach Beendigung der Abstimmung nur geltend gemacht werden, wenn sie für das Abstimmungsergebnis entscheidend war. Dieses war aber deshalb der Fall, weil ohne die Mitwirkung von K die Abstimmung mit dem Ergebnis „sechs Ja und sechs Nein" abgeschlossen worden wäre. Nach § 50 Abs. 1 S. 2 GO NRW gelten Anträge bei Stimmengleichheit - wie hier - als abgelehnt.

Somit kann diese **rechtswidrige** Entscheidung auch nach Beendigung der Abstimmung geltend gemacht werden.
Ein befangenes Ratsmitglied hat seinen Ausschließungsgrund unaufgefordert und spätestens bei Aufruf des entsprechenden Tagesordnungspunktes beim Bürgermeister anzuzeigen -sog. Offenbarungspflicht- (§ 31 Abs. 4 i.V.m. § 43 Abs. 2 Nr. 3 GO NRW).
Außerdem musste Ratsmitglied K in diesem Fall den Sitzungsraum verlassen, weil es sich um einen Tagesordnungspunkt der nichtöffentlichen Sitzung handelte (§ 43 Abs. 2 i.V.m. § 31 Abs. 4 S. 1 GO NRW).

Aufgabe 5: Die Ausführung der vom Rat gefassten Beschlüsse obliegt grundsätzlich dem 606
Bürgermeister als handelndes, ausführendes Organ der Gemeinde gem. § 62 Abs. 2 S. 2 GO NRW. Vor einer Ausführung eines Beschlusses des Rates hat der Bürgermeister zu prüfen, ob Verfahrensfehler vorliegen oder der Beschluss formell und/oder materiell geltendes Recht verletzt.
Nach § 54 Abs. 2 GO NRW ist der Bürgermeister nicht nur berechtigt, sondern sogar verpflichtet, Beschlüsse des Rates, die das geltende Recht verletzen, zu beanstanden. Die Beanstandung hat nach § 54 Abs. 2 GO NRW aufschiebende Wirkung. Sie muss schriftlich in Form einer begründeten Darlegung dem Rat mitgeteilt werden. Mangels Angaben im Sachverhalt kann lediglich darauf hingewiesen werden, dass die Jahresfrist nach § 54 Abs. 4 GO NRW zu beachten ist.

2. Lösung Fall 2
Aufgabe 1:
Zu prüfen ist, ob der Beschluss des Rates rechtmäßig erfolgte. Ein Beschluss des Rates ist rechtmäßig, wenn er alle formellen und materiellen gesetzlichen Voraussetzungen erfüllt.

1. Verbandskompetenz 607
   Die Gemeinde muss zunächst für den gefassten Beschluss zuständig sein. Gem. Art. 28 Abs. 2 S. 1 GG haben Gemeinden das Recht, alle Angelegenheiten ihrer örtlichen Gemeinschaft selbst zu regeln (Selbstverwaltungsrecht). Es ist also die Frage zu klären, ob es sich bei der Entscheidung, die der Rat getroffen hat, um eine Angelegenheit der Gemeinde handelt. Laut Sachverhalt beschließt der Rat, die Haupterschließungsstraße eines neuen Wohngebietes in der kreisfreien Stadt D nicht auszubauen. Es geht somit um eine Straße im Gemeindegebiet, für welches die Gemeinde gem. § 2 GO NRW grundsätzlich zuständig ist. Die Zuständigkeit folgt außerdem aus der Planungshoheit. Diese ist ein Element des Selbstverwaltungsrechtes der Gemeinde und gibt dieser das Recht, die städtebauliche Planung im Gemeindegebiet selbst zu bestimmen. Bei der Straße handelt es sich um eine gemeindliche Erschließungsstraße. Die Zuständigkeit für Gemeindestraßen ist zudem eine Pflichtaufgabe, für die ausdrücklich die Gemeinden als Träger der Straßenbaulast zuständig sind, vgl. §§ 9, 47 StrWG NRW. Die Verbandskompetenz der Gemeinde ist gegeben.

608 2. Organkompetenz
Zu prüfen ist auch, ob der Rat als beschließendes Organ überhaupt für die Entscheidung über die Gemeindestraße zuständig war. Im vorliegenden Sachverhalt hat der Rat beschlossen, die Haupterschließungsstraße eines neuen Wohngebietes nicht auszubauen.
Die Zuständigkeit des Rates für diese Entscheidung könnte sich aus § 41 Abs. 1 S. 1 GO NRW ergeben. Danach ist der Rat grundsätzlich allzuständig, soweit die GO NRW nichts anderes bestimmt. Als andere Bestimmungen kommt hier eine Zuständigkeit der Bezirksvertretungen nach § 37 GO NRW oder die Zuständigkeit des Bürgermeisters für Geschäfte der laufenden Verwaltung gem. § 41 Abs. 3 GO NRW in Betracht. Die Bezirksvertretung des Stadtbezirks, in dem die Straße verläuft, könnte für die Entscheidung zuständig sein.
§ 37 Abs. 1 GO NRW besagt, dass eine Zuständigkeit nur in Betracht kommt, wenn nicht der Rat nach § 41 Abs. 1 S. 2 GO NRW ausschließlich zuständig ist. Eine ausschließliche Zuständigkeit des Rates ergibt sich aus dem Katalog den § 41 Abs. 1 S. 2 GO NRW aber nicht. Daher ist die Zuständigkeit der Bezirksvertretung zu prüfen. Nach § 37 Abs. 1 lit. c) GO NRW ist die Bezirksvertretung zuständig für die Festlegung der Reihenfolge der Arbeiten zum Ausbau sowie zur Unterhaltung und Instandsetzung von Straßen. Die Entscheidung über den Ausbau selbst gehört jedoch nicht in den Rahmen des § 37 Abs. 1 lit. c) GO NRW. Die Bezirksvertretung war nicht zuständig. Auch eine Zuständigkeit des Bürgermeisters nach § 41 Abs. 3 GO NRW für Geschäfte der laufenden Verwaltung kommt hier nicht in Betracht. Es ist aus dem Sachverhalt auch nicht zu erkennen, dass der Rat die Entscheidungen über Neubaumaßnahmen an Straßen einem anderen Organ übertragen hat. Daher fällt die Entscheidung in die Entscheidungskompetenz des Rates.

609 3. Einberufung des Rates
Der Bürgermeister kann den Rat nach § 47 Abs. 1 GO NRW einberufen. Nach § 40 Abs. 2 S. 3 GO NRW führen die Bürgermeister in kreisfreien Städten die Bezeichnung „Oberbürgermeister". Laut Sachverhalt hat der Oberbürgermeister auch eingeladen.
Fraglich ist jedoch, ob der Rat fristgerecht eingeladen wurde. Nach § 47 Abs. 2 GO NRW sind die Form und die Frist für die Einladung in der Geschäftsordnung zu regeln. Die Geschäftsordnung des Rates der Gemeinde D sieht vor, dass die Einladung zu den Sitzungen den Ratsmitgliedern mindestens 5 volle Tage vor dem Sitzungstag (den Tag der Absendung nicht eingerechnet) zugehen muss.
Der Oberbürgermeister hat den Rat mit Schreiben vom 04. August zur Sitzung am 12. August eingeladen. Geht man davon aus, dass diese Einladung den Mitgliedern des Rates am 05. August zugehen wird, ist der 06. August der erste volle Tag. Bis zum 10. August werden 5 volle Tage vor dem Sitzungstag erreicht. Daher wurde der Rat auch fristgerecht eingeladen.

610 Für einen rechtmäßigen Ratsbeschluss muss die Tagesordnung außerdem gem. § 48 Abs. 1 S. 1 GO NRW ordnungsgemäß festgesetzte werden, die Sitzung muss öffentlich be-

kannt gemacht werden und die Sitzung muss öffentlich stattfinden (§ 48 Abs. 2 GO NRW). Hier sind im Sachverhalt keine gegenteiligen Angaben zu finden. Auch ist die Sitzung laut Sachverhalt ordnungsgemäß durch den Oberbürgermeister geleitet worden (vgl. § 51 Abs. 1 GO NRW, der Bürgermeister leitet, eröffnet und schließt die Sitzung).

4. Beschlussfähigkeit 611
Für einen rechtmäßigen Ratsbeschluss müsste der Rat beschlussfähig gewesen sein. Der Rat ist nach § 49 Abs. 1 S. 1 GO NRW beschlussfähig, wenn mehr als die Hälfte der gesetzlichen Mitglieder anwesend sind. Laut Sachverhalt waren von den 66 Ratsmitgliedern 64 anwesend. Damit war er nahezu vollzählig. Der Rat war beschlussfähig.

5. Beschlussfassung 612
Die Beschlussfassung im Rat hat gem. § 50 Abs. 1 GO NRW zu erfolgen. Beschlüsse werden danach grundsätzlich mit Stimmenmehrheit gefasst. Diese Mehrheit liegt vor, wenn die Ja-Stimmen die Anzahl der Nein-Stimmen überwiegen. Enthaltungen werden nicht mitgezählt, vgl. § 50 Abs. 5 GO NRW. Nach dem Sachverhalt beschließt der Rat nach kurzer Diskussion mit 31 Ja-Stimmen bei 33 Nein-Stimmen, die Straße nicht auszubauen. Der Beschluss hat somit keine Mehrheit erreicht und der Antrag auf den Straßenausbau wurde rechtmäßig als abgelehnt protokolliert.

6. Mitwirkungsverbot 613
Die Beschlussfassung könnte jedoch trotzdem rechtswidrig erfolgt sein, weil ggf. gegen ein Mitwirkungsverbot verstoßen wurde. Mitwirkungsverbote gelten gem. § 43 Abs. 2 (oder § 50 Abs. 6) i.V.m. § 31 GO NRW auch für Ratsmitglieder. Hier kommt eine Befangenheit der Ratsherren Müller und Meyer in Betracht.
Für ein Mitwirkungsverbot nach § 31 Abs. 1 GO NRW muss zunächst in einer Angelegenheit eine Entscheidung getroffen worden sein. Hier wurde ein Beschluss über den Ausbau einer Haupterschließungsstraße eines neuen Wohngebietes gefasst.
Die Ratsherren müssten zu dem betroffenen Personenkreis der Angelegenheit gehören. Ratsherr Müller und Ratsherr Meyer sind beide Anwohner der entsprechenden Straße, sie gehören somit zum betroffenen Personenkreis nach Nr. 1.
Ihnen müsste durch die Entscheidung ein Vor- oder Nachteil entstehen. Die Änderung einer Straßennutzung von einer Zufahrtsstraße in eine Durchgangsstraße kann zu einer verstärkten Nutzung der Straße und somit zu einem Nachteil der Anwohner führen. Dieser Nachteil müsste sich auch unmittelbar aus dem Ratsbeschluss ergeben. Die Straßenänderung wäre direkt mit der Beschlussfassung erfolgt. Eines weiteren Ratsbeschlusses bis zur Umsetzung hätte es nicht bedurft. Der Nachteil war somit auch unmittelbar.
Die Ratsherren Meyer und Müller durften daher nach § 43 Abs. 2 (oder § 50 Abs. 6) i.V.m. § 31 Abs. 1 GO NRW weder beratend noch entscheidend mitwirken.

Fraglich ist jedoch, ob die Gegennorm des § 31 Abs. 3 GO NRW hier greift. Nach

dieser Vorschrift gelten die Mitwirkungsverbote von § 31 Abs. 1 und 2 GO NRW nicht, wenn nach § 31 Abs. 3 Nr. 1 GO NRW der Vor- oder Nachteil nur darauf beruht, dass jemand einer Bevölkerungsgruppe angehört, deren gemeinsames Interesse berührt ist. Hier ist eine Abwägung zwischen Individualinteresse und Gruppeninteresse durchzuführen.
Der Sachverhalt macht keine Aussagen, wie viele Anwohner durch die Änderung der Straßenstruktur betroffen wären. Jedoch ist anzunehmen, dass außer den Ratsherren noch weitere Anwohner betroffen wären. Damit gehören die Ratsherren zu der Bevölkerungsgruppe der Anwohner und es ist deren Gemeinschaftsinteresse betroffen.
(Bei der Lösung kann auch eine andere Ansicht mit entsprechender Argumentation vertreten werden.)

614 7. Beteiligungen anderer Gremien
Fraglich ist auch, ob im Vorverfahren alle Gremien hinreichend beteiligt worden sind. Hier ist insbesondere § 37 Abs. 5 GO NRW zu prüfen.
Nach dieser Vorschrift ist die Bezirksvertretung zu allen wichtigen Angelegenheiten, die den Stadtbezirk berühren, zu hören. Laut Sachverhalt geht es um die Frage, ob eine Haupterschließungsstraße eines Baugebietes ausgebaut werden soll. Dies ist ohne Zweifel eine wichtige Angelegenheit, die den Stadtbezirk berührt. Hier hätte eine Anhörung der Bezirksvertretung stattfinden müssen. Der Beschluss verstößt insoweit gegen geltendes Recht.

Im Rahmen der materiellen Rechtmäßigkeit ist zu prüfen, ob der Beschluss des Rates gegen höherrangiges Recht verstößt. Hier ist kein Rechtsverstoß zu erkennen. Der Beschluss des Rates verstößt wegen der unterbliebenen Anhörung gegen geltendes Recht.

615 **Aufgabe 2:**
Fraglich ist, ob der Oberbürgermeister den Antrag von Ratsherrn Doll hätte in die Tagesordnung aufnehmen müssen.
Eine Verpflichtung zur Aufnahme von Tagesordnungspunkten regelt § 48 Abs. 1 GO NRW. Nach dieser Vorschrift setzt der Bürgermeister die Tagesordnung fest. Er hat dabei Vorschläge aufzunehmen, die ihm innerhalb einer in der Geschäftsordnung zu bestimmenden Frist von einem Fünftel der Ratsmitglieder oder einer Fraktion vorlegt werden. Laut Sachverhalt ist Herr Doll einziger Vertreter der Partei D im Rat und er stellt den Antrag auch alleine. Eine einzelne Person erfüllt nicht die Voraussetzungen einer Fraktion, vgl. § 56 GO NRW. Die Voraussetzung des § 48 Abs. 1 S. 2 GO NRW sind also nicht erfüllt und der Oberbürgermeister musste den Antrag nicht in die Tagesordnung aufnehmen.

616 **Aufgabe 3:**
Zu prüfen ist, ob der Rat sich mit der Anregung beschäftigen muss. Nach § 24 GO NRW kann sich jeder mit Anregungen und Beschwerden in Angelegenheiten der Gemeinde an den Rat oder die Bezirksvertretung wenden. Herr Doll wendet sich mit einer Anregung zum Bau einer Ortsumgehung zur Entlastung der Innenstadt an den Rat. Da es sich mit dem Bau der Ortsumgehung um eine Angelegenheit der Gemeinde handelt und nach § 24

GO NRW jedem das Recht, sich mit Anregungen an den Rat zu wenden, zusteht, muss sich der Rat auch mit dieser Anregung befassen, soweit er nicht zur Erledigung der Eingaben einen Beschwerdeausschuss gebildet hat. Dieses Recht steht auch Ratsmitgliedern zu.

Aufgabe 4: 617

Ratsherr Müller könnte seinen Sitz im Rat verlieren. Laut Sachverhalt erklärt Ratsherr Müller, dass er mit sofortiger Wirkung sein Ratsmandat niederlege. Fraglich ist, ob er sein Mandat damit verloren hat. Für die Wahl der Ratsmitglieder werden nach § 42 Abs. 1 S. 2 GO NRW die näheren Vorschriften im Kommunalwahlgesetz getroffen. Nach § 37 Abs. 1 Ziffer 1 KWahlG verliert ein Vertreter seinen Sitz durch Verzicht. Nach § 38 KWahlG wird dieser Verzicht aber nur wirksam, wenn er dem Wahlleiter zur Niederschrift erklärt worden ist. Laut Sachverhalt erklärt Herr Müller gegenüber dem Oberbürgermeister, dass er sein Mandat niederlege. Nach § 2 Abs. 2 KWahlG ist der Oberbürgermeister auch Wahleiter. Ratsherr Müller erklärt seinen Mandatsverzicht jedoch nur mündlich und nicht, wie in § 38 KWahlG vorgeschrieben, zu Niederschrift. Somit wird der Mandatsverzicht nicht wirksam und Herr Müller hat sein Mandat nicht verloren.

IV. LÖSUNGEN TEIL 9

Fall 1:

Der Personal- und Gleichstellungsausschuss ist ein Ausschuss nach Bedarf. Ihm können als Mitglieder anhören: Ratsmitglieder, sachkundige Bürger und sachkundige Einwohner (§ 58 Abs. 3 und 4 GO NRW). 618

Für alle drei Gruppen von Mitgliedern gelten die Regelungen über die **Inkompatibilität** (die Unvereinbarkeit des Amts eines Beschäftigten und des Mandats eines Rats- oder Ausschussmitgliedes), § 58 Abs. 3 S. 1 und Abs. 4 S. 2 i.V.m. Abs. 3 S. 1 GO NRW. Das folgt aus den Worten „die dem Rat angehören können". Nach § 13 Abs. 1 Nr. 1 KWahlG können aber Beamte und Arbeitnehmer [...] die im Dienst ihrer Anstellungskörperschaft stehen, nicht gleichzeitig der Vertretung ihrer Anstellungskörperschaft angehören. Herr Neumann kann deshalb nicht Mitglied des Personal- und Gleichstellungsausschusses werden.

Fall 2:

Vorsitzender eines Ausschusses kann nur ein Ratsmitglied sein (§ 58 Abs. 5 S. 1 GO NRW). 619

Ein Ratsmitglied muss während der gesamten Wahlperiode die Wählbarkeitsvoraussetzungen nach § 12 KWahlG erfüllen. Dazu gehört u.a. die Hauptwohnung im Gemeindegebiet (§ 12 Abs. 1 KWahlG). Diese Voraussetzung ist bei V weggefallen. Damit verliert V sein Ratsmandat (§ 37 Nr. 2 KWahlG) und alle sonstigen Ämter, die er als Ratsmitglied innehatte. Der Finanzausschuss hat also keinen Vorsitzenden mehr. Für diesen Fall bestimmt § 58 Abs. 5 GO NRW, dass die Fraktion, der der Vorsitzende angehört, ein Ratsmitglied zum Nachfolger bestimmt.

V gehört keiner Fraktion mehr an. Diese Regelungslücke im Gesetz wird so zu schließen sein, dass dennoch die Fraktion, der er angehörte, den Nachfolger bestimmt.

Gleichzeitig müsste auch ein neues Mitglied für den Finanzausschuss gewählt werden. Das regelt § 50 Abs. 3 S. 7 GO NRW. Die Nachfolge als Ratsmitglied ergibt sich aus § 45 Abs. 1 S. 1 KWahlG.

Fall 3:

620 Nach § 58 Abs. 2 S. 1 i.V.m. § 52 Abs. 1 S. 2 GO NRW wird die nach § 58 Abs. 7 S. 1 GO NRW auch für Ausschüsse erforderliche Niederschrift vom Ausschussvorsitzenden und einem vom Ausschuss zu bestellenden Schriftführer unterzeichnet.
Ob die Bestellung per Beschluss oder durch Wahl erfolgt, hängt davon ab, ob nur ein Kandidat benannt wird oder ob es mehrere Vorschläge gibt. Wahlen sind Personalentscheidungen mit theoretischer Auswahlmöglichkeit.
Ein Schriftführer protokolliert auch den nichtöffentlichen Teil der Sitzung. Er muss deshalb der Verschwiegenheitspflicht unterliegen. Das ist bei dem sachkundigen Einwohner nach § 43 Abs. 2 S. 1 i.V.m. § 30 Abs. 1 S. 1 GO NRW der Fall. Für den Leiter des Umweltamtes gelten entsprechende beamten- oder tarifrechtliche Bestimmungen. Der pensionierte Schulleiter kommt deshalb als Schriftführer nicht in Betracht. Auf ein Stimmrecht im Ausschuss kommt es nicht an, weil mit der Unterzeichnung der Niederschrift lediglich bestätigt wird, dass das Protokoll den Sitzungsverlauf korrekt wiedergibt. Der sachkundige Einwohner dürfte deshalb zum Schriftführer bestellt werden.
Sollte der Leiter des Umweltamtes zum Schriftführer bestellt werden, müsste das mit dem Bürgermeister abgestimmt werden. Als Bediensteter der Stadt fällt er unter die Organisationsgewalt des Bürgermeisters (§ 62 Abs. 1 S. 3 GO NRW). Auch ist der Bürgermeister sein Dienstvorgesetzter (§ 73 Abs. 2 GO NRW).

Fall 4:

621 Für die Festsetzung der Tagesordnung ist der Ausschussvorsitzende (im Benehmen mit dem Bürgermeister) zuständig, Spezialvorschrift in § 58 Abs. 2 S. 2 GO NRW. Die Ratsmitglieder könnten sich also mit einem entsprechenden Vorschlag an die beiden wenden.
Der Bürgermeister hat außerdem gem. § 58 Abs. 2 S. 3 GO NRW ein Erzwingungsrecht gegenüber dem Ausschussvorsitzenden. Sollte er sich im Rahmen des „Benehmens" mit seinen Vorschlägen zur Tagesordnung nicht durchsetzen können, kann er von seinem Verlangen Gebrauch machen.
Die beiden Ratsmitglieder könnten sich aber auch an ihre Fraktionen wenden. Die haben nämlich ebenfalls das Recht, Tagesordnungspunkte für Ausschusssitzungen verpflichtend zu beantragen (§ 58 Abs. 2 S. 4 GO NRW).
Schließlich ist der Ausschussvorsitzende zur Aufnahme dieses Tagesordnungspunktes verpflichtet, wenn ihm ein solcher Vorschlag von einem Fünftel der Ausschussmitglieder vorgelegt wird (§ 58 Abs. 2 S. 1 i.V.m. § 48 Abs. 1 S. 2 GO NRW).

Fall 5:

622 Es stellt sich zunächst die Frage, ob der Bauausschuss noch **beschlussfähig** ist. Dazu sind zwei Vorschriften anzuwenden.
Zuerst gilt § 58 Abs. 2 S. 1 i.V.m. § 49 Abs. 1 GO NRW. Danach ist der Bauausschuss beschlussfähig, wenn mehr als die Hälfte der vom Rat festgesetzten Zahl der stimmberechtigten Ausschussmitglieder anwesend ist. Diese Zahl berechnet sich nach den 11 stimmberechtigten Mitgliedern (sechs Ratsmitglieder + fünf sachkundige Bürger). Die sachkundigen Einwohner

werden nicht einbezogen, denn wer kein Stimmrecht hat, der kann für die Beschlussfähigkeit keine Rolle spielen. Die Mehrheit von 11 ist 6. Da zu diesem TOP 10 stimmberechtigte Mitglieder anwesend sind, ist diese Forderung aus § 49 Abs. 1 GO NRW erfüllt.
Außerdem gilt für die Beschlussfähigkeit von Ausschüssen aber der § 58 Abs. 3 GO NRW. Nach S. 4 dieses Absatzes sind Ausschüsse nur beschlussfähig, wenn die Zahl der **anwesenden Ratsmitglieder** die Zahl der **anwesenden sachkundigen Bürger** übersteigt. Das ist seit dem Weggang eines Ratsmitgliedes aber nicht mehr der Fall.
Demnach wäre der Bauausschuss in diesem Augenblick beschlussunfähig. Aber nach § 58 Abs. 3 S. 5 GO NRW **gelten** Ausschüsse auch insoweit **als beschlussfähig**, solange ihre Beschlussunfähigkeit nicht festgestellt ist. Da der Vorsitzende des Bauausschusses diese Feststellung nicht getroffen hat, ist der Ausschuss zu diesem TOP beschlussfähig.

Die weitere Frage ist, ob **geheim** abgestimmt werden muss.
Nach § 58 Abs. 2 S. 1 i.V.m. § 50 Abs. 1 S. 5 GO NRW muss geheim abgestimmt werden auf Antrag mindestens eines Fünftels der (anwesenden) stimmberechtigten Ausschussmitglieder. Wer kein Stimmrecht hat, kann auch die Form der Abstimmung nicht beeinflussen. Deshalb zählen die sachkundigen Einwohner erneut nicht mit. So bleiben 10 anwesende stimmberechtigte Mitglieder, ein Fünftel davon ist 2. Und zwei Ratsmitglieder aus dem Ausschuss haben diesen Antrag gestellt.
Es muss deshalb geheim abgestimmt werden.

V. LÖSUNGEN TEIL 10

Fall 1:

Es gilt zunächst herauszufinden, welche Entscheidungen im Einzelnen zu treffen sind. 623
Eine Besonderheit ergibt sich in diesem Fall aus der Tatsache, dass Pingelig Rechnungsprüfer ist. Weil die örtliche Rechnungsprüfung (RPA) in ihrer sachlichen Tätigkeit dem Rat unmittelbar verantwortlich und ihm unmittelbar unterstellt ist (§ 101 Abs. 2 GO NRW), werden die Prüfer vom Rat bestellt und auch nur von ihm abberufen (§ 101 Abs. 4, § 41 Abs. 1 S. 2 lit. r) GO NRW). Daraus folgt:
Erste Entscheidung ist die Abberufung des P als Rechnungsprüfer.
Nach der Abberufung sitzt er aber immer noch im RPA. Soll er den Posten im Ordnungsamt übernehmen, bedarf es dazu einer Umsetzung vom RPA ins Ordnungsamt.
Zweite Entscheidung ist die Umsetzung von P ins Ordnungsamt.
Dort angekommen, soll er die Funktion des stellv. Amtsleiters übernehmen.
Dritte Entscheidung ist die Bestellung von P zum stellv. Amtsleiter des Ordnungsamtes.
Nach kurzer Einarbeitungszeit ist dann seine Beförderung zum Stadtamtmann geplant.
Vierte Entscheidung ist die Beförderung von P zum Stadtamtmann.

Nun ist zu untersuchen, von wem die vorgenannten Entscheidungen zu treffen sind. Das ist jeweils eine Frage der Organkompetenz, also der Verteilung der Entscheidungszuständigkeiten zwischen den Organen Rat und Bürgermeister.
Für die Abberufung besteht eine Alleinzuständigkeit des Rates nach § 41 Abs. 1 S. 2 lit. r). Diese Entscheidung trifft der Rat in nichtöffentlicher Sitzung, denn Personalangelegenheiten

unterliegen der Verschwiegenheitspflicht nach § 43 Abs. 2 i.V.m. § 30 Abs. 1 S. 1 GO NRW.
Umsetzungen (= Veränderung von Inhalt, Ort und Zeit der Arbeitsleistung innerhalb der Behörde desselben Dienstherrn) gehören zu den Maßnahmen der inneren Organisation der Gemeindeverwaltung. Nach § 62 Abs. 1 S. 2 u. 3 i.V.m. § 73 Abs. 2 GO NRW ist dafür der Bürgermeister zuständig. Er wird das durch eine Umsetzungsverfügung regeln.
Die Bestellung zum stellv. Amtsleiter ist ebenfalls eine Organisationsentscheidung, auch wenn sie das Personal betrifft. Personalentscheidungen sind nach § 73 Abs. 3 GO NRW nämlich nur solche, die das beamtenrechtliche Grundverhältnis zur Gemeinde verändern. Das geschieht bei einer Bestellung zum Amtsleiter oder stellv. Amtsleiter noch nicht, sie ist zunächst besoldungsneutral.
Die Bestellung von P zum stellv. Leiter des Ordnungsamtes liegt demnach ebenfalls in der alleinigen Zuständigkeit des Bürgermeisters. Er wird diese Bestellung zusammen mit der Umsetzung verfügen.
Die nach kurzer Einarbeitungszeit geplante Beförderung ist eine Entscheidung, die das beamtenrechtliche Grundverhältnis des P zur Gemeinde verändert. Nach § 73 Abs. 3 S. 1 GO NRW ist dafür ausschließlich der Bürgermeister zuständig. Der Rat kann sich solche Entscheidungen nur für Führungskräfte vorbehalten; das sind aber nur Leiter von Organisationseinheiten (und nicht stellvertretende Leiter), § 73 Abs. 1 S. 2 u. 6 GO NRW. Der Bürgermeister muss für die Beförderung eine Ernennungsurkunde (= Verwaltungsakt) ausstellen, unterschreiben und aushändigen (§ 8 Abs. 1 Nr. 3., § 8 Abs. 2 S. 1 BeamtStG; § 74 Abs. 3 GO NRW).
Ergänzung:
Die oben geschilderten Entscheidungen werden in der Praxis erweitert durch die Beteiligung der Gleichstellungsbeauftragten (§ 5 GO NRW) und die erforderliche Zustimmung des Personalrates (hier z.B. § 72 Abs.1 Nr. 2., 5. LPVG).

An diesem Fall soll deutlich werden, dass Entscheidungen in der Gemeindeverwaltung nicht immer nur einzelne, singuläre Entscheidungen sind, sondern sich auch als Entscheidungsprozesse darstellen können.

Fall 2:

624 Die Frage des Bürgermeisters zu 1. betrifft die Organkompetenz, also die Verteilung der Entscheidungszuständigkeiten zwischen Rat und Bürgermeister.
Nach § 41 Abs. 1 S. 1 GO NRW ist grundsätzlich der Rat für alle Angelegenheiten der Gemeindeverwaltung zuständig. Die Prüfung des Katalogs der Alleinzuständigkeiten des Rates, § 41 Abs. 1 S. 2 lit. a)-u), verläuft ergebnislos.
Dann ist zu untersuchen, ob der Bürgermeister zuständig ist. Nach § 41 Abs. 3 entscheidet er bei den Geschäften der laufenden Verwaltung. Das sind solche, die regelmäßig wiederkehren, routinemäßig erledigt werden und von weniger erheblicher Bedeutung sind, vgl. vorstehend unter III. 1.a). Auf die im Sachverhalt geschilderten Grundstückserwerbe treffen alle diese Kriterien zu. Somit ist der Bürgermeister für die Entscheidung über den Grunderwerb zuständig; es sein denn, der Rat übt für diesen Fall oder für alle Grundstücksgeschäfte aber einer bestimmten Summe sein Rückholrecht aus und behält sich oder einem Ausschuss die Entscheidung vor (§ 41 Abs. 3 GO NRW).

Zu 2.: Der Grunderwerb geschieht auf der Grundlage eines Grundstückskaufvertrages. Dieser bedarf nach § 311b BGB der notariellen Beurkundung. Für die Stadt unterschreibt beim Notar der Bürgermeister (§ 63 Abs. 1 GO NRW). Wenn er den Notartermin nicht selbst wahrnehmen will (z.B. Zeitmangel), wird er dem Leiter und den Sachbearbeitern des Liegenschaftsamtes eine Vollmacht ausstellen (schriftlich, von ihm unterzeichnet), § 64 Abs. 3 i.V.m. Abs. 1 GO NRW.